IN

大理

本书作者
张世秋　孙澍

中国地图出版社
北京

目 录

最佳行程，见22页

©视觉中国

一家人的大理，见48页

©视觉中国

大理慢生活，见51页

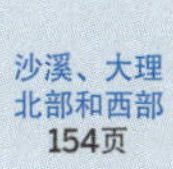
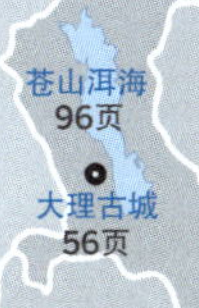

生存指南

特别策划

你好，大理

苍洱毓秀，只要苍山的沉郁静美不变，大理就一直保持着魅人的魔力。洱海晴夜的那轮明月，更是饱含着澄澈的诗意。本地人在田园中过着渔樵耕读的日子，文能栽山茶，武可杀年猪；新移民则依靠咖啡、啤酒和对生活的热情，给山林里的乡村带来更多的发展可能。这片山水拥有广博包容和深厚底蕴，你每次到来，都能遇见它的闪光点。

风花雪月的理想

大理，一座苍山碧水之间的理想之城，几乎所有人心甘情愿沉入这场风花雪月的甜梦中。千年前南诏与唐王朝相持相依的灿烂历史，古城街坊邻里之间仍保留着的恬淡温情，在咖啡店、小酒馆里消磨掉的惬意时光……在其他古城，你可能需要从细微之处去发掘它的魅力与美，但是在大理，你可能只需在灿烂艳阳下，看山风撩起湖面的波纹，就足以感受到远离尘世纷扰的宁静与快乐。

丰富的旅居生活

从三十年前带来香蕉煎饼的“嬉皮士”，到三十年后重塑乡村的新移民，这些异乡人在大理的轨迹，几乎都是从最初的走马观花到最后的不舍离去。在大理，只需胸怀对生活的爱意，你总是能找到

大理古城五华楼前樱花烂漫。

生活的乐趣与意义：不管是与国际大都市同步的乐活市集，还是本土菜场里挂着红土和露水的蔬菜，进退之间满是吸引你用心去享受的生活细节。也请参与到本地人的生活中去吧，在每场本主节的游神盛会中，在每盘婚庆宴的丰盛肉食里，用五感与这片乡土建立起丝缕相连的关系。

如果你想走得更远

大理不只有一座古城，环绕苍山洱海的每个县都有各自的骄傲与精彩：北边的洱源、剑川和鹤庆被茶马古道串起，沙溪古镇和众多温泉是其间的大小珍珠；西部的漾濞、云龙和永平被险峻的峡谷和奔腾的江河围绕，诺邓古村和博南古道留下先民的足迹；东面的层叠山脉夹出成串的小平坝：宾川、祥云、弥渡、巍山和南涧，平坝之间由马道与飞鸟相连。生活在这片土地上的人为山林江河的神灵而歌唱起舞，策马扬鞭，读诗也喝酒。各地风物都有不同，然而处处古寺中盛放的紫薇花会温柔地提醒你：这里是大理。

在大理，千年不变的山水间总有新韵味。
传统与摩登相互观望和试探，
就像苍洱自然万物之间的触碰那般温柔。

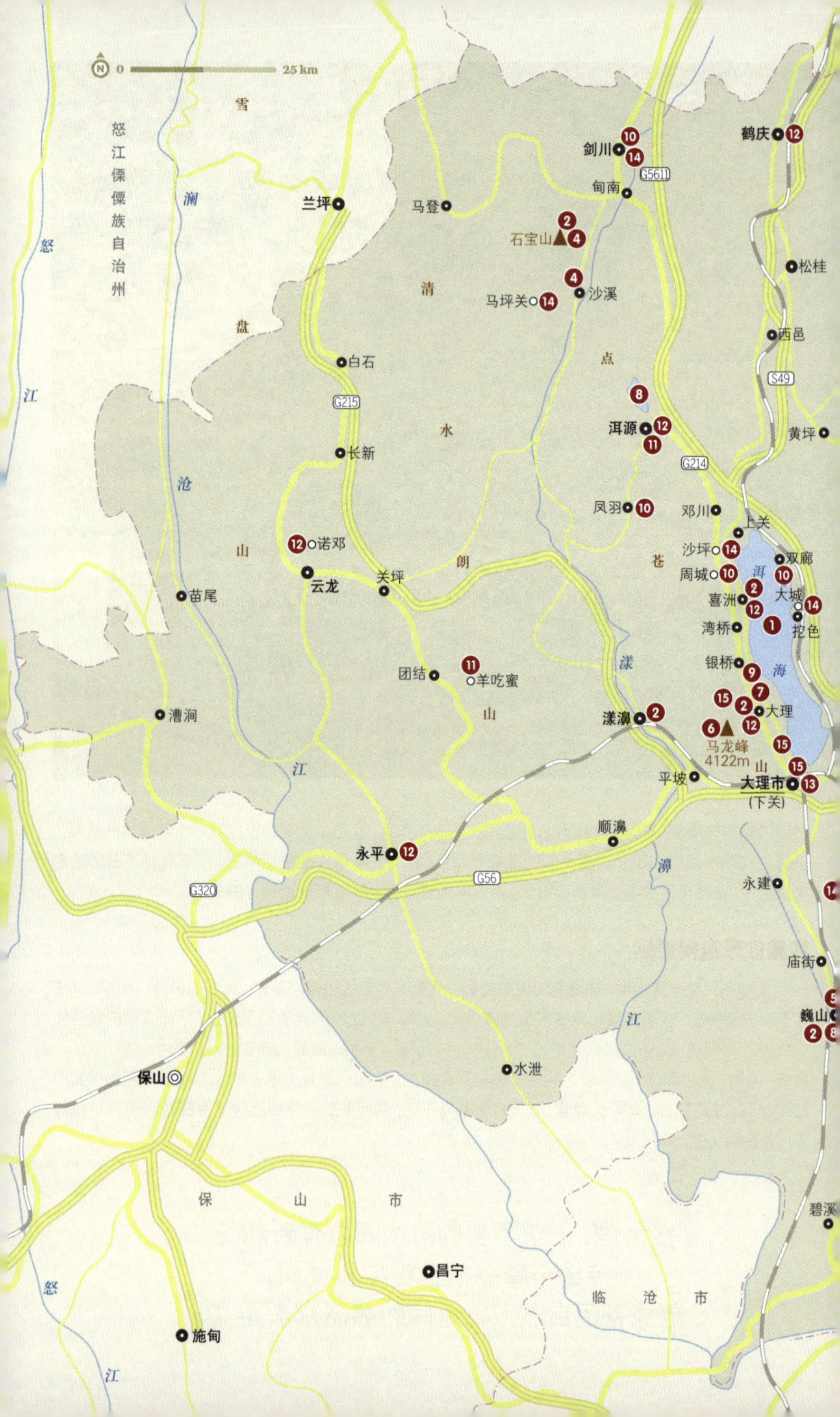

0
25 km
怒江傈僳族自治州
雪盘山
清水朗山
点苍山
澜沧江
怒江
漾濞江
洱海
剑川
甸南
G5611
鹤庆
兰坪
马登
石宝山
沙溪
马坪关
松桂
西邑
S49
白石
G215
长新
洱源
黄坪
G214
凤羽
邓川
上关
沙坪
双廊
周城
大城
喜洲
挖色
湾桥
银桥
诺邓
云龙
关坪
苗尾
团结
羊吃蜜
漾濞
大理
马龙峰
4122m
平坡
大理市
(下关)
漕涧
顺濞
永平
G56
G320
永建
庙街
巍山
保山
水泄
保山市
临沧市
昌宁
施甸
碧溪

15 顶级旅行体验

1. 环洱海
2. 过节
3. 鸡足山
4. 沙溪和石宝山
5. 巍山古城
6. 苍山
7. 大理古城的夜生活
8. 赏花观鸟
9. 和本地人一起逛菜市场
10. 艺术大理
11. 温泉洗礼
12. 大理美食
13. 度假和旅居
14. 非“网红”古村镇
15. 在大理看云南古代史

计划你的行程
15顶级旅行体验

环洱海

明媚的洱海为大理坝子画上了点睛之笔，水波潋滟之际，世人对大理的钟爱由此而来。它是云南省第二大高原淡水湖，面积虽次于昆明的滇池，却拥有更好的水质，以及更美的山景作伴。很早开始，大理人便骄傲地称其为“海”，渔舟唱晚，日复一日，岸上的春耕秋收也年复一年。如今，**环洱海**（见128页方框）正是大理旅行最经典的篇章。你可以乘坐游船巡礼，冬季还有红嘴鸥一路随行；也可以骑行或驾车，环海一圈，全方位地融入它的风物人情。左图：骑行是洱海的最佳“打开”方式；右图：洱海环海路自驾。

©视觉中国

1

过节

三月街(见79页)的交易盛会热闹了上千年,**石宝山歌会**(见168页)承载了一代又一代人的青春,**鸡足山朝山会**(见204页)吸引了各派佛教徒祈愿,**火把节**(见209页)更是一场全民参与的狂欢。每个村子会过自己的**本主节**(见140页方框),大家迎送礼赞,将和"守护神"的契约传递下去。还有许多新的节庆:**喜洲稻米文化节**(见109页)玩转艺术新潮流,**漾濞核桃节**(见171页)的彝族打歌欢天喜地,**巍山小吃节**(见209页)飘荡着名厨烹调的好滋味。上图:南诏古都巍山的火把节烟花;下图:大理巍山小吃节。

2

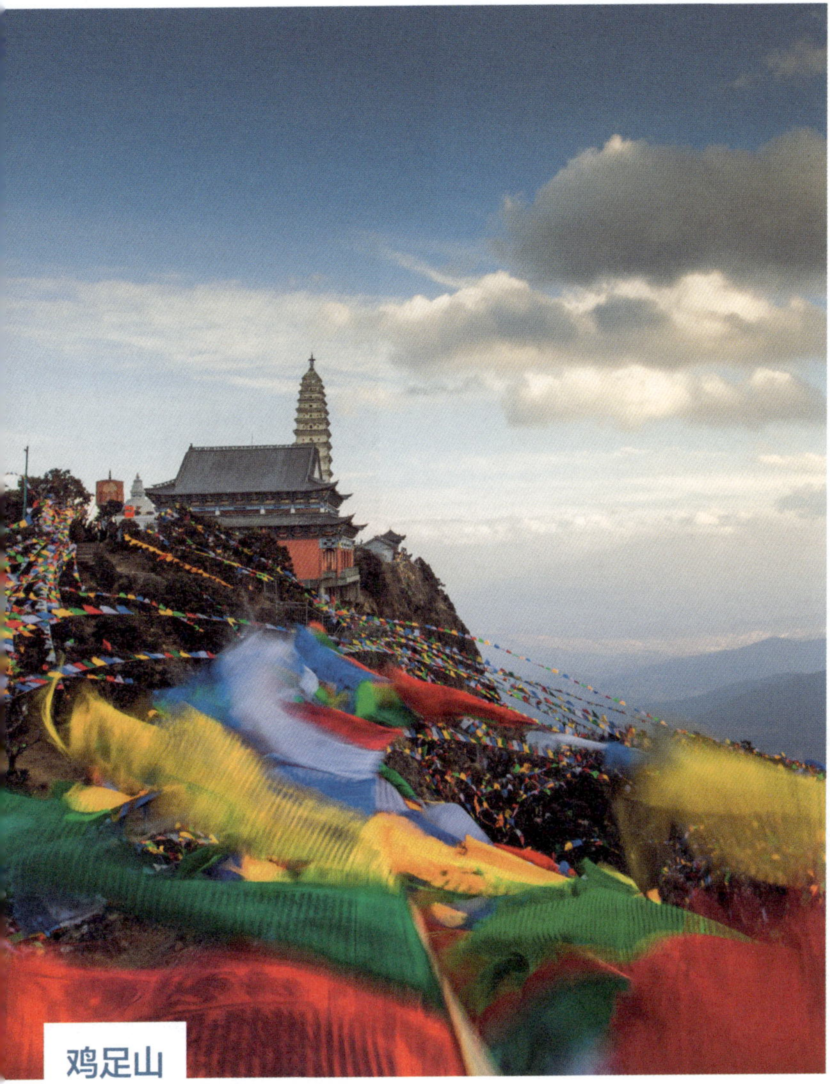

©熊发寿/图虫创意

鸡足山

3

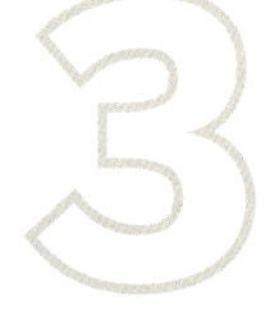

前列三峰、后托一岭的山形雄浑而灵动，这里更是富有传奇色彩的佛教名山：汉传佛教、藏传佛教和南传佛教在苍洱以东的**鸡足山**（见204页）交会共存。乘坐景区观光车和索道快速上山，或者踏着山间小道步步攀登，来到山顶小住一宿，清晨在金顶寺内远眺玉龙雪山和金沙江时，你一定能感受到这座山的气魄。下山后如果还有闲暇时光要打发，请移步宾川县城边种满葡萄藤的**华侨农场**（见207页方框），在桉树林下喝一杯越南咖啡。佛教名山鸡足山。

沙溪和石宝山

大理北部的**沙溪古镇**（见164页）满足了人们对田园生活的想象，不落俗套的旅游开发更让它在淳朴和舒适之间维持着很好的平衡。小桥流水、田园阡陌、古道瘦马铺展开来，耕夫和村妇点缀其间；新移民带来的时髦事物逐渐流行开来，咖啡、西餐和文创书店……在沙溪的风土人情中也能如鱼得水。这里还有一座意义非凡的白族文化圣山——**石宝山**（见166页）。能工巧匠在红色砂岩上凿刻出精致的石窟造像，南诏古国的骄傲、阿吒力教的护佑、生命蓬勃的活力，尽在其中。石宝山石窟。

沐昀摄

©视觉中国

5

巍山古城

想看慵懒古城，**巍山古城**（见206页）是不二之选。尽管乘坐高铁，不出半小时即可从大理古城来到这里，但巍山的发展一直比较“佛系”，本地人依然一派不紧不慢的闲散作风，不是在古街上写字盘古董，就是在公园里提鸟笼下棋会友。除了吃面要趁早，在这里你大可消磨时间，犒劳你的胃：巍山小吃在整个大理都很有名，当地家常菜同样调味细致，火候很好。当然你也可以把活力挥洒在城东南的山间，徒步游玩有年头的寺庙、道观和古马道。巍山古城蒙阳公园。

苍山

雄壮又秀美的苍山引来了文人墨客滔滔不绝的赞美，丰富的自然资源也让博物学者流连忘返。最适合旅行者造访的是开发完善的**苍山景区**（见106页），可乘大索道直上**洗马潭**看高山杜鹃，抑或沿**玉带云游路**漫步玩水。一座座隐蔽在山林深处的寺庙也是感受苍山幽静的好去处，如今**寂照庵**（见116页）走出了自己的特色，但其他角落的无为寺、波罗寺、小鸡足依旧古朴宁静。转到山脉西麓的**漾濞**（见170页），**石门关**和**西坡大花园**展示着苍山更为野生的另一面。苍山杜鹃花海中的徒步者。

©LUNAR-IS/图虫创意

大理古城的夜生活

7

和丽江的灯红酒绿相比，大理的夜生活弥漫着自由的气息。避开喧闹的红龙井酒吧街和人民路吧，真正的宝藏**酒吧**（见88页饮品）散落在古城的其他位置。专业的精酿酒吧和鸡尾酒吧调理出的饮品让人沉醉，觥筹交错之际，见多识广的老板和新移民会邀请客人摆龙门阵。赶上**现场音乐**（见90页娱乐）演出，微醺的氛围让各个感官逐渐升温；遇到**周末市集**（见78页方框）开集，五花八门的人和物更是将夜生活推向高潮。大理酒吧中表演的音乐人。

赏花观鸟

“风花雪月”是大理的关键词之一，这里的普通人在日常生活中也很容易享受到赏花观鸟的风雅。在冬春季节，巍山古城**蒙阳公园**（见207页）里樱花盛开，老者提着画眉鸟笼喝茶会友。深入山水之间，还能探寻更多野趣：洱源**茈碧湖**（见172页）夏日睡莲绽放，冬天则是候鸟的乐园；到了春季，湖对岸的**梨园村**（见172页）里百年古树花开似雪；每年9月中旬至10月中旬山里起雾，候鸟飞到巍山和弥渡之间的**鸟道雄关**（见208页方框）后会因为迷失方向而暂时聚集；从11月末开始，**无量山樱花谷**（见216页）中的樱红茶绿在澄澈的蓝天下格外明艳。栖息在洱源湿地上的紫水鸡。

和本地人一起逛菜市场

在大理，大小坝子里丰饶的物产都齐聚到了菜市场中，夏天的菜市场最为热闹，各种野生菌和水果让你大开眼界。背上背篓提个竹篮，和本地人一起去逛逛吧：大理古城的**北门大菜场**（见77页）从早晨一直忙碌到傍晚，市场外的地摊一直向城墙延伸；巍山古城的**城南市场**（见213页）给农户留有摊位，他们可以把自家物产背下山贩卖；在每周五的街天日，沙溪主街北段的沙溪市场、南段的新市场都有热闹的集市，黑惠江东岸还有牲畜交易场。大理农贸市场上的本地人。

©视觉中国

©JUN XU/GETTY CREATIVE

艺术大理

10

苍山洱海是造物主的艺术杰作，新老大理人也在为家园赋予更多的艺术属性。**周城扎染**（见134页方框）、**剑川木雕**（见177页方框）等传统民艺传承无忧，和当代艺术家结缘的**双廊古镇**（见110页）打造着新的艺术产业链。**喜洲古镇**（见108页）和**凤羽古镇**（见174页）用艺术元素解读传统的农耕生活，驻扎在**床单厂艺术区**（见72页）和**变压工厂创意园区**（见76页）的工坊和剧团，也在迸发着对生活的无限热爱。上图：本地民居房檐上的木雕；左下图：大理古城床单厂艺术区；右下图：蜡染手工体验馆。

孙澍摄

温泉洗礼

横断山区南端的地质构造，让蓬勃的地热能量得以在大理钻出地面，成为当地人在连绵雨季和漫漫冬日御寒取暖的温泉汤池。**洱源**（见172页）是滇藏公路上有名的“温泉城”，三处温泉分布区从南到北一字排开，温泉乐园、度假村、民宿和小旅馆足以满足不同人群的泡汤需求。藏在大理西部山涧深处的**羊吃蜜**（见171页方框）维系着野温泉的天然环境，你可以在满天繁星之下露营夜泡。羊吃蜜温泉。

©视觉中国

大理美食

12

云南到处可见打着“大理”及其下辖各县招牌的餐厅，历史名城大理积累的烹饪之道有口皆碑。做法奇特的**大理生皮**、**鹤庆吹肝**可列入挑战食物名录，但面对**喜洲粑粑**和**巍山粑肉饵丝**，大部分人会垂涎三尺。**乳扇**是奶制品爱好者的福音，**诺邓火腿**的油香鲜美也自有拥趸。虽有同名菜品，但在大理，**洱源酸辣鱼**和**永平黄焖鸡**拥有独特的味道。和云南其他地方一样，松茸、见手青、鸡枞等**野生菌**也是大理人的雨季山珍。喜洲粑粑。

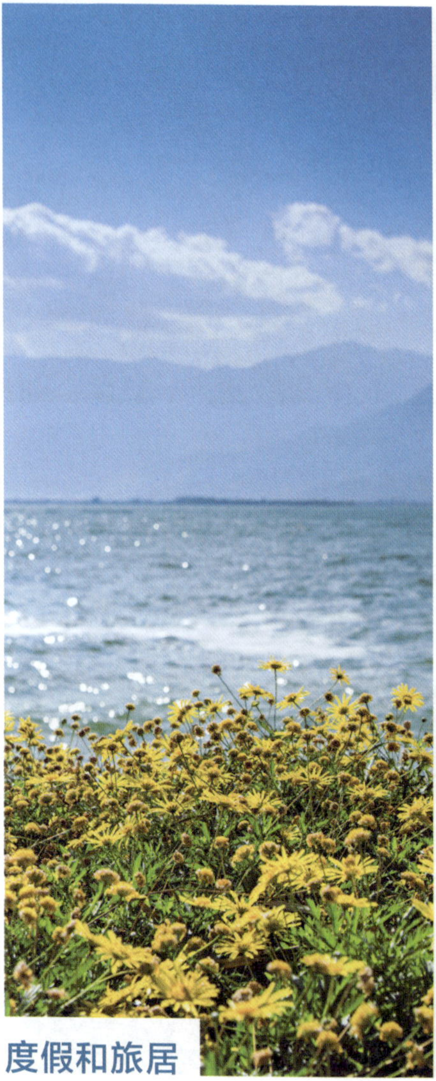

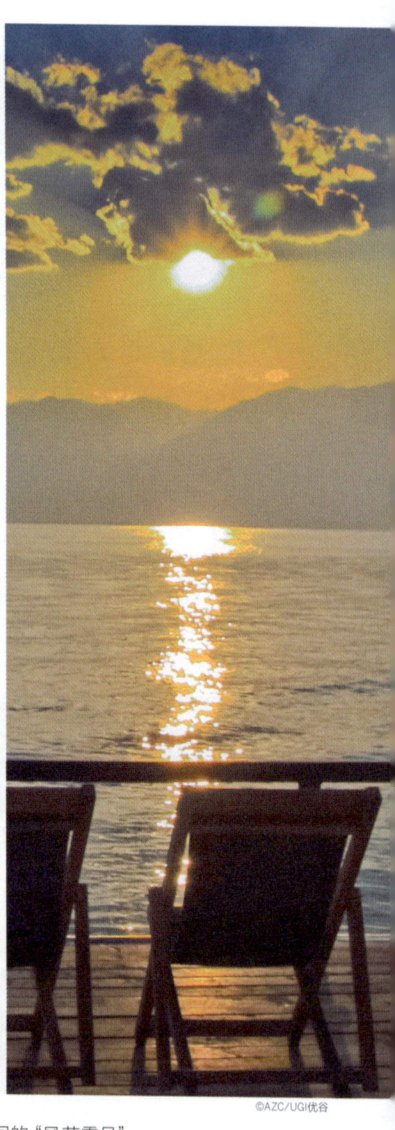

©视觉中国

©AZC/UGI优谷

度假和旅居

13

宜居的大理是国内新兴的度假目的地，苍山洱海间的“风花雪月”更为其增添了浪漫的气质。环绕洱海一圈有很多优质的海景酒店，宅在房间里，过几天“面朝大海”的舒缓日子，无所事事间，还有日出日落和“洱海神光”作为背景。苍山脚下的村庄也有不少精致的民宿，“推门见山”自有一番清幽风雅。不妨试试旅居，过上个把月甚至更久的“向往的生活”。左图：鲜花盛开的洱海；右图：洱海边的悠闲躺椅。

©视觉中国

非“网红”古村镇

旅游业和“网红”经济在深刻地改变大理，但还有不少宁静、美丽的村镇游离于主流视线之外。**沙坪村**（见138页）和**大城村**（见146页）离游客区不过几公里，但这里的生活节奏似乎都变得更加慵懒。沙溪和巍山的宁静已让人印象深刻，附近的**马坪关**（见180页）和**琢木郎**（见217页方框）又能让时光倒转几十年。**剑川古城**（见176页）的高墙门楼已被列为全国重点文物保护单位，但从中流出的仍是家长里短的故事。

剑川古城。

沐昀摄

在大理看云南古代史

“汉习楼船，唐标铁柱，宋挥玉斧，元跨革囊”，在历史的舞台上，南诏和大理各领风骚，奠定了13世纪以前的云南统治中心。南诏国从**巍山**（见206页）垅圩图城起源，**南诏德化碑**（见118页）和弥渡**铁柱庙**（见218页）见证了它的辉煌；大理国延续“妙香佛国”的盛景，以**崇圣寺三塔**（见66页）为代表的密檐式白塔愈加普及。走进**大理白族自治州博物馆**（见124页），海门口、大波那等遗址的出土文物陈列，还可探究云南青铜文明的源头。

石宝山石窟中的南诏第五代国王阁罗凤出巡图。

最佳行程

第1天

初识大理

刚上高原，第一天的节奏不宜太快，大理的生活本也应该“自由散漫”。睡个自然醒再和大理say hello，在古城的大街小巷逛逛有趣的小店，去地标景点崇圣寺三塔打个卡，最终和大理一起在夜色中华丽变身。

❶ 博物馆

走进大理市博物馆（见72页），在昔日的总统兵马大元帅府了解这座西南历史文化名城的前世今生。在大理非物质文化遗产博物馆（见74页），折服于下关沱茶、白族扎染、甲马、绕三灵、三月街等丰富多彩的民俗文化传统。

➡ 吃喝落脚点

从大理非物质文化遗产博物馆向北是大理古城的生活区，北门大菜场（见77页）附近能找到不少当地人常去的小饭馆。

❷ 闲暇午后

大理的午后，弥漫着让人难以抵抗的慵懒气氛；用餐完毕后，整座古城里所有人似乎都在忙着打盹儿。这时的玉洱园（见76页）树影婆娑，可坐在名花古木丛中小憩。南门露天茶摊（见90页）上，就着盖碗茶听溪水淙淙也很舒适。叶榆路是咖啡一条街，午后在这里的咖啡馆泡一泡，十分惬意。

➡ 实用信息

调研期间，床单厂艺术区（见72页）推出了白族婚礼的沉浸式体验戏剧，每天下午上演2场。

❸ 崇圣寺三塔

集历史、宗教、艺术、景观于一体的崇圣寺三塔（见66页）是大理最具辨识度的地标，也是旅行者到访大理的必游景点。建议至少安排2小时游览这里，待参观结束，正值夕阳西下，在倒影公园和大鹏金翅鸟广场能看到它一天中最美的模样。

©视觉中国

➡ 吃喝落脚点

从崇圣寺三塔返回古城北门途中的素方舟庄园（见79页）供应自助素餐，不妨在这里享用一顿田园晚餐。

❹ 夜生活

夜幕降临，大理古城摇身一变，白天的温婉小镇变身为晚间的时尚秀场。人民路（见73页）和红龙井酒吧街迎来了最热闹的时候，其他诸如大理九月（见91页）、囍客厅（见90页）等小酒吧也很值得造访。周末的四季街市（见78页方框）常有主题集市，天黑后更加好玩。

➡ 实用信息

杨丽萍大剧院（见91页）、变压工厂创意园区（见76页）基本每晚都有固定的舞台剧演出，为你的夜生活增加了另一个选择。

左图：崇圣寺三塔；
右图：杨丽萍大剧院。

最佳行程

第2天

沐昀摄

走出古城

在大理古城泡了一整天，该活动活动筋骨，投身到赋予大理独特灵魂的苍山洱海之间了。清晨的苍山和生活其中的小生灵一起苏醒，古人留下的山寺和古道也在焕发新颜。步入距大理古城最近的才村，和洱海的首次近距离接触会让你对之后的环海之旅充满期待。

❶ 苍山景区

宽广的苍山（见106页）有多个进山口，但对于外地旅行者而言，完整的栈道、便利的索道让这个成熟景区成为首选游览地。大索道直通山顶，神秘的高山冰碛湖洗马潭、壮阔的高山杜鹃花海和冷杉林都让人不虚此行。另外两条索道只能到半山腰的玉带云游路，这一带也分布着漂亮的溪涧，山下的洱海也不时出现在视野中。

➡ 吃喝落脚点

洗马潭和玉带云游路有供应简餐的游客服务亭，也建议随身携带干粮和饮用水。**苍山自然中心**有古城精品咖啡店提供的挂耳咖啡，收入会用于保护国内的野生生物和生态资源。

❷ 寂照庵

顶着“中国最美尼众道场”名号的**寂照庵**（见116页），几乎已成为大理旅行的一个“打卡”景点，每天中午等候吃斋饭的人群也排了长长的队伍。这座掩映在茂密森林深处的尼庵同时也被绣球花丛环绕，院落和廊柱装点着各式各样的多肉盆栽。你会发现在这里，对生活的热爱和对佛法的追求，结合得如此紧密。

➡ 吃喝落脚点

乘坐大索道游览苍山的旅行者，很可能赶不上寂照庵中午的斋饭。这一带山下的**观音塘**（见116页）一旁有“生皮一条街”，若不

©视觉中国

想尝试生皮，也可在任意一家餐厅品尝地道的白族家常菜。

❸ 凤阳邑茶马古道

（见118页）在凤阳邑村一排排新建的民宅背后，紧邻苍山脚下的位置仍然保存着古老的石板路和土掌房。这是滇藏茶马古道的一段遗存，青苔藤蔓肆无忌惮地生长，仿佛将时光封存了起来。如今这里也有了"新村民"，他们灵巧的双手为没落已久的古道赋予了新的使命。

➡ 吃喝落脚点

古道的一些老房子被改造成了西餐厅和小酒吧，不远处沧海一墅商业街的**星回精酿啤酒工厂体验店**（见122页）值得打卡，这里还有海景露台。

❹ 才村

由于距大理古城太近，才村（见129页）中心的码头一带总是挤满了"看海"的人群和有些恼人的掮客。但只要你往两边走一走，洱海又重新变得平静起来，新投入使用的**洱海生态廊道**（见128页方框）也让这里的旅行体验变得更好。沿海岸线漫步或骑行，静候夕阳为山海大地调出美艳的色彩。

➡ 实用信息

除了官方的"洱海小蓝"观光自行车，才村也有不少私人租车行提供单车租赁服务。

左图：苍山寂照庵山门；
右图：洱海生态廊道。

最佳行程

第3天

©视觉中国

环游洱海

才村只是沧海一"隅"，更多美景散落在洱海的各个角落。许多人会乘坐洱海大游船观光，但从体验文化、环保等角度，我们更推荐沿环海路骑行巡游一圈，村镇、寺庙、湿地、崖湾的风景长卷会长留心中。自驾或包车环海最轻松，依靠公共交通也可完成，但要卡好时间点。

❶ 喜洲古镇

在传统文化方面可以和大理古城叫板的喜洲古镇（见108页），是洱海西岸的又一座白族重镇。喜洲商帮带回来的财富、学识和西洋元素，又让它在近代独领风骚，收获了不少进步人士的称赞。今天的喜洲再一次让人刮目相看，农耕艺术馆、乡村图书馆、民艺平台、稻米文化节……都在茁壮成长。

➡ 吃喝落脚点

喜洲破酥粑粑（见135页方框）在云南"粑粑界"独树一帜，镇内镇外都有很多地道的小摊。

❷ 喜洲到双廊

告别喜洲继续顺时针环海，第一站是周城村北的**蝴蝶泉**（见132页），这是大理白族的爱情圣地，最好的到访时机是农历四月十五的蝴蝶会。**上关**（见138页）沙坪村仍能找到古关遗址。随后环海路沿洱海北岸向东蜿蜒，这一带分布着许多湿地。当**红山庙**出现在眼前，双廊马上就到。

➡ 实用信息

下关经大理到双廊的客运巴士途经喜洲、沙坪等地，到蝴蝶泉可在桃源码头下车再向西步行1公里。

❸ 双廊古镇

从千年古渔村到苍洱风光绝佳处，从度假胜地到艺术小镇，双廊（见139页）的美一经发现，就得到了世人的关注。历经了此地史上最

©视觉中国

严格的环保整改之后，如今的双廊有更加规整的街巷，洱海水质也比前几年好了不少。无论是漫步滨海廊道，还是乘船登上南诏风情岛，或是在观景平台眺望，双廊的美都会随时打动你。

➡ 吃喝落脚点

海景咖啡馆是双廊的特色，但美食不如大理、喜洲那么精彩，好在主街上仍能吃到不错的本地菜。

❹ 双廊到海东

从双廊向南，环海东路的景色渐入佳境。洱海在长育村和青山村相继冲出了两片舒缓的弧形海湾，翻过**鹿卧山**，就是背倚良田沃土的白族古镇**挖色**（见144页）。眺望过**小普陀**的礁石小庙，环海公路开始贴着悬崖延伸，另一边正是蔚蓝无边的洱海。沿路有**罗荃半岛**等景点，但路上风景就已美不胜收，下午的"洱海神光"更胜似仙境。

➡ 实用信息

体力充足的话，建议使用共享电动车，从双廊一路骑行到海东约32公里，加上游览拍照需3~4小时；也可从双廊打车到挖色，挖色有返回下关的公共交通。

左图：喜洲古镇严家大院；
右图：双廊洱海边风光。

最佳行程

第4~7天

©视觉中国

探索周边

除了大理古城和苍山洱海，大理白族自治州还辖有多个县区。它们或保存有质朴的古老村镇，或坐落着神圣的宗教名山，或铺展开壮阔的山川江河，同样值得花几天时间去探访，你的大理旅行版图也将因此变得更加全面。可从以下3种玩法中，选择自己感兴趣的一种。

❶ 一路玩到丽江

大理和丽江相距不过150余公里，许多旅行者会一并游玩这对"双子星"。若多出来一两天，可在赶赴丽江的途中，转入**沙溪古镇**（见164页）度过难忘的时光。这是一座位于山区坝子中心的白族古镇，茶马古道和盐马古道塑造了它往日的辉煌，国内外设计师又将其打造得无比舒适。镇北的**石宝山**（见166页）拥有号称"西南敦煌"的石钟山石窟和堪称"人类学天然课堂"的石宝山歌会，无愧于其文化圣山的崇高地位。

如果再多一天时间，不妨于大理前往沙溪的途中，在**洱源**（见172页）逗留。这里有水质无比清澈的茈碧湖，还有远近闻名的温泉资源，凤羽古镇的大地艺术也被玩得有模有样。

➡ 实用信息

沙溪往返大理、丽江常需在剑川中转，这里的**剑川古城**（见176页）也是古城、古镇爱好者的心头爱。

❷ 西北环线

苍山西坡的**漾濞**（见170页）呈现出和东坡完全不同的风情，柳暗花明的**石门关**、古韵犹存的**仁民街**都展示着西南山区的经典画卷。

接下来的目的地是更加偏远的山区县**云龙**（见188页），沘江绕出的**太极地貌**不比其他同类景观逊色，跨江而建的一道道古桥还为云龙赢得了"古桥博物馆"的美名。这里最出名的是**诺邓**（见189页）。这座沿山坡而建的古村因坐拥历史上"滇西四大盐井"之一的诺邓井

©视觉中国

而风云一时，好盐好肉腌制出的好火腿，更让它在今天成为美食节目上的常客。

告别诺邓和云龙，最终即可由另一个方向抵达沙溪古镇。算上沙溪，走一圈西北环线共需3~4天。

➡ 实用信息

山区县交通不便，推荐自驾，还能在漾濞至云龙途中拐入**羊吃蜜**（见171页方框），泡野温泉。如需使用公共交通，建议反方向游览，乘云龙前往下关的客车可在平坡高速路口下车，再转车进漾濞；反之不一定能拦到车。

❸ 东南环线

乘高铁即可快速从下关来到**巍山**，自驾旅行者不要错过位于半途的**东莲花村**（见214页）。**巍山古城**（见206页）内悠闲的生活节奏很适合小住1日，体力好就去爬**巍宝山**看古道观。从巍山往南经过南涧县城后到达**无量山樱花谷**（见216页），冬春季节是到山谷赏花的最好时节，夏日山中清凉，也适合避暑。回到**南涧**（见216页）县城后往北进入弥渡坝子，自驾的话不妨转入山中的**密祉古镇**（见218页）听小河淌水的音符。继续往北到弥渡县城吃个午饭，再转到城西北的**铁柱庙**（见218页）寻访存世不多的南诏遗迹。继续前往祥云**云南驿**（见219页方框），这个寂静小镇在"二战"时曾守护了滇西陆路与航空的通道。从云南驿到宾川，屹立于苍洱之东的**鸡足山**（见204页）也是这条环线上的亮点。之后回到下关，自驾者还可不走寻常路，从宾川往北至丽江永胜县后再往西转到**丽江市区**。

➡ 吃喝落脚点

巍山古城的**昆师傅品香苑**（见210页）和弥渡县城南面的**古道饭庄**（见218页）都是旅途中的美食亮点。

➡ 实用信息

如果是自驾出游，走完东南环线共需3~4天。

左图：沙溪古镇的美丽田园；
右图：云龙县沘江太极八卦图。

计划你的行程
每月热门

1月至2月

茶花雍容盛开，给大理古城装点上了节日气氛。春节假期是出行旺季，预订住宿是必要的。

春节

大理各地庆祝春节的方式都很热闹。大理古城（见58页）新商业和旧年俗和谐相融，巍山古城（见206页）内家家贴出书法漂亮的春联。大年初一是鸡足山（见204页）朝山会最热闹的日子，许多信众从头天夜晚就开始爬山敬拜。此时拜访诺邓（见189页）农家，正是品尝火腿的最好时节。在正月十五，弥渡县的铁柱庙（见218页）有热闹的庙会，密祉古镇（见218页）则会举办元宵花灯节。

本主节

洱海周边不少村落的本主节都在正月里。双廊（见139页）本主节从正月初四至初七，村民将红山本主庙的本主神像用木船请到镇上供奉再送回；周城村（见131页）本主节从正月十四至十七，村民把神像迎下山到戏台供奉，唱足三天大戏再送神归位；挖色（见144页）本主节在农历正月初八，大城村沙漠庙（见146页）的本主节则是正月十五。

3月至4月

春天回暖，洱海西岸的坝子里油菜花盛开，洱源茈碧湖梨园村内梨花似雪。

沙溪太子会

佛陀在出家前曾拥有王族太子的身份，农历二月初八的沙溪太子会便是为了纪念和庆祝他从太子转变为出家人的节日。这一天最重要的活动是抬着释迦牟尼佛像和他出家前作为太子时的塑像绕镇游行，孩子们也会被打扮

©刘冉阳（云南分社）/中新社

成盛装戴花的"太子"，并在眉间点一颗红点。（见181页）

三月街/三月节

大理三月街（也叫三月节）起源于南诏时的观音会，千年之后仍然热闹非凡。这场盛会每年农历三月十五至二十一在古城西门外举行，除了集市买卖热火朝天，也有大本曲和赛马等活动助兴，还能尝到好吃的永平黄焖鸡。（见79页）

巍山彝族祭祖节

农历二月初八时，巍宝山的南诏土主庙会举办彝族祭祖活动，届时还有欢快的打歌助兴。近年来在祭祖节前后一周内会举办巍山小吃节，你可以在古城和东莲花村大快朵颐。（见209页）

最佳节会

- **春节** 农历腊月三十至次年正月十五
- **沙溪太子会** 农历二月初八
- **三月街** 农历三月十五至二十一
- **绕三灵** 农历四月二十三至二十五
- **火把节** 农历六月二十四至二十七

5月至6月

从干季到雨季，气候变得更舒适，此时苍山和鸡足山的高山杜鹃进入花期。在暑假来临之前，享受淡季的快乐吧。

白族绕三灵

"绕三灵"是洱海坝子中一年一度的大型

左图：早春二月茶花盛开；右图：五月白族"绕三灵"。

游神庆典，从农历四月二十三持续到二十五，巡游路线从古城崇圣寺到喜洲庆洞村，穿过喜洲古镇到海舌附近的河矣城，再回到马久邑，一路上歌舞不断。（见80页）

7月至8月

野菌喝够雨水破土而出，火把节把夏天都点燃了。在这个时段出行基本不会有什么烦心事，除了出行时要当心道路塌方。

火把节

火把节是白族和彝族的共同节日，通常从农历六月二十四就开始，前后持续三、四天，二十五那天最热闹。大理古城、喜洲、周城、巍山和漾濞等地都有燃火把、撒松香等隆重庆典。

吃菌子

大理的山间藏着不少野生菌，除了在古城吃菌火锅，你也可以到山间小城镇找个小餐馆尝尝家常炒菌。这时在沙溪（见164页）能吃到鸡枞和松茸，巍山（见206页）的牛肝菌和松茸产量也不小。

9月至10月

雨季结束后的晴好天气，非常适合户外活动。国庆长假时，大理的客流量再次到达高峰，此时出行须预订住宿。

石宝山歌会

沙溪石宝山歌会的会期是农历七月的最后三天，除了主会场宝相寺，几乎每个寺庙附

左图：农贸市场上的菌子交易；右图：石宝山海云居牌坊雪景。

近也都有歌舞队或洞经乐队表演。不止本地人，鹤庆、云龙、洱源甚至兰坪和丽江的白族人都会前来以歌会友。（见168页）

鸟道雄关观鸟

巍山往东的山中仍存一段南丝绸之路古道，这里也是候鸟南北迁徙的一个重要节点。每年9月中旬至10月中旬山里起雾，候鸟飞到龙箐关后会因为失去方向而暂时聚集。此时前往观鸟，还有可能遇到工作人员给鸟戴脚环等观测活动。（见208页方框）

11月至12月

雨后苍山覆雪，晴时海边鸥飞，大理坝子的冬天分外温柔，不过此时下关常有大风天气。

无量山樱花

澄澈蓝天，樱红茶绿，冬春时的无量山樱花谷（见216页）比照片拍出来的还要美。受每年天气变化的影响，这里樱花的盛花期在11月底至12月中旬。除了赏花拍照，此时还能品尝到美味的小吃。

泡温泉

造物主实在是太过偏爱大理，才会在处处山谷中埋下地热温泉。洱海北面的洱源（见172页）是大理当之无愧的温泉福地，当地人也对温泉敬爱有加，会在热水井旁点起香火拜神。如果你有心，在弥渡、巍山和下关都能找到不错的热泉水。

计划你的行程
新线报

新移民“开发”新乡村

大理新移民总是在苍山洱海之间探索新的生活方式。大理古城已显得过于喧嚣，于是他们在苍山脚下凤阳邑（见118页）的废弃院落里经营起民宿、工作室和咖啡馆，给这段荒废的茶马古道带来新的活力。而在洱源凤羽（见174页），稻田湿地里的空间艺术装置、空中稻田剧场和凤羽白米丰收节等艺术元素让这座业已萧条的马道古镇再次焕发生机。

大理周边交通升级

继大理至临沧的大临铁路在2020年通车后，连接大理至南涧的大南高速公路巍山段也即将在2022年内通车。前往保山的大瑞铁路大保段有望于2022年通车，大理西部的漾濞和永平将被纳入火车运营版图。连接鹤庆至怒江兰坪的鹤剑兰高速也在施工中，这条高速公路在沙溪古镇预留了出口。大漾云高速公路的开通，将让游客更方便前往诺邓古村。新楚大高速于2022年3月开通，大理至昆明的公路客运耗时缩短到3.5小时，自驾也更加快捷。

海西生态廊道

为保护洱海，当地在洱海西岸新建了干净规整的海西生态廊道（见103页），并将曾被宅院包围的一线海景最大限度地还给了公众。廊道绝大部分只允许步行、乘坐电瓶游览车或骑自行车入内，非常适合亲子游。

文化地标新书店

在沙溪古镇北龙村中，先锋沙溪白族书局（见165页）以先锋的姿态出现在田园之间。在喜洲古镇，建于20世纪30年代的苍逸图书馆（见138页）在2021年被成功“活化”为书店，来到这座大理历史上的首家公共图书馆，你可以坐在大青树下享受阅读。

©鬼狐/图虫创意

伙山村的在地艺术

当艺术家遇见乡土，就有了伙山村（见113页）的在地艺术。双廊白族农民画社由沈见华创立，号称“全国首个少数民族农民画社”，绘画师几乎都是白族孃孃。继续往上还有由白族建筑师赵慧军设计的旬·美术馆。

更多精品住宿

从古城到周边各县，越来越多的精品住宿地在山海之间涌现，为前来享受假期的旅行者提供更好的居停体验。喜洲喜林苑将分店开到了石宝山上的石龙村中，巍山古城的颐和·耘喜进士第文化精品酒店则是由安缦设计师操刀改造的清朝宅院。继双廊之后，涌出了多家精品酒店的海东镇也成了环洱海的高端度假之选。

创意街市和园区

大理古城里永远不缺新创意。四季街市（见78页方框）是大理最火的新兴创意市集，有样集市（见78页方框）则是一个地点常换常新的快闪集市，还有由华侨城全新打造的变压工厂创意园区（见76页），这里目前的亮点是先锋戏剧艺术演出。

洱海边的新农场

以柴米多农场为起始，洱海边又新增了素方舟庄园和万物生庄园等新农场（见79页），除了种植生态粮食和蔬菜，这些农场还有市集、禅修、素食烹饪和自然教育等各种丰富的活动。

精酿啤酒落地开花

精酿啤酒爱好者有福了。如今不仅在大理古城的大街小巷能找到接有酒头的精酿啤酒馆，而且北至沙溪古镇，南到巍山古城，你都可以品尝到不同口感的精酿啤酒。

左图：洱海生态廊道；右图：凤阳邑民宿。

获得灵感

书籍

《大理外传》（万哲生著）英国画家和新婚妻子在蜜月之旅后爱上大理，长居十余年创作的画集。

《苍洱之间》（罗常培著）近代中国语言学大家20世纪30年代的旅行笔记，对大理、喜洲和鸡足山等地都有记述。

《南诏图传》南诏国留存下来的宫廷画卷，图文并茂，记述了南诏从巍山兴起至统一大理的历史，图中还描绘有当时各族的服饰、建筑、宗教和生活场景。画卷的原本现藏于日本京都。

《宋时大理国描工张胜温画梵像》（彭晓主编）大理国画师张胜温的传世图卷，原本藏于台北"故宫博物院"。画家用清逸的笔触勾画出佛教人物造像及宫廷生活图景，帮你复原想象中的大理国。

电影

《五朵金花》（王家乙导演）正是这部经典电影把大理古城推送到中国各地的银幕上。在60多年后的今天，三月街、蝴蝶会以及赛马对歌的情景仍然没有改变。

《火山》（张杨导演）这部纪录片讲述了艺术家移居双廊伙山村后，与当地白族人民一同进行艺术创作的故事。

《繁华将至》（左志国导演）由吴镇宇、任素汐和李康生主演的悬疑犯罪片，背景故事中设定的南方小城就在大理。

音乐

《四月旧州》（周云蓬）隐居苍山云弄峰麓旧州村时，周云蓬完成了这张专辑。实体专辑中部分文字是请巍山写字老先生手书完成的。

《云南白族本祖音乐》（Laurent Jeanneau & 施坦丁）两位音乐人在大理地区收集的白族民间宗教和祭祀音乐，包括洞经合奏乐和葬礼乐曲等。

《我会想起你》（宋捷）"痛

苦的信仰”乐队吉他手宋捷在大理创作的歌曲，成为不少人在苍山洱海边的定情歌。

网络

大理好在（微信公众号：dalihaozai）整理的每周大理活动指南，可让你不错过每一个精彩瞬间。

创想大理（微信公众号“CHUANGXIANGDALI”）发现大理有趣的人及有趣的生活方式。

大理非遗（微信公众号“dali feiyi”）翔实收录了大理地区的传统手工艺和其他非物质文化遗产。

苍山下（微信公众号“cang shanxia”）大理街坊们的文艺趣事，不定时发布文化活动信息。

左图：大理白族蜡染布；
右图：床单厂艺术区的海豚阿德书店。

没时间？

没有那么多时间了解大理？用这些书影音来构筑你对大理的第一印象。

《苍山下》（阿德、许崧主编）周云蓬、钟立风、吴苏媚、野夫、叶永青……书中都是这些生活在苍山下的大理街坊们自己的故事。

《大理的声音》（张杨导演）纪录片通过影像和声音记录大理的四季变化、不同的文化和宗教，还有当地人和新移民的生活。

《乐大理》音乐人欢庆发起的音乐合集，收录了白水、张玮玮、窦唯、王娟和万晓利等多位在大理旅居过的音乐人的作品。

计划你的行程
省钱妙计

沐昀 摄

虽然大理古城热门街区的消费堪比北上广，不过在居民区仍然能找到性价比高的好店，大理周边各县则更是物美价廉。在保证出游品质的同时再节省一些，何乐而不为？我们的作者根据自己的经验，提供了一些在大理的省钱妙计，帮助你精打细算。此外，善于运用网络，也能搜到各种团购打折的优惠信息。

住宿

➡ 许多大型度假村、品牌酒店，直接致电前台或许能订到更好的房间，淡季时的折扣和优惠活动更多，如提供免费接送服务，或者赠送景区门票等。

➡ 遇上春节、十一黄金周，避免涌入接待力有限的热门目的地，如环洱海的村庄、沙溪古镇和诺邓古村等。提前一个月预订是明智的。淡季不妨找好目标进门询价，通常都有商量的余地。

➡ 在大理古城和沙溪，住在边缘地带比中心地段更便宜。

餐饮

➡ 在大理，一些酒吧的“欢乐时光”时段，酒水打折。

➡ 可以在网站上寻找团购，也可以跟投缘的旅伴拼饭。

➡ 尽量去当地人就餐的地方。大理古城玉洱路以北的街区还能找到一些本地人喜欢的餐馆，味美价廉。

➡ 一些青旅、酒店公寓有自助厨房，丰俭由己。

➡ 去距离城区稍远的大型景区如苍山、鸡足山和无量山等，最好自备一点干粮。

➡ 大理很流行素食自助，用家常方式烹饪的各种美味时蔬既便宜又建康。

交通

➡ 城镇之间尽量选用公共交通。

➡ 骑自行车或电动车出行，既环保低碳，又机动灵活，但要注意安全。

➡ 一些大型景点往往在古城出入口设有门市，提供门票和交通服务，通常比自行

©视觉中国

前往便宜。也可参加正规旅行社的“一日游”，但要远离不合理的低价团。

➡ 要找人拼车可到青旅看布告栏。不少客栈都可联系旅行社或车队，提供热门线路的小车拼车，如诺邓至沙溪。

门票

➡ 在旅游网站、旅行社门市或游客中心购买部分景区的门票或索道票，通常有折扣或免费接送服务。

➡ 不要轻信任何包车司机推荐的景点、购物点和餐厅。

购物

➡ 从村民手中或当地人开的店铺购买纪念品，不仅价钱相对公道，更能帮助他们直接获取收益。

➡ 避开旅游团队购物店，到当地的农贸市场和热门店铺周边的商铺转转。

旅游淡季

➡ 淡季出行是不变的省钱真理。除了住宿大幅降价，景区门票也有折扣，有时甚至无人值守，可免去门票费用。

➡ 寻找淡季中的亮点。比如冬春季节去巍山古城避寒赏樱花，夏季去无量山的青翠山谷中避暑，都能获得不贵且别致的体验。

左图：洱海海舌公园外摆摊的白族老妇人；
右图：骑自行车出行低碳环保。

行前参考

何时去

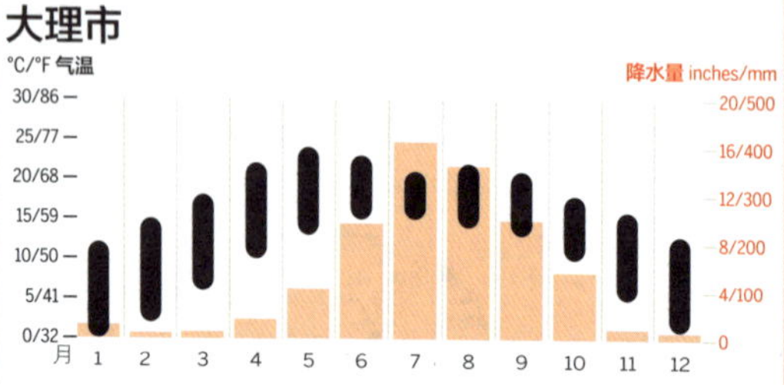

大理四季气候温和，一年中随时前往都有不同的旅行体验。不过冬季下关和古城常有大风天气，洱海北部各县气温略低。

旺季（6月至8月）

暑期来临，学生出行和亲子游带来大量游人。夏季雨水丰沛，对户外活动略有影响。不过此时气候并不炎热，还有好吃的水果和野生菌。

平季（3月至5月，9月至11月）

春季茶花盛开，可以去赶好玩的三月街。秋季层林尽染，11月末有大理州庆。这两个季节的客流量集中在五一和十一两个长假期间，大理游人数量会达到高峰。

淡季（11月至次年2月）

冬季适合去泡温泉，或者到洱海南部各县避寒，尤其是樱红茶绿的南涧无量山樱花谷。需留意，春节也是大理旅游的高峰期。

电话区号

0872

人口

333.76万

平均海拔

2090米

语言

除了西南官话中的大理方言，白语和彝语等民族语言在大理部分地区也通用。全州普通话的普及程度不低，但部分老年人可能不说普通话。

现金和信用卡

银行和ATM在古城、下关和县城都能找到。在村镇，微信支付的普及度比支付宝要高。赶集时建议自备纸币零钱。

移动电话

中国移动、中国联通和中国电信的信号基本覆盖整个大理，但部分山区信号较不稳定。

网络

多数酒店及餐馆有Wi-Fi，在部分景区及交通枢纽也可连接免费Wi-Fi。

每日预算

经济 200元以下

- 预订青年旅舍铺位（30~50元）
- 多光顾路边的小吃店（10元/人）
- 尽量选择公共交通出行
- 到访免费的博物馆及公园

中档 200~500元

- 尽量选择简朴的民宿（100~250元）
- 光顾本地小餐馆（40~60元/人）
- 偶尔打车和包车出行
- 购买当地美食作伴手礼

高档 500元以上

- 住精品民宿或星级酒店（400元起）
- 坐苍山大索道上下苍山（往返260元）
- 包车环洱海一日游（400元）
- 购买独一无二的设计师作品

行前提醒

提前两周 通过读书、听音乐和看电影，了解大理的过去和现在。如果是旺季，也可着手预订住宿了。

提前一周 预订机票和酒店，查询出行时大理古城是否有演出和派对，在周边村镇能不能遇上赶场天。

提前3天 打包行囊，带上防晒霜、泡温泉的游泳衣和适合爬山的鞋子。在微信或支付宝搜索“云南健康码”，提前注册和申领健康码。

抵达大理后

大理荒草坝机场（见229页）

- **机场巴士**（25元；19:00之前）至古城车程约45分钟；打车至古城100元左右，拼车50元/人。

大理火车站（见229页）

- **公交车** 乘坐8路（3元；30分钟）即到大理古城。

注意事项

- 大理居住着白族、彝族和回族等众多民族，农历六月二十五是白族和彝族共同的节日：火把节，伊斯兰教历十月一日是回族的开斋节，届时前往可以加入各民族的欢庆队伍。
- 留意各民族的禁忌，例如到彝族朋友家拜访时不要跨过火塘，到访清真寺时非信徒避免进入朝真殿。
- 大理整体治安良好。需留意在热门目的地的掮客、低价团和扒手；拜访寺院时，警惕提出算命或要“香火钱”的人。

网络资源

大理旅游服务（微信公众号“dalirenniyou”）大理全域旅游综合服务平台，提供景点门票预订和景区直通车等服务。

彩云通（微信公众号“dlqmcyj”）由大理交通运输集团公司提供全州客运线路查询和购票服务。

大理非遗（微信公众号“dalifeiyi”）由大理白族自治州非物质文化遗产保护中心运营。

创想大理（微信公众号“CHUANGXIANGDALI”）发现大理的趣人趣事，以及有趣的生活方式。

大理各地的街天

算好日子，加入当地的赶街队伍吧。

大理古城三月街场 农历每逢初二、初九、十六和二十三

双廊镇 黄历每逢虎日和猴日

挖色镇 公历日期逢5、10

沙溪镇 每周五

鹤庆县城 公历日期逢1、4、7

漾濞县城 每周五

更多信息，请参见222页“生存指南”。

©视觉中国

负责任的旅行

自从Lonely Planet诞生以来，“负责任和可持续的旅行”(Responsible and Sustainable Travel) 一直是我们秉持的旅行理念。如果在旅行途中能对当地文化、环境及居民有所裨益，你所走的每一步都会更有意义。下面的一些小贴士可以帮助你保护和支持大理及其周边的环境与社区。

尊重文化传统

➡ 在出发前阅读关于大理的读物（见36页）有助于了解当地历史文化及民俗习惯。

➡ 大理是白族自治州，其下还有彝族和回族自治县，另有傈僳族、苗族和纳西族等民族散居在各处。请尊重当地少数民族习俗，带着平等友好的态度去和所有人交流。

➡ 有的老人不一定讲普通话，一些山村居民的普通话也未必讲得很流利，请带着耐心和友善去聆听。

➡ 在参观宗教活动时，拍照前要先询问。除非获得允许，否则不要随意拍摄私人照片。如答应寄送照片要言出必行。

遵守公共秩序与本地习俗

➡ 在大理各处的古村镇，不少居民仍生活在老宅中。除非他们邀请你进屋喝杯茶，否则不要擅自进入民宅。

成群的赤麻鸭在洱源西湖国家湿地公园飞舞。

➡ 城乡客运沿路搭客带货是滇西北约定俗成的习惯，大城市的准时观念在这里不适用。催促司机更可能引起纷争，不如把出行计划留宽松些。

➡ 在景区游览时请遵守规定，不要随意吸烟及丢弃垃圾，不要翻越安全护栏。

➡ 在参观博物馆及展览过程中请轻声细语，避免影响他人的参观感受。

保护环境和动植物

➡ 随身携带购物袋，减少不可降解塑料袋的使用。也请尽可能少点外卖，因为外卖会制造大量的塑料垃圾，而且餐馆中的菜肴更美味。

➡ 使用可降解的产品，在山区徒步露营时把垃圾带回城市处理。在城镇也尽量将垃圾分类处理。

➡ 不要购买由濒危物种制成的纪念品或食品，拒绝如穿山甲、蛇等野味。不要盗挖兰花等野生植物。

造福当地人

➡ 从农户手中直接购买水果等农副产品可以让他们获得更多的利润，也可以让自己品尝到物美价廉的绿色食品。

➡ 工业流水线生产的纪念品缺乏特色且会增加环境污染。请尽量从当地手艺人处购买工艺品，不要一味儿杀价，这可能间接导致机器加工环节的增多及传统工艺的失传。

➡ 在本地餐厅享用特色小吃，入住当地人开的民宿，都是确保当地人直接获益的不二选择。

避免“过度旅游”

在大理古城和洱海周边，旅游业的爆炸式发展加快了商业化的进程，本地人的生存空间在一定程度上受到了挤压，蜂拥而至的游人也未必能获得融入当地的真实体验。我们在此提醒有意前往大理的旅行者，以下热门景点可能正遭受过度旅游（Overtourism）带来的威胁，但有时只要稍做变通，即可获得更独特、舒适的本地体验，同时也能纾解巨量游客给大理带来的压力。

大理古城 可以把玉洱路作为一条旅游商业区和本地居住区的分界线。跨过玉洱路往北，在这个片区还能找到本地人光顾的菜市场、烧烤摊和冷饮店。

苍山 大部分游人会选择乘感通索道上至玉带云游路走走逛逛。如果你想近距离接触苍山的自然世界，不妨选择乘坐苍山大索道直上洗马潭，这里有冰碛湖和高山杜鹃，还可到苍山自然中心，从科学的角度了解动植物。

双廊 由于海景民宿的兴起，人多地少的双廊承载了过大的建筑密度。其实只需顺环海路往南15公里，这里的挖色镇仍然保留有几分轻松自在的渔家节奏。

鹤庆正在制作银器的匠人。

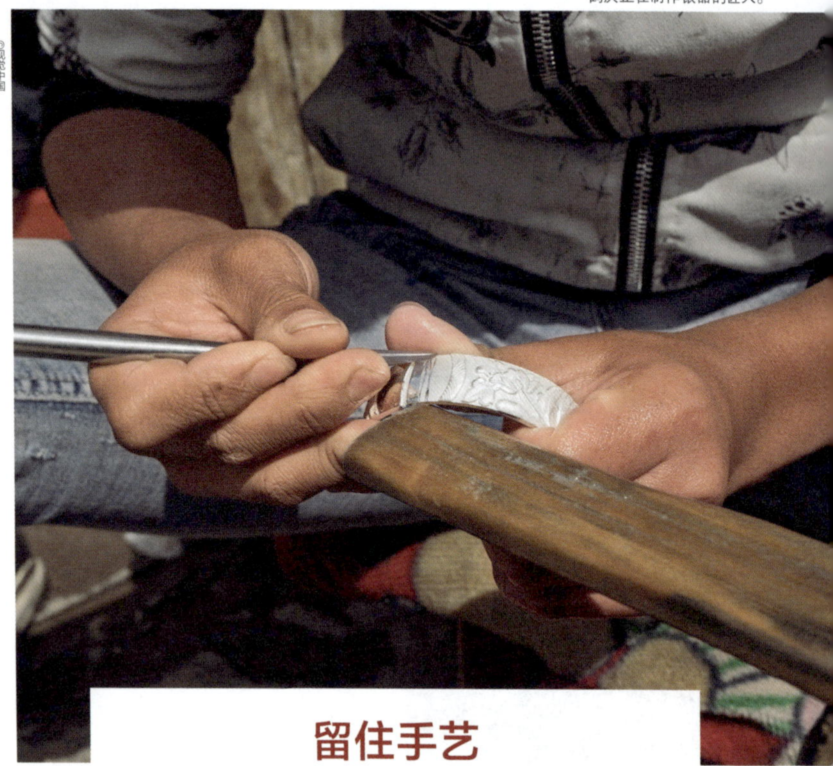

留住手艺

由于相对封闭的自然环境以及历代的民间积累，一些在中原已经逐渐消失的传统手工艺依然在大理保存下来。到了现代，这些靠家族世代相传的技艺一度因为工业化生产的冲击而式微，不过从官方机构到民间团体和个人，如今仍然有人在大理为传承手艺做出努力。

在大理旅行时，不妨花点心思和精力去寻访那些手艺人。不管是观摩他们打造器物的过程，还是购买他们的作品，都会给留住传统手艺这件不易之事带来积极的影响。

剑川木雕和石雕

剑川素有“中国木雕之乡”的美称，早在南诏时期，这里的木雕体系、纹样和技艺即已成熟，到了明清时期乃至近现代，剑川木匠师傅的美名更是传遍全云南。在踏入剑川古城之前，你很可能已经欣赏过剑川木雕，因为可以说在整个大理地区，大部分明清建筑上的精美木雕都出自剑川木匠之手。剑川**西门街古建筑群**（见176页）的众多明清古宅保留了完整的斗拱和垂花，从中可欣赏到传统手工木雕的细腻线条，古城西南仿古建筑**剑阳楼**（见176页）上的精美门扇和窗框则展示了机雕技术与传

喜洲古镇杨品相宅木雕细节。

统纹样的和谐相融。

剑川石雕的历史至少可回溯到开凿石钟山石窟的南诏国，明清时剑川的护庙镇墓石狮数量众多，造型不拘一格。如今在由明清文庙改建的**景风公园**（见176页）内，你可以细数每只狮子头顶的螺髻数量，不远处的**满贤林千狮山**（见176页）中汇集了3000余只石狮，形象、风格从东汉至明清各不相同，这项浩大的石雕工程由当代工艺美术家陈永发主持开凿。

扎染

扎染古称“绞缬”，从植物中萃取色料，再通过画刷图案、绞扎、浸泡、染布、蒸煮、晒干、拆线和碾布等复杂的步骤，最终给布料染上漂亮的颜色和图案。从南诏时期开始，扎染技艺随着与中原汉地的经济文化交流而逐渐传入大理，并且在周城和巍山分别发展出了各自的风格。

传统的周城扎染使用蓝染技艺，从板蓝根中提取蓝色色素来给布料上色。由于当代大众旅游的需求，你可能会在周城看见很多五颜六色的扎染和蜡染旅游纪念品，不过蓝色才是周城扎染的本真之色。在周城，你可以在**蓝续**

大理的手工技艺国家级“非遗”

- 下关沱茶制作
- 剑川木雕
- 鹤庆银器
- 白族扎染
- 白族民居彩绘

周城璞真扎染博物馆。

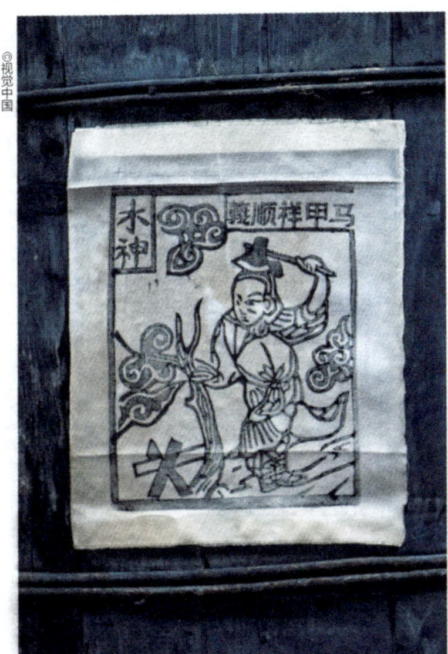

贴在蜡染制作缸上的甲马纸。

绿色文化发展中心（见134页）和**璞真扎染博物馆**（见134页）参观制作扎染的整套流程。

巍山扎染分为蓝染和草木染，蓝染的色料来源是板蓝根，草木染则主要提取乌桕、姜黄和红花等植物中的色素，在布料上染出浅灰、土黄和土红等素雅大方的颜色。近二十年来，巍山当地的扎染厂多半承接国际订单，常见产品的质量和款式都很不错。古城的南街已被规划为扎染主题街区，**兴巍工艺**（见212页）和**三彝扎染**（见212页）等有名的本地扎染厂都在街上设有店铺。

甲马版画

甲马是中原地区的民间信仰，《水浒传》里描述神行太保戴宗日行千里，力量就源自绑在双腿上的甲马符。明朝时大量中原移民将甲马带入大理地区，这种信仰在不同的坝子里发展出各自的谱系。简单来说，大理甲马可以分为汉族甲马和白族甲马，巍山古城里的甲马谱系是大理汉族甲马的代表；与汉族甲马相比，洱海坝子的白族甲马谱系里增加了各村镇的地方本主神。

从手艺角度来看，甲马也是木刻版画，匠人通常用阳刻法来雕刻出各种形象，再用单色或套色印制，最终呈现出线条质朴有力的图画。如今在大理还能找到雕刻甲马的匠人，巍山古城北街上的**木雕甲马**（见212页）店里有老手艺人每天制作汉族甲马，他也欢迎旅行者观看他雕版和印刷的过程。大理喜洲的**薄技在民艺共同体**（见138页）则提供制作白族甲马版画的艺术体验。

看手艺

大理非物质文化遗产博物馆（见74页）
像翻阅目录那样，逛逛各种手工艺展厅。

剑川满贤林千狮山（见176页）
山中藏着近3000只石雕狮子。

周城璞真扎染博物馆（见134页）
可看到整套周城扎染的工艺。

巍山三彝扎染博物馆（见210页）
除了扎染展示，也可到工厂中看生产流程。

巍山民俗博物馆（见208页）
收藏了整个房间的甲马纸符和雕版。

学手艺

周城蓝续古法扎染体验园（见133页）
在古宅中深度参与扎染体验课程。

巍山兴巍工艺（见210页）
在院子里体验巍山扎染的关键步骤。

喜洲薄技在民艺共同体（见138页）
跟着非遗传承人学刻甲马版画。

大理乐天陶社（见81页）
瓦猫是大理常见的屋脊装饰，这里提供制作瓦猫的泥塑课程。

在周城体验白族扎染。

©刘冉阳中新社（云南分社）/视觉中国

一家人的大理

休闲的大理是全家出游的热门目的地，多年来的旅游开发也让这里的基础配套设施趋于完善。风光秀丽的苍山洱海能让全家人得到放松，吃喝玩乐俱全的大理古城更能契合家里每位成员的需求。不满足于和其他游客大同小异的行程？大理下辖的各县能为你提供专属的家庭游体验。无论是温泉、名山还是生活着的古村镇，大理都有。

计划行程

"说走就走"和家庭游可不对路，计划行程要三思。最好先征求孩子或老人的意见，或与他们一起规划行程。大理是老少皆宜的旅行目的地，设施、卫生等方面都有保障。不过我们仍建议你在出发前为全家人购买旅行意外险，并确保大家都处于健康状态，切忌带病上路。

出发前不妨读一读Lonely Planet 推出的《带孩子旅行》和《带父母旅行》，书中有很多实用的旅行建议，可让你在家庭出游中玩得安全又尽兴。

食宿行的特别关照

在大理旅游，食宿行均很成熟，不会遇到太大问题。但对于老人和孩子，仍有一些值得

在巍山古城骑行。

©视觉中国

额外注意的地方。

大理饮食重口偏辣，对于小朋友来说并非好选择，记得下单时加一句“少辣”的提醒。也可选择在网络平台上评分靠前的“网红”餐厅——在旅游业竞争激烈的大理，它们能够脱颖而出，肯定在菜品、卫生、环境、服务等方面表现不错，踩雷概率不大。注意，生皮因制作工艺等原因，并不推荐小朋友食用；面对夏天的野生菌，即使处理得当，小朋友和老人也请适当品尝。

带家人出游尽量尽早预订住宿，大理、喜洲、沙溪等地很多酒店都提供家庭房，一般是一张1.5米的大床加一张1.2米的小床；也可通过爱彼迎等平台预订短租民宿，自己买菜做饭，更有家庭氛围。注意由老房子改造的客栈通常隔音较差，许多客栈因没有电梯，住在高层需要爬楼，这些都对老人不太方便。

这些应该出现在你的行李箱中

- 家庭小药箱，备有感冒药、黄连素、达克宁、藿香正气液、创可贴、晕车药、保暖贴等物品。
- 免洗洗手液、消毒湿纸巾等，让贪玩的孩子也能保持个人卫生。
- 轻便的微单相机，随时捕捉家庭出游的快乐场景。
- 小钱袋，让孩子与长辈在身上备点零钱。
- 保温良好的水壶，让老幼能随时喝到热水。
- 塑料密封袋，可以装玩水时湿掉的衣服。

大理的公共交通和景区直通车可以覆盖主要景点。但租一辆车自驾，尤其当你离开苍山东麓和环洱海区域，会让你的家庭出游更加自由，也更有效率。大理有神州、一嗨等多家连锁租车公司进驻，可在官网上查询、预订适合的车型，需要时也可提前要求他们备好儿童座椅。注意：夏季是大理的雨季，常有连绵降雨天，请随时关注天气预报，雨天切勿驶入山区旅行。

孩子们的大理

告别城市的束缚，走近苍山洱海，广阔的天地可以让孩子们的天性得到释放。相比山巅的洗马潭，**玉带云游路**（见107页）更适合小朋友体验苍山的魅力：漫步其上不仅是一段体力消耗不大的山野徒步，还常能遇到树梢间跳动的小松鼠，清碧溪和七龙女池也是夏天玩水的好去处。**洱海生态廊道**（见128页方框）远离机动车的干扰，不妨选择多人座的观光自行车，开展一段亲子骑行，或是为小朋友挑选儿童车骑行。冬天的洱海沿岸到处都能遇到红嘴鸥，它们热情地讨食，也会引来孩子们的欢笑。

大理是昔日茶马古道的重镇，如今在**凤阳**

在大理会有高原反应吗?

地处云贵高原的大理平均海拔2000多米，是“入门级”的高原，基本上所有人都不会有高原反应。如果刚抵达时略有不适，休息好后第二天就会好转。值得注意的是苍山洗马潭海拔近4000米，老年人在此游览，攀爬台阶时会有一定概率出现高反症状，建议在山下售票处等地提前备好便携式氧气瓶。

邑茶马古道（见118页）、**喜洲古镇**（见108页）和**沙溪古镇**（见164页）等地，小孩子都可骑马——安全第一，请选择合适的路线以及温顺的马儿。在大理、喜洲等地，采茶炒茶、瓦猫、甲马等民艺的手作体验难度不算很大，可以让小朋友把有意义的纪念品带回家。近年来大理周边还出现了很多**新型农场**（见79页），很适合年纪小的孩子撒欢、和小羊小鸡做朋友；一些农场也在做“营地教育”之类的课程，有兴趣可加以关注。

对于大一点的孩子，大理还能让他们“种草”自己感兴趣的领域。苍山是中国重要的生物多样性中心，偶遇的奇花异草和珍禽异兽可以打开孩子对生物学的兴趣之门。**大理九月**（见91页）的音乐现场、**变压工厂创意园区**（见76页）的沉浸式戏剧、**双廊古镇**（见110页）和**凤羽古镇**（见174页）的在地艺术……有可能让孩子迸发有趣的想法和对艺术的追求。

带爸妈游大理

老一辈对大理有自己的印象，不妨参考经典的影视文学作品规划线路。《五朵金花》的爱情故事是那个时代的经典，**三月街**（见79页）和**蝴蝶泉**（见132页）的民俗风情值得寻找。在喜洲古镇和大理古城散步时，眼尖的爸妈可能会发现它们在86年版《西游记》（当然，这也很可能是你的童年回忆）中亮过相。金庸武侠小说中的大理让人神往，段氏皇族出过家的**崇圣寺三塔**（见66页）和**无为寺**（见118页）都是小说故事的原型地。

沐昀 摄

石宝山宝相寺下的猴子。

老年人喜爱的悠闲体验在大理随处都有，双廊古镇和**才村**（见129页）等环洱海村镇可轻松住下，晨练时分环境相当宜人。最舒适的莫过于**巍山古城**（见206页），这座历史文化名城仍然沉浸在泡茶馆和遛鸟的节奏中，乘坐动车前往还能让老人免受山路颠簸之苦。冬天建议去**洱源**（见172页）找一家温泉酒店住下，慢悠悠地享受云贵高原的温暖冬日。喜欢进庙拜佛的长辈，还可乘坐缆车登临**鸡足山**（见204页），在这座佛教名山为家人祝祷祈愿。

大理古镇赶集。

大理慢生活

温暖的阳光、丰饶的物产、舒适的环境、宜人的气候，为云南人养育出“家乡宝”的可爱心态。大理的自然环境和历史文化在省内均数一数二，大理人的“家乡宝”情结因此格外浓郁。他们过惯了慢悠悠的日常生活，也欢迎你一同加入苍山洱海和古村镇的闲适节奏中。

赶街

赶街（gāi）又称赶场、赶集。过去，西南山区道路周折，车马难行，人们约定俗成地赶街，即只在固定的街天、去固定的街场交换生活生产物资。今天大理许多传统街场仍未消失，当地人不紧不慢地闲逛其间，旅行者也可探索新鲜事物，虽然不乏假冒伪劣的小商品，但也有地方特产、乡土小吃、鲜花瓜果值得采买；大理石料、大火把、牲畜等交易同样充满惊喜，不买也可看看。

大理古城西门外，一年一度的**三月街**（见79页）是南方丝绸之路上的驰名大集市，其他月份每月也有4次固定的小集市。在**沙坪**（见138页）、**挖色**（见144页）、**沙溪**（见164页）、**漾濞**（见170页）等乡镇赶街，则能体验到更朴实的生活趣味。在偏僻的山区村镇，街场还可能占用村镇的唯一街道，在当日造成拥堵，与其懊恼堵车，不妨和当地人一样摇下车窗欣赏街景。

大概是受到赶街的启发，大理新移民又发起了**创意市集**（见78页方框），赶一场四季街市或者有样集市，大理的慢节奏也多了时髦的元素。你还可以从买方变为卖方：**洋人街**（见74页）中段以及洋人街和叶榆路交叉路口的空地上，傍晚过后总有背包客和旅居者在**摆地摊**，带上旅途中收集的有趣小物件和故事，你也能参与其中。

耕读

“渔樵耕读”是金庸先生笔下的大理段氏四大名臣，也是苍山洱海传统社会的写照。如今渔樵已歇，新式的“耕读”又开创了大理慢生活的新频道。

大理坝区的土地优渥宜耕，海西的田园风光远近闻名。在新移民的精心调理下，一些**农场**（见79页）变得十分精致。主人家过着“向往的生活”，也为大理提供了“泡农场”的有趣玩法。就着蓝天白云和青山丽日，享用自产自供的新鲜食材，酒足饭饱后遛狗逗羊，再钻进营地打个盹儿，生活慢并快乐着。

大理古称“文献名邦”，当地人知书达礼，可在苍山洱海度过悠闲的阅读时光。今天在大理古城的**海豚阿德书店**（见92页）、樊登书店、大方书店和几家小型的独立书店都能用读书放缓时光，苍山上的**元阳书院**（见115页方框）、喜洲的**苍逸图书馆**（见138页）、沙溪的**先锋沙溪白族书局**（见165页）也在渲染着阅读的魅力。

茶咖酒

大理人爱好喝茶，还有一套充满人生哲学的待客茶道——**三道茶**：白族人家迎接贵客时，第一道上略加烤制的“苦茶”，第二道上红糖、乳扇等调过味的“甜茶”，第三道“回味茶”则用蜂蜜、炒米花、花椒、核桃仁调味。平常，坐在白族四合院或寺庙茶室，一边吃茶聊天，一边晒太阳看云卷云舒，是大理人保留的休闲项目。如今苍山的一些小茶场还能安排客人**采茶**（见120页），茶畦间的体验让人忘记烦恼。

云南是国内咖啡的重要产地，大理古城也是独立咖啡师的一大据点，在这里能站住脚的咖啡馆，不管情调氛围还是专业度都在全国平均水平以上。近年来**云南精品咖啡**越做越好，在叶榆路、学府路和喜洲、沙溪等古镇泡咖啡馆时，不妨尝尝云南咖啡豆的手冲单品。鸡足山下的宾川县有一家乡土风情的**二对咖啡**（见207页方框），由于历史渊源，主打产品是越南咖啡，露天座位设在桉树林中，就着各种炸货享用炼奶冰咖啡很是悠闲。

你可能听过贴了“风花雪月”商标的工业啤酒，不过来到大理，更该尝尝用本地好泉好风物酿出的**精酿啤酒**。国内流行的精酿风潮早已刮到了大理，精酿吧如今是微醺的好去处。**鸡尾酒**在大理、双廊等地的酒吧也是主力，**梅子酒**则是大理“土著”的最爱，很多人家都会自己酿泡，在大理各地住进民宿客栈，都有可能遇到好客的主人约你喝上几杯。而最有氛围的饮酒方式，莫过于在**大理九月**（见91页）赶一场小型音乐会，盘腿坐在蒲团上借酒听歌。

泡温泉

大理的温泉资源丰富，当地人习惯在冬日和阴雨天钻进热乎乎的汤池好好享受一番。**洱源**是全州温泉最集中的地方，这里有简朴便宜的乡村温泉旅馆，也有更加舒适的温泉民宿和度假村，去洱源泡温泉（见175页方框）正是大部分人的选择。如果想体验更天然的野温泉，**羊吃蜜**（见171页方框）值得你在自驾去诺邓的路上探访，带上装备露营一晚，还可在夜泡温泉时仰望山林中的澄澈星空。

慢跑慢骑行

打开手机上的运动记录软件，在大理静美的风光里来点有氧运动，呼吸高原的清冽空气吧！不用太担心云贵高原的海拔，在平均海拔不到2000米的大理慢跑不会给你的身体增加很多负担。可以沿**海西生态廊道**（见128页）小跑，一路都有洱海、湿地和村庄相伴；苍山半山腰的**玉带云游路**（见107页）要“野”一些，森林里的负氧离子更高，开阔的视野也让人心

©视觉中国

左起：市集上的新鲜蔬菜与菌子；巍山古城的春天；沙溪古镇上的精酿酒馆。

沐昀 摄

间隔年和志愿者

大理几乎是国内**间隔年**（gap year）的首选目的地。这里景色迷人、氛围自由，长租青旅床位或客栈费用便宜，还可在青旅、农场做义工换取免费食宿。不少刚毕业的年轻人都喜欢用"间隔年"的方式来大理居住一些日子，体验生活并结交朋友。你还可以联系当地的支教、环保等NGO，通过**志愿者**的身份加入为本地服务的公益事业中。**苍山自然中心**（见106页）位于洗马潭索道上站附近，是在大理体验志愿者生活的好选择。

旷神怡。骑单车同样可以很舒缓：海西生态廊道不允许机动车驶入，很适合慢慢踩着单车玩耍；才村、喜洲、沙溪等地的通村公路车流量不大，田园风光中的慢骑行也很宜人。

学手艺

大理光是列入国家级非遗名录的传统项目就有16项，其中不少是手工艺。大理本土对手工艺的传承、保护做得不错，一些外来的手工艺者和艺术家也在大理定居并开设工作室。**床单厂艺术区**（见72页）的一些手工作坊对外授课，你可以报个短期班，学习制陶、做皮具和做首饰等技艺；周城**白族扎染**（见134页方框）是大理传承最好的非遗项目之一，你可以去村里系统学习，也可在大理古城、喜洲等地参与简单的体验课程。

度假

在大理，最不缺的就是蓝天白云、灿烂阳光和新鲜空气，"银苍玉洱"的山川形胜更让这里成为极受欢迎的度假地。由于旅游业高度发达，在大理很容易找到安静舒适的住所，从奢华的星级酒店到精致的精品民宿，一应俱全，还不乏性价比很高的客栈，可满足不同档次的度假需求。

洱海沿线是大理最具度假氛围的区域，住进一线海景酒店能枕着涛声入眠，日出日落和"洱海神光"也让人倍感天地大美。**苍山东麓**背倚葱茏森林，远眺洱海如镜，这里的许多酒店都可以为住客安排美好的度假之旅。**沙溪古镇**和**巍山古城**（见206页）的宁静淳朴惹人喜爱，如果你想在充满生活气息的古城镇简单快活地度几天假，这两地食宿完善，都是好去处。

先锋沙溪白族书局。

在路上

本书作者 孙澍

古城北部的银苍路仍然有很多老房子，每年6~8月屋檐上的西藏珊瑚苣苔绽放出蓝紫色的小花，是我最爱的雨季花语。

进一步了解我们的作者，见239页。

大理古城南门。

大理古城

大理古城

坐落在苍山洱海间的大理古城惹人怜爱，这里有简单宁静的生活、物产富饶的集市、和善友好的居民、可爱质朴的田园，以及青翠凉爽的夏天和阳光充沛的冬季，难怪“大理福尼亚”的美名不胫而走。一批又一批的远方人慕名而来，有的为了短暂逃离忙碌的都市，感受“生活在别处”，有的在此歇脚后便继续沿着滇藏茶马古道与南方丝绸之路前行，有的则干脆留下来成为大理的旅居者和新移民，为这座滇西小城带来了新鲜的外来文化。

有人说，如今的大理已经不是最好的大理，过度旅游、流量经济、虚高的房价和快速商业化，都在侵蚀这座古城本有的轻快节奏。好在大理还拥有一大片质朴的海西坝子、还来得及保护的洱海，以及仍旧藏匿着无穷秘密的苍山。即使在喧嚣的古城之中，如果你稍微偏离游客云集的主街，钻入一条条寻常小巷，依然能找到香火鼎盛的寺观、精美的教堂与当地人闲适的生活。层出不穷的艺术园区、创意市集以及缤纷的古城之夜，依然给人以灵感与享受人生的快意。只要理想还在，大理就不会褪色。

为了便于陈述，我们把崇圣寺三塔、古城西门外的三月街（苍山大道以东）等古城“近郊”也放在这一部分介绍。

☑精彩呈现

何时去

4月至6月 一年一度的三月街盛会就在此时，5月至6月是最热的时候。

7月至8月 正值雨季，天气凉爽，野生菌等物产丰盛，火把节点燃狂欢高潮。

9月至11月 除了“十一”外游客都不算多，秋高气爽的好天气，玩什么都挺合适。

12月至次年3月 冬天不算冷，但也是旅游淡季，不过在春节假期仍然会火上一把。

交通贴士

➡ 从大理机场乘机场大巴（25元）或打车（约100元），也可从大理火车站乘公交8路（3元）或三塔专线（3元）到大理古城。

➡ 在丽江、香格里拉等地乘大巴前往大理（下关），可提前在大理古城下车；在腾冲、芒市等地乘大巴前往大理（下关），到站后打车（约40元）去古城。

➡ 大理古城内步行即可，也有2条自助游览电瓶车（3元）线路。

➡ 更多信息，请参考229页交通指南。

如果你有

1天 上午沿人民路、洋人街和复兴路逛古城，在大理市博物馆和大理非物质文化遗产博物馆了解历史文化；午后在咖啡馆打个小盹儿，再去崇圣寺三塔参观，伴着夕阳和大鹏金翅鸟合影；晚上在古城找家小酒吧，喝喝小酒、听听音乐。

2天 第1天如上，第2天的节奏更加悠闲，去北门大菜场和南门小菜场逛逛，去床单厂和电影博物馆看展览，找一个农场喝下午茶，去四季街市和摊主聊聊天。

古城人民路。

当地人推荐

随新移民玩转大理古城

游姐，2008年开始旅居生活的“老大理”，经营过客栈餐厅，也参与过支教。

如今的大理古城和10年前相比有什么变化？

最大的变化是商业气息逐渐盖过了生活气息。当年大理的房价、物价都很便宜，几千块钱就可以租到一亩大的院子，人民路上也可以随意摆摊，卖的都是原创或者旅行者从国外背回来的有趣小物件。现在的古城规划统一，但也少了灵气，摆摊卖的基本是义乌货。或许这是社会发展的必然结果，但已不是“老大理”心中的样子。

你觉得大理最吸引外地人旅居的原因是什么？

良好的气候和空气质量。大理舒适的夏秋两季占据了一年中绝大部分时间，冬天也几乎不下雨，每天都是阳光明媚。这些年还有很多人是冲着大理的一些私立学校来的，另外有些人是因为有在大理定居的朋友而来，虽然那些朋友现在已经离开大理，他们却留了下来。

推荐几家“老大理”喜欢的餐厅吧！

南回民街，也就是南五里桥清真一条街上的“火一瓢铜瓢火锅”；三塔北面214国道旁的“绿桃饭店”，他家主打驴肉，蒸鱼也是特色；博爱路和玉洱路路口的“色了木”，正宗的大理回族小吃；洋人街下段的“贵州六盘水羊肉

古城暮色初降。

©陈小羊/图虫创意

米线”；另外还有苍山无为寺的斋饭，需要提前一天预约，预约电话（☎157 5276 8783）也留在这里吧！

再请推荐“新移民生活体验一日游”的行程吧！

早起去逛博爱路上的北门大菜场，会看到很多没见过的蔬菜瓜果。逛完市场，到广武路的“向月球飞去”吃个早午餐，餐毕顺路看看叶榆路和人民路。下午茶推荐去人民路下段旁边月牙塘小巷里的“猫三咖啡”喝杯咖啡，那里可以遇见很多有意思的大理新移民，聊聊天就到了该吃晚饭的钟点。晚餐可以去洪武路的“后院”尝尝牛排或其他西餐，能遇到各种不同的人。夜晚可以去新民路的“大理九月”听听音乐，再喝点小酒。完美的一天就这样结束了。

不要错过

最佳住宿

➡ **桃溪青舍青年酒店** 硬件设施足以颠覆你对青旅的认知，天南地北的年轻人共聚一堂的氛围也没多少变化。（见81页）

➡ **风的颜色民宿** 古城里少有的由老院子改造的客栈，天井小巧精致，出门就是本地人生活的街区。（见81页）

➡ **The One古城一号院** 独栋小别墅保证了良好的私密性，现代化的客房融入了白族特色。（见82页）

最佳就餐

➡ **88号西点店** 承继了德国工艺的老牌西点店，口口相传，已被许多来过大理的旅行者推荐给亲友。（见84页）

➡ **素方舟庄园** 在远望三塔的田园里，享用自产自销的素食料理，或是用咖啡和蛋糕作为下午茶。（见79页）

➡ **香里香** 典型的云南小饭馆，供应地道的白族菜肴，附近老街坊也会来此请客吃饭。（见84页）

最佳夜生活

➡ **大理九月** 古城文艺坐标，独立音乐人、民谣歌手在大理举办小型演出的首选地。（见91页）

➡ **四季街市** 时髦的创意街市，每晚都有有趣的小摊主来此摆摊，周末市集更是热闹。（见78页方框）

➡ **山林草木酒馆** 大理最好的鸡尾酒馆，和自制冰激凌一起营造出夜色中人民路支巷的欢乐夜氛围。（见90页）

大理古城亮点

❶崇圣寺三塔

在今天的大理，山川间散落着许多白色的密檐式砖塔——它们中有很多是在南诏国和大理国时期所建，那时佛教广为流行，大理也获得了“妙香佛国”的赞誉。这些古塔中，崇圣寺三塔因年代最久、规模最大、地位最高，而跻身于“全国第一批重点文物保护单位”。千百年来，它们早已和苍山洱海融为一体，成为这幅风景长卷的一部分，同时也入住了白族人的心田，构建着他们对家乡的又一份心理认同。（见66页）

❷赶街逛市集

为了交换生产、生活物资而诞生的赶街，正在被飞速发展的现代社会甩下，步入历史。但在大理，“千年赶一街”的历史惯性仍发挥着魔力：一年一度的**三月街**（见79页）依旧是各族人民的年度盛会，赛马、对歌、洞经都是他们对传统的另一种坚持。平日里，三月街的普通集市、**北门大菜场**（见77页）也总有身着传统服饰的白族、彝族乡亲赶来买卖。而在新移民的努力下，**四季街市**（见78页方框）等创意市集也在大理落地生根。

©JULIEN VIRY/GETTY CREATIVE

沐昀摄

左图：日落时分的崇圣寺三塔；
右图：塔身细节。

❸ 农场的理想生活

洱海西岸、苍山东麓的肥沃土地，在历史上为南诏国和大理国的崛起奠定了坚实的基础，更为如今来此追逐理想生活的人们铺展开天然的舞台。今天，一片片精心打理的农场点缀在大理古城四周。这里的农作物自产自销，鲜花和绿草长势喜人，小羊和小鸡自由奔跑。在这里摘菜采果、逗狗遛马，就着阳光睡个"草坪觉"，享用最新鲜的食品，生活越简单越美。（见79页）

❹ 泡咖啡馆和酒吧

咖啡和酒，不也是理想生活的一部分吗？热爱大理生活的新移民，为大理古城带来了新潮的精品咖啡和精酿啤酒。叶榆路变成了咖啡馆一条街，最适合坐在露天位子，晒着下午的阳光，品咂一杯用云南精品豆手冲的咖啡。精酿的啤酒发酵罐在大理越发常见，就着一杯刚打出来的冰镇精酿，大理的夜色也越发梦幻。伴着一场现场音乐表演，杯子里的鸡尾酒似乎也都随着音符而跳动，极富层次。（见88页）

2

大理古法黑糖。

3

©YOUZHI XU/GETTY CREATIVE

喜洲的田园。

大理的小咖啡馆。

©锅盖有力/图虫创意

大理古城酒吧。

©奇哥_X/图虫创意

★ 最佳景点

崇圣寺三塔

金碧辉煌的崇圣寺传承着“妙香佛国”的千年传统，寺中三座并排而列的密檐式白塔是大理当之无愧的地标建筑，为远道而来的外乡人构建着关于大理的初印象。自诞生之日起，崇圣寺三塔便试图为大理人、苍山洱海和佛教神灵之间搭建联系，南诏国和大理国的王公贵胄曾在此礼佛甚至出家，黎民百姓的祈祷更是从未中断。2021年漾濞“5·21”地震波及大理，人们在震后仰望岿然不动的三塔，“崇圣三塔，永镇山川”的民间俗语又一次传开。

（见94页地图；☎266 6055；www.dalisanta.net；微信公众号“崇圣寺三塔文化旅游区”；三文笔村；门票75元；⏲夏季5月至10月7:10~19:00，冬季11月至次年4月8:00~17:30；古城西侧的214国道沿线乘公交三塔专线，终点即到，或途经古城北门步行前往，单程1.2公里）

亮点速览

➡ 绕塔三匝，祈愿求福。

➡ 在大鹏金翅鸟广场，等候午后光柱透过云层。

➡ 走进阿吒力佛教的圣殿，膜拜阿嵯耶观音。

➡ 登上景区最高处的望海楼，回望洱海浩渺。

日出三塔。

千年浮屠

今天的崇圣寺大部分建筑都是复建的，而三座古塔不仅是真正的古物，还是含金量极高的“全国第一批重点文物保护单位”。主塔**千寻塔**建于公元9世纪南诏国统治期间，为一座高69.13米的十六级方形密檐式空心砖塔——它的基本构造和西安小雁塔相同，很可能是受到了大唐文化的影响。一旁的两座侧塔规模要小很多，高度约为主塔的六成，宽度只有主塔的一半，结构同为十级八角形的密檐式空心砖塔，建造年代比主塔稍晚，为2个世纪后的大理国时期。

除了行使佛塔的宗教功能，三塔在初建时还被寄予了镇压水患的希望，如今主塔前方的照壁就刻有“永镇山川”四个大字，为明朝黔国公家族的一位沐王爷所题。矗立千百年至今，三塔历经多次地震而不倒，主塔更曾出现过“裂而复合”的神迹。如今，三塔早已被大理人视为苍洱风光的一部分，宛若三根画笔，将这片大地描绘得更加出众。围绕着三塔，僧侣绕转，游客祈福、拍照，而站在塔下俯仰相望，苍山洱海的景致已与三塔相伴多年。

皇家寺庙

根据史料记载，崇圣寺的初建年代和千寻塔一样，都在南诏时期；大理国时期成为皇家寺庙，九位皇帝退位后在此出家，可谓煊赫一时。但这座几度兴衰的千年古刹没能躲过晚清杜文秀起义的破坏，又在近现代的战乱和政治风云中遭到毁灭性的打击。20世纪末，除了依旧挺立在农田中的三塔，崇圣寺其他部分已荡然无存。

崇圣寺观音殿十一面观音像。

世纪之交，崇圣寺终于迎来了复建工程；而作为昔日的大理国皇家寺院，这里的重建迎来了八方支援，剑川木匠（见177页方框）踊跃参与，大雄宝殿的华丽程度宛若佛国天宫，大理国王礼佛主题的《张胜温画卷》也被做成木雕长卷环绕内壁。观音阁供奉的**阿嵯耶观音**又称“细腰观音”，是白族佛教密宗，即阿吒力教（见172页方框）的特有观音形象，每年农历正月初三崇圣寺都会举办**阿嵯耶观音加持灌顶法会**。

从三塔继续向上就能到达崇圣寺正门，途中会经过几个小景点。**崇圣寺三塔文物陈列馆**的藏品是1980年前后国家文物局组织维修三塔的过程中，在塔顶、塔基等部位发现的佛像等文物。**南诏建极大钟**和**雨铜观音像**在历史上和三塔、元代“佛都”匾、明代“三圣”金像并称为“崇圣寺五大重器”，但现在这两个文物都是重新铸造的。**段功墓**埋葬着大理国皇族后裔、在元末担任大理总管的段功，他的故事被郭沫若编进了话剧《孔雀胆》。

从景区大门开始，游完三塔再一路游览寺庙，至少需要2小时。

崇圣寺前大鹏金翅鸟雕像。

©视觉中国

拍摄三塔

背倚海拔4011米的苍山应乐峰，白色的三塔显得格外神圣；多云天气的下午，太阳光常从云层中透出光柱，宛若神光般照射在崇圣寺上方。

没有风的天气，最适合拍摄经典的三塔倒影——你可以在景区内的**天龙池**拍摄，也可以去景区隔壁、三文笔村内的**三塔倒影公园**（参观费用包含在崇圣寺三塔景区门票内）。而在三文笔村中心的魁星阁，北侧小巷民居的背景就是三塔，称得上一处恰到好处的“借景”。

不要错过景区大门外的**大鹏金翅鸟广场**。大鹏金翅鸟又叫迦楼罗，是阿吒力教的重要神祇，也是印度教主神毗湿奴的坐骑；这座雕像便是仿照三塔出土的大鹏金翅鸟而建，映着三塔和苍山也很上相。从广场向东、直通大丽公路的崇圣路也已建成**佛教经幢大道**，大道东端的照壁上书“妙香佛国”——这条路也是构图取景的好地方。其实在古城附近很多地方，你都能透过层层屋檐或连绵的农田眺望到三塔。

方位

大理古城在**214国道**（滇藏公路）和**221省道**（大丽公路）之间，位于苍山东麓的缓坡上。你应该不会迷路，苍山在西在“上”，洱海在东在“下”，古城的街道也随之有了“上段”“下段”等叫法。古城有四座有门楼的城门。西门**苍山门**就在西侧的214国道边，出此门即到**三月街**。**洱海门**是东门，但离221省道有些距离，玉洱路东端才是进出古城的东大门，因附近有风花雪月大酒店，还被直接唤作**风花雪月**。**南门**外有为团队游客准备的游客中心，古城南部的片区也是旅游区。以玉洱路为界，古城北部仍然是本地人的生活区，这一带的商店和餐厅也更像一个西南小城镇本该有的。从**北门**再往前可到崇圣寺三塔，因此也叫三塔门。

景点

古城墙

城墙

如今的大理古城和城墙始建于明洪武年间，但四座门楼都是后世修复的。**北门**（三塔门）免费开放登临；**南门**经博爱门到红龙井门则有一段修复好的包砖城墙，调研期间这段城墙被打造成了**大理古城灯会**（18:00后收取门票39元）。

原生态的古城墙可在北门大菜场西南、六十医院北侧找到。南水库附近的一段黄土墙体更成了附近居民遛狗、散步的去处，夕阳时对望苍山，景色相当宜人，不少文艺青年也会携酒负琴，到上面对酒当歌。

龙泉巷

街区

（见94页地图）让南门里的人山人海吓住了？只用走几步，就可钻进大理城隍城正对面的龙泉巷。清静曲折的小巷通向远方的苍山，石子路上偶尔走过几位抄近路的当地人，一阵脚步声后马上又重回宁静……这也许才是你想象中古城该有的模样。300米不到的龙泉巷是大理最有古城氛围的一条街巷。这里的住户涵盖白、汉、回、藏等多个民族，因此成了民族团结示范巷，墙上还画着不少大理民间故事的图画。

和龙泉巷一墙之隔还有一片叫作**龙泉坊**

步行游览

走街串巷游大理

起点：南门
终点：洱海门
距离：6.5 公里
需时：3 小时

从❶**南门**开始古城之旅，先去开在杜文秀元帅府里的❷**大理市博物馆**（见72页），对这座“历史文化名城”有个大致的了解。之后往回步行100米，拐入只有当地人知道的❸**龙泉巷**（见本页）；出巷就到**博爱门**下，沿着❹**城墙根**安静的石板路步行，至**红龙井门**向下步行，绿柳成荫、清泉汩汩的❺**红龙井上段**和酒吧街的那一段可大

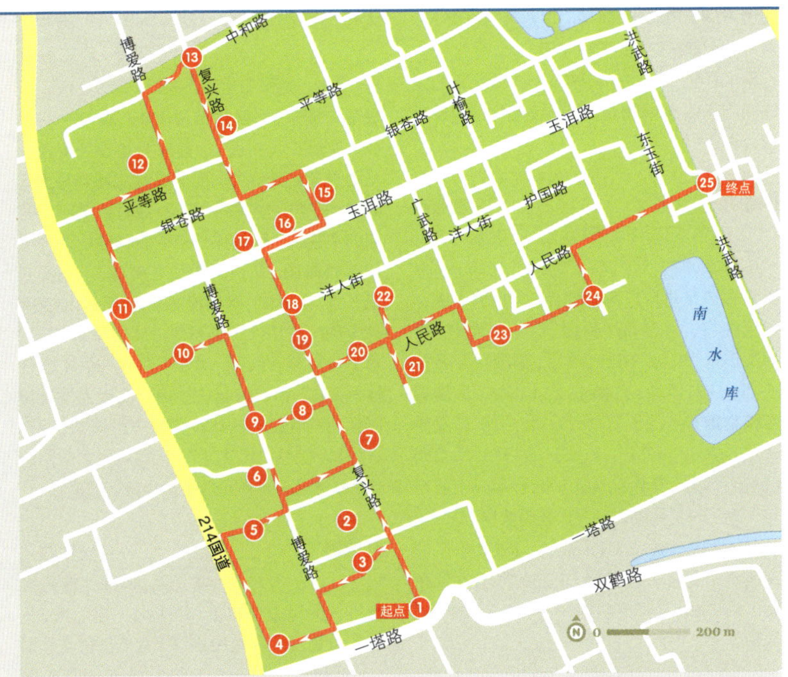

不相同。到了博爱路，向北进入❻**武庙**拜拜关公——留意庙对面的**大照壁**，它才是真正的古迹。

钻进武庙隔壁、**南门清真寺**对面的小巷，❼**五华楼**（见72页）将在前面迎接你的到来。再沿复兴路北行一小段，就可拐入❽**九隆居**——这是一片很有休闲气质的步行街，店主们懒洋洋地坐在各家店铺门口，生意做得很佛系。九隆居的那一头，❾**古榕会馆**的"夫妻树"撑开巨大的绿荫。继续北行，穿过扎染店集中的❿**洋人街上段**，迈上台阶来到214国道，向北便到达⓫**苍山门**。

仔细寻找，苍山门北侧有石板台阶，沿此下去，穿过路边的蔬菜摊就到了⓬**北门大菜场**（见77页）。捧着市场上刚买好的一杯木瓜水，登上⓭**北门**休憩片刻。之后沿着充满生活气息的**复兴路**北段，南行到⓮**基督教堂**（见76页）参观。拐入银苍路不远，即可从后门进入⓯**玉洱园**（见76页），和大青树下吹拉弹唱的本地人一起开心片刻。从前门出园即到古城主干道玉洱路，向上走几步就是⓰**大理非物质文化遗产博物馆**（见74页），下一个路口则有⓱**大理农村电影历史博物馆**（见74页）。

重新踏上复兴路步行街向南，路过⓲**洋人街牌坊**后，便能看到有高门大院的⓳**文庙**（见73页）。路过麦当劳后，在路口拐入⓴**人民路中段**，为了躲避熙熙攘攘的游客，可先去㉑**天主教堂**（见73页）欣赏这座滇西风格教堂的代表作，再去㉒**大理一中**看看云南百年名校的漂亮门楼。钻进㉓**广武巷**和㉔**福安巷**继续偷个清闲，当再次回到人民路时，㉕**洱海门**就在眼前。lp

左图：大理古城洱海门。

©阿军视界/图虫创意

的仿古商业街，入口在南门里西侧的牌坊下。这里的**大理石空文化艺术空间**（☎888 6678；门票50元；⏲10:00~21:30）是一个大理石主题的私人收藏博物馆，灯光效果与馆内展品配合得很好。

床单厂艺术区　创意园区

（见94页地图；☎253 4116；微信公众号"大理床单厂艺术区"；苍坪街56号）这里由大理市床单厂厂房改建而成，规模不大，但已拥有艺术空间、画廊、音乐工作室、摄影工作室、银坊、陶社、书店、咖啡厅等多种业态，是大理最成气候的艺术园区。**大理摄影博物馆**（☎253 4116；免费；⏲周二至周日 夏季8:30~17:30，冬季9:00~17:00）是园区核心，可入内看看"西方摄影师眼中的百年大理"和其他临时展览。**云山保护**（☎250 4186；微信公众号"云山保护"）立志于保护高黎贡山的白眉长臂猿，他们的办公室设在园区内，也兼具宣传功能，有兴趣可入内了解详情。

大理市博物馆　博物馆

（见94页地图；☎266 1777；复兴路111号；免费；⏲周二至周日8:30~17:30，法定节假日照常开放）博物馆位于立着持枪士兵雕像的军区广场对面，馆建本身也曾是统领兵马的提督府所在地，因此又称**总统兵马大元帅府**。展览一楼陈列有新石器时代至明清时期的文物，二楼则有不少造型灵动活泼的明代墓葬陶俑。最值得看的是**碑林**，可以找到杨升庵、李元阳、林则徐等名家笔迹。山花碑是全国唯一用汉字书写的白族古诗石碑，古碑上虽然刻着汉字，却要用白族古语才能读懂。清末云南回民起义领袖杜文秀占领提督府后，在四周加筑石墙，因城中设城，王城气息浓厚，又称"紫禁城"。出馆后可去南侧的苍坪街走走，能看到当年紫禁城墙的遗存。

五华楼　仿古建筑

（见94页地图；复兴路200号）这是大理古城的标志性建筑，历史上三建三毁，每一次重建都因为苍山难寻十八丈巨树支柱而

越建越小，因此现在的模样和当年已经大相径庭。这里可登楼（免费；⌚9:30~23:00）观光，楼梯间的墙面上陈列有大理的历史影像。如不下雨，五华楼西北角的外墙上每晚都会露天播放老电影《五朵金花》。

人民路 商业街

（见94页地图）大名鼎鼎的人民路早已被戏谑为“人民币路”。这里的店租一路飙升，仍能在此经营的多是深谙营销之道的“网红”店铺。如今在人民路上，更多的是贩售鲜花饼、梅子酒、扎染服饰一类的游客店，掏耳朵、鱼足疗、小麻花、自助水果拼盘等中国古城镇的标配也没有缺席——它们的洗牌速度快得惊人，走一趟人民路你就能明白最近国内旅游业又在流行什么。

人民路上要说还有什么真正的老字号，那就是开在自家屋里的**再回首**（一店：人民路198号，二店：人民路141号；土鸡凉米线8元起；⌚9:00~20:00）了。人民路和复兴路口的麦当劳同样是大理人心中的老字号，见面碰头常以此为地标。而从南门经复兴路到麦当劳，再折向人民路直到东门（洱海门），是团队游的主要路线，也是古城旅游商业最集中的地方。

天主教堂 教堂

（见94页地图；新民路6号；免费）这座漂亮的教堂位于人民路中段旁的一条小巷子里，远看就像一座檐角飞扬的白族传统楼阁，是中西合璧（或者叫“白”西合璧）的典范作品。教堂的正式名称为圣三堂，建于1927年，堂内堂外随处可见雕梁画栋，大理石制作的祭台圣洁唯美。

文庙 仿古建筑

（见94页地图；复兴路321号；免费；⌚8:00~18:30）大理文庙始建于明初，杜文秀起义后迁至今址复建。目前的文庙于2015年对外开放，除了大成门是晚清原物，其他殿堂都是近年重建的产物。但大理的传统建筑工艺传承较好，文庙的重建水准很不错，大

左起：床单厂艺术区；大理古城天主教堂；大理古城文庙。

成殿和两侧庑殿的儒家先贤塑像也依旧接受着考生们的祈愿。庙内还有一个小小的大理古城图书馆对外开放。

洋人街 街区

（见94页地图）这里的官方地名是**护国路**，是为了纪念1915年唐继尧、蔡锷等爱国将领在云南率先发起的护国运动。20世纪八九十年代大理对外旅游开放，那时的老外常下榻这条街上的涉外招待所，护国路也有了"洋人街"的别名。如今洋人街开始了新一轮的旅游商业发展，夹在博爱路和复兴路之间的一段满是文艺的咖啡厅和酒吧。

其他部分的洋人街还算本土化。博爱路口再往西的一段集中了扎染等白族特产小店，主要是本地人在经营。复兴路口向东坐落着大理一中，很多食肆仍旧以中学生为主要服务对象，每逢放学就有很多流动小吃铺。夜间这一段则是"练摊"的好地方，不少旅居者会在此摆地摊和龙门阵。这一带的墙面有《十六大国王众》的浮雕，不远处的**诚心井**基本上就在古城"城心"的位置。

大理农村电影历史博物馆 博物馆

（见94页地图；☎251 7352；复兴路459号；免费；⏲9:00~21:30）这里由充满年代感的大理电影院改建。不管是大厅内墙上黑白照片组成的胶片带，拍摄于大理全州各村镇电影院的照片，还是电影《五朵金花》的道具、老式摄影机和海报，都很容易让你回到昔日在露天广场看电影的时光。想重温旧梦？正好，电影院门外广场晚上常有露天电影放映。

大理非物质文化遗产博物馆 博物馆

（见94页地图；☎251 7128；玉洱路123号；免费；⏲9:00~17:30）这里门匾上书**蒋公祠**，是祭祀清代大理鹤庆籍名将蒋宗汉的祠堂。馆内可以看到下关沱茶、白族扎染、甲马纸等地方特产的制作过程，也能了解绕三灵、三月街、茶马古道等民俗文化，还有一个展厅专门介绍大理的非遗传承人。有时候有南诏古乐、白族洞经等现场演出。

大理文人

张世秋

在大理市博物馆的碑林里，你会看到一方用汉字记载的白语明碑《山花碑》。如果你尝试结合资料细读其中的诗句，不难体会到作者杨黼从"苍洱景致观不饱"之欣欣然，到"聚散如浮云空花"的虚无。这种跌宕的心情，正是明朝时大理文人的心理写照。从元代段氏家族成为大理的实际统治者，到明初大理二度"破国"，当时大理文人阶层的世界观普遍裹上了一层虚无主义的黑纱。许多文士阶层的著名人物，或自始至终不入仕途，或在官场中急流勇退，最后都殊途同归，隐居田园。而诗人杨黼正是明代大理文人隐士中的一个代表。

杨黼的家族在大理国至元代一直是段氏家臣，在明朝开始对大理的统治之后，他与段宝姬、僧达果等同样出身大理贵族的六人结成诗社，隐居在苍洱之间，写诗种花绘

左图：画僧担当墓塔；上图：苍山感通寺“一笑皆春”匾。左图：沐昀 摄；上图：沐昀 摄。

画参禅，世称“南中七子”或“点苍七贤”。杨黼工诗谙画，但除了极少量诗词随碑刻留存，大部分作品已佚失，传世古书《南中幽芳录》除了记述当时的兰花珍品，也提及杨黼与其他六贤的隐逸生活。

明嘉靖年间，翰林院修撰杨慎（字用修，号升庵，杨廷和之子）因受“大礼议”案（明史上的重大历史事件之一，以东阁大学士杨廷和为首的武宗旧臣就明世宗该以谁为宗法而引发的一场重大论争）牵连，被贬谪流放至云南。白族文人李元阳最初也在翰林院任职，同样受“大礼议”案牵连，被贬谪至地方做官。李元阳退隐回乡后，流寓滇南多年的杨慎到大理与李元阳结游，吟诗于苍洱之间，还到达过鸡足山、沙溪兴教寺和石宝山。李元阳在大理编修的嘉靖《大理府志》，杨慎和另一位喜洲文人杨士云都有参与。

明末诗画僧担当是昆明晋宁人，他的祖父是杨慎门下七弟子之一。南明永历帝流亡昆明，当时文人的心态普遍倾向于拥护这位“国之正统”，后来吴三桂叛投清廷，杀永历帝，担当离开昆明去往大理出家为僧。杨慎在大理曾寄居苍山麓感通寺大云堂，担当慕杨慎清名，落脚感通寺，写诗作画，最终在寺内圆寂。

到了清末和民国时期，走向仕途的大理文人逐渐增多。剑川人赵藩是光绪年间举人，成都武侯祠名联“攻心联”正是出自他的笔下。赵藩的书法水平也很高，昆明大观楼孙髯翁所撰的长联便由他手书。赵藩的门生中成者众多，蔡锷、李根源名列其中，剑川子弟周钟岳也走上仕途，成了护国起义的重要人物，并在南京国民政府中担任要职。周钟岳同样传承了赵藩“滇人擅联”的书法底蕴，南京总统府匾额上的三个金色题字正出自周钟岳之手。

玉洱园 公园

（见94页地图；玉洱路131号；免费；⏲夏季6:30~20:00，冬季7:00~19:30）这里原为民国时期的大理农林试验场，后来发扬大理人善建花园的传统，改建成公园对大众开放。园内绿植葱茏，从苍山移栽的高山杜鹃、撑起巨伞的百年大青树都很珍贵，几只活泼的小松鼠在树间跳来跳去。1~3月的山茶花展不乏名品，最为精彩。

基督教堂 教堂

（见94页地图；平等路79号；免费）和人民路旁的天主教堂一样，这里的建筑风格也为中西结合，但整体较天主教堂朴实许多。教堂建于1904年，礼拜堂上方钟楼内置的大钟是在伦敦制造后转运到大理的。

变压工厂创意园区 创意园区

（见94页地图；平等路3号）由华侨城集团打造，算是深圳华侨城创意文化园的大理版本。大量反光玻璃材质的运用，让这个老工厂散发出特殊的光影魅力，但调研期间园区尚未完全成型，最大的看点是在**变压剧场**（见91页）驻演的先锋戏剧《幻境2099》。

普贤寺 寺庙

（见94页地图；玉洱路357号巷内；免费）大理古城内原来有多处佛教寺庙，如今几已消失殆尽，这座普贤寺就成了唯一的幸存者。寺庙规模不大，只有两间晚清重修过的大殿，但香火很旺，宗教氛围浓厚。不必专门前往，路过玉洱路下段可拐进来看看。

元世祖平云南碑 古碑刻

（见94页地图；三月街西端；免费）三月街最高处的碑亭内，这块巍峨古碑纪念着世界军事史上一次天才级别的战略大包抄：1253年秋至1254年初，忽必烈率大军借道南宋西侧的横断山区，一路南下在丽江境内渡过天堑金沙江（元跨革囊），消灭大理国后形成

大理古城玉洱园。

了蒙古对阵南宋的夹击之势。古碑开放时间不定，可在前往洗马潭索道或中和索道的途中，或赶三月街时顺路一探是否可入内观摩。

垒翠园 仿古建筑

（见94页地图；双鹤路下段；门票60元；⏲9:00~17:30）某些导游把这里说成“大理皇宫的御花园”，但实际上是近年一位本地富商斥巨资修造的大型仿古园林建筑群。虽为新建，但垒翠园的建筑水准还不错，因此吸引了一些游客身穿汉服来此拍照。

城隍庙 道观

（见94页地图；双鹤路上段；免费）这里并非南门里新开发的城隍城商业街，而是位于南门外的一座道观，从游客中心步行过去约需3分钟。城隍庙几乎没有游客，但每天都有很多附近村民来此祈福还愿，十分热闹，能看到不少极具本地特色的民俗活动。

活动

市集

在物产丰富的云南，逛市场是一大享受，大理也不例外。在大理逛市场，你能买到雕梅、玫瑰糖、玫瑰酱、乳扇、火腿、陶罐、草编制品等当地特产，能用买菜的价格捧回一把把的鲜花，还能在小吃熟食区尝到卷粉、油粉、木瓜水、凉虾、卤鸡爪、清真扒乎等地方美味。蔬菜瓜果更是亮点：从5~6月杨梅和蓝莓成熟开始，随后洱源梅子、宾川葡萄和椪柑、海东雪梨以及神奇的仙人掌果纷纷上市，9~10月又轮到了漾濞核桃的丰收此外红心土豆、紫皮小萝卜和各式各样的绿叶子菜，大理的风土让它们有所不同。春季的棠梨花、金雀花、海菜花、石榴花，以及夏日的松茸、见手青、鸡枞、牛肝菌等，也印证了云南人吃花食菌的说法。建议随身携带一些小额现金，向老年孃孃买花买果时使用现金交易，能让这些收入真正落到她们的口袋。

北门大菜场（见94页地图；平等路5号）即大理古城集贸市场，规模最大，从早晨一直忙碌到傍晚。市场外的地摊一直向西南方向的城墙延伸，东北方向隔着博爱路还有一

大理，泛东南亚地区的一方都会

在大理古城南门下，两块石碑上骄傲地镌刻着“中华六朝名都 千年国际陆港”和“8—12世纪东南亚第一大古都”的字样。六朝古都指的是南诏国、大理国和其间几个昙花一现的小政权，不必较真；国际陆港和东南亚第一大古都，倒是比较准确地刻画了大理历史上的辉煌地位。

自从唐代南诏在云南崛起，南方丝绸之路的边陲枢纽便由永昌郡（今保山）转移到了苍山洱海间的南诏都城大理。唐初兴起的还有雪域高原上的吐蕃，他们在今天丽江境内的金沙江上搭建了神川铁桥，茶马古道的滇藏线应运而生。宋朝为了对抗草原强敌开展茶马互市，大理国是重要的贸易对象。另有一条朝向交趾的贸易路线，沿着发源于大理巍山县境内、在越南北部汇入北部湾的红河，南诏大理和中南半岛通过这条红河古商道紧密地连接在一起。直到今天，越南北部的民间传说中还会提及中国西南有一座大湖边的华美都市，那里翱翔着金色的凤凰（大鹏金翅鸟）。

13世纪蒙古军队席卷欧亚大陆，大理国覆灭后，云南的政治中心也迁至昆明。不过大理仍旧是滇西首城，更随着明清茶马古道再次走向巅峰。在徐霞客的《滇游日记》中，三月街“十三省物无不至，滇中诸彝物亦无不至”；晚清留学日本的白族音乐家李燮羲填下了“川广苏杭精巧货，买卖商场冠亚洲”的《竹枝词》，描绘大理市集的盛况。进入近代，喜洲商帮、东莲花回族马帮引领风骚数十年，从南洋、印度、缅甸等地传来了西方工业品和艺术文化。直到新冠肺炎疫情之前，你仍能在三月街盛会上，遇到从贵州甚至缅甸过来赶场的苗族大妈与玉石商人，犹如大理昔日都会传奇的余音。

不要错过

赶一场创意市集

在大理新移民创意和激情的碰撞下，西南山区的赶集传统在大理得到了全新的延续。一个个创意市集在苍山洱海间落地生根，在这里赶一场新市集也成了时髦的玩法。

位于古城洱海门外向南100米处的**四季街市**（见94页地图；微信公众号“大理麋鹿星球”；洪武路197号）是大理最火的创意市集，占据了里外两片大院子，就像一个嘉年华乐园。每周六和周日是四季街市的定期开集日，又以周六晚上最为热闹，许多隐居大理村落的有趣人物都赶来出摊，银饰、扎染、皮具、毛毡、植物材料等各种创意手作纷纷亮相，玩火杂技、民族舞蹈等民间艺人也为这里锦上添花，献上表演。这里不时还会举办主题市集，可关注公众号了解近期安排。平日里也可以来四季街市逛逛，此处已有多家餐厅、精酿啤酒馆和咖啡厅入驻，显眼的“星球滑梯”也成了大理的“网红”打卡景点。

有样集市（微信公众号“DL有样集市”）是大理创意市集的另一大品牌，举办地点经常变化，在洋人街、床单厂艺术区、素方舟庄园、喜洲古镇都曾办过。集市会邀请一些小众音乐团体表演，有时会和大理非遗保护中心合作，请来各民族的民间曲艺队登台献艺。

老牌的**柴米多农场**（见79页）也会不定时举办生活市集。其直营的**柴米多农场餐厅**（见94页地图；☎256 9967；叶榆路204号）更有固定的集市，可品尝精酿啤酒、甜点，购买农场蔬菜或交换原生种子等，每周六上午如不下雨都会如期举办。

上图：四季街市。

片被辟为自产自销区的空地。

南门小菜场（见94页地图；绿玉路111号）即南门绿玉农贸市场，下午2点后才会慢慢热闹，又伴着黄昏渐归沉寂。这里的规模比不上北门大菜场，但有人会觉得菜更新鲜，因为很多都是当天上午采摘的，而非隔夜菜。

三月街（见79页）在平日里也是大理古城的街场。每月农历初二、初九、十六和二十三都可来这里**赶街**，能买到各式各样的日用品、竹草编器具、农具、陶罐、大理石料、鲜花等。

武庙（见94页地图；博爱路53号）是大理古城的古玩市场，除了古董店，平日里就有一些摆地摊的，每周六还有规模大一些的露天集市。若对这些真真假假的老物件感兴趣，不妨去凑凑热闹。

农场

洱海西岸的宽阔田野上，有很多兼具旅游性质的农场。一部分是面向团队、旅拍游客的花海农场，主要由当地人经营，一年四季鲜花盛开，还配有各种“网红”布景。另一部分则由外地人租赁田地、精心运营：这种农场打理得相当精致，产业核心是自产自销的自然食材，以及农场生活和文化交流——毕竟，就着蓝天和苍山，在草坪和田园间摘摘菜、开开派对，或是简单地撒撒欢，这样的生活对前来大理度假的游人充满吸引力。

柴米多农场（微信公众号“柴米多CHIMIDO”；才村西北侧）是大理最老牌的新型农场。它诞生于2013年，品牌已经走向上海和杭州。平日里农场比较冷清，最佳到访时机是**柴米多生活市集**举办时（不定期，可通过公众号了解），能碰到许多第一代大理新移民，不乏有趣的国际友人。

素方舟庄园（见94页地图；✆180 0872 6780；微信公众号“素方舟爱的空间”；北门街162号；⏲8:00~21:00）由一位从意大利归国的农学博士创办。这里主推素食生活，供应**自助素餐**（12:00，18:00；35元/位；需要预约）；常有禅修、素食烹饪等活动，还有小木屋可供住宿。

万物生农场（✆186 1114 4123；微信公众号“大理万物生自然农场”；银桥镇下阳波村2组；⏲10:00~22:00）最初是一对大理新移民夫妇为自家孩子种植无公害蔬菜的地方，如今成了一个集生态种植、田园餐厅、啤酒精酿、精品民宿、自然教育于一体的现代农场。

寻光农场（✆151 9878 6455；微信公众号“寻光农场”；洪武路南段；⏲周二至周日10:00~18:30）位于古城南侧的田野中，距南门约2公里。这里最大的亮点是每隔两周的周日会举办面包集市，可现场品尝、购买大理各面包店的新鲜烘培。

滑翔伞

大理国际滑翔伞营地（✆150 8619 6989）位于洱源县境内的一处海拔2600米的山头上，500米的高差为云南省内各滑翔伞营地之最。玩一趟滑翔伞活动的实际留空时间在5~20分钟。可在大理古城红龙井酒吧街上的**售票中心**（红龙井14号）咨询报名，玩一次滑翔伞780元，如需接送，可另付100元/人的车费。

双廊（见139页）附近也有滑翔伞营地。

杨光摄

有机农夫市集。

节日

白族的节日非常多，若在当地民宅门前看到烧高香的场景，那就是又在过节了。各村的本主节（见140页方框）时间各不相同，佛教中的重要诞辰日也被广为庆祝。有些在中原汉地已经被忽视的节日，比如中元节，白族人民依然很重视。

三月街 民族节日

（见94页地图）“千年赶一街，一街赶千年”，说的就是在苍山门外**三月街**举办的**三月节**。三月街、三月节，也在大理人口中混为一谈。由于和观音传说有关，三月街还有“观音街”的官方地名。

这个节日从农历三月十五开始，为期一周，是大理最重要的传统节庆，每年此时全

大理白族过火把节。

州都会放5天假。自从三月街在南诏（唐）诞生以来，它便是连接云南、中原、藏地乃至缅甸、印度、越南的交易盛会，上千年来从未中断过（不过自新冠肺炎疫情暴发以来，已停办2020年、2021年两届）。

在商贸发达的今天，三月街的各类商品展销不再稀奇（其中还不乏劣质商品），但热闹的赛马、对歌、洞经等民俗表演，还是能让人眼花缭乱。平日里无人问津的**三月街赛马场**在此时人气爆棚，三月街上段还有一片空地被辟成了**永平黄焖鸡广场**，永平县各餐厅纷纷进城摆摊，吃鸡也是赶街一大要事。注意三月街期间，大理古城西门有交通管制，公交车也会临时改线。

绕三灵　　民族节日

这个白族传统节庆从农历四月二十三举办至二十五，共庆祝三天。第一天绕崇圣寺（佛都）和喜洲庆洞村本主庙（神都），第二天绕喜洲河矣城村的洱河祠（仙都），第三天到马久邑村拜本主后解散（这一天也是马久邑的本主节）。为了辟“邪气”以及强烈的日光，绕三灵的爷爷奶奶们大多会戴上一副墨镜，这也增加了些时髦和喜气。

火把节　　民族节日

白族火把节在农历六月二十五，比彝族火把节晚一天，据说和南诏国王“火烧松明楼”有关。体验火把节这一传统民俗最好到底下的村镇（如周城、喜洲、观音塘）；古城最热闹的过节地点则在三月街，来自五湖四海的游人将其过成了一个“玩火”主题的狂欢节。如果你在火把节举办前夕来三月街赶集，还能遇到不少卖大火把的地摊。

课程

攀岩

床单厂艺术区有一块攀岩墙，由外国人创办的**磐石户外**（见94页地图；☎152 8721 7074；www.rocksolidadventures.com）经营。

王家院。

他们提供专业的团队攀岩课程（600元/组起，共4课时），攀岩墙也面向有基础的爱好者（60元/小时）。这个户外团队还会组织户外徒步、野外攀岩、露营、骑行等各种活动。

手工艺

乐天陶社（见94页地图；☎256 1196；微信公众号"乐天陶社ThePotteryWorkshop"；苍坪街56号床单厂艺术区；⏲10:00~18:00）发源于香港，特色是用古老的技艺创造富有现代感的作品，在上海、北京和景德镇都有工作室。不定期举办各种课程，瓦猫的制作体验十分有趣。

要物手造（见94页地图；☎159 6909 8656；微信公众号"要物手造"；苍坪街56号床单厂艺术区；⏲11:00~20:00）是大理本土的艺术工坊，类别涵盖金工、皮具、蓝染等，不定期提供上述工艺的体验课程。

紫藤记·杨家花园（见94页地图；广武路84号）被规划为大理非遗研学基地，目前已有喜陶土陶烧制、周城蓝续扎染（见134页方框）等工坊入住，可提供相应的体验课程。大理白族扎染相当有名，其体验课程也做得最为成熟，在**喜洲**（见130页）、**凤阳邑茶马古道**（见118页）等地都能找到。

住宿

如果避开"十一"和春节黄金周，大理的住宿性价比其实很高，二三十块钱的青旅床位、六七十元的安静标间都很好找，两三百元的精品客栈和酒店也很多，它们的价格会在11月和12月的淡季跳水，但更贵的豪华酒店通常还会继续守着高身价。相当一部分住宿处都没有安装空调，冬季在室内会有点冷，电热毯是最基本的取暖配置。另外，开在城门外村子里的酒店，通常年代要更新一些，因此设施也会比古城里同价位的要好一些。

★桃溪青舍青年酒店　青年旅舍¥

（见94页地图；☎177 8720 0961；西门村11组11号；铺30元起，含单早，标单/双130元，含双早；📶Ⓟ）位于古城西北处，"苍山十八溪"中的桃溪悠悠淌过，茂密的小树林将房舍映衬得青翠无比——周遭环境已如此可爱，而远超青旅平均水平的硬件设施和空间设计，更让它于2020年开业后没多久，便当之无愧地成为大理品质最好的青旅。露台的山海视野、频繁的文化活动可谓锦上添花，入住铺位也能吃到免费早餐。

风的颜色民宿　民宿¥

（见94页地图；☎267 2102；复兴路565号；标单/双135/160元起；📶）由天主教堂斜对面的一个木结构老宅院改造而成，共有5间客房，冬天提供电暖气。有3间大床房做成了复式结构，最值得一住。相比而言双人间很挤，并不推荐。人多可以包院，价格更实惠。民宿与古城六十医院旁的"风的颜色青旅"系出同门，但后者是一座隔音更好的新楼。

王家院　民宿¥¥

（见94页地图；☎153 6899 9935；新民

街12号；房间365元起；）人民路附近一处闹中取静的所在，是一座被列为市级历史建筑的白族四合院。民宿古色古香，翠竹簇拥的甬道会给你一个清新的欢迎仪式。房间装有地暖，卫生间干湿分离，配备智能马桶，一些房型还有浴缸。

洱海门1号酒店 客栈 ¥¥

（见94页地图；133 2055 0266；大院子村42号；标单/双178/208元起；）位于洱海门正对面村巷里的客栈，去逛人民路很方便。房间设计为简欧风格，四楼的大露台风景很好。老板玩户外起家，对背包客的旅行偏好了如指掌。

书理 客栈 ¥

（见94页地图；153 6830 0560；玉洱路389号巷内；标单188元起；）号称"图书客栈"的书理，将自家的公共空间打造成了一个小图书馆，每间客房也都配有大书架，摆好了图书供客人取阅。装修、卫生等方面在同等客栈中算好的。

The One古城一号院 精品酒店 ¥¥¥

（见94页地图；889 9111；博爱路9号；房间850元起，含双早；）这是一片隐藏在古城博爱门内的独栋小别墅集合院落，现代化的建筑风格融入了白族特色。大门口有保安站岗，私密性好。住客可免费享受民俗体验三道茶。

雅威书院酒店 客栈 ¥

（见94页地图；251 1911；新民路6号；标单/双128元起；）和天主教堂同用一扇大门，这家酒店包下了一整套传统白族民居，天井院子不算小，很适合静静地晒太阳。一楼的房间采光稍逊，且没有空调；二楼推窗可看景，要舒适得多。

梦蝶庄酒店 精品酒店 ¥¥¥

（见94页地图；238 0666；北门街160号；房间1500元起，含双早；）位于古城北门前往三塔的路旁，每间客房都带有私人小园林。推出"一房一车一管家"特色服务，即酒店半径30公里范围内不限次数免费使用专车，范围覆盖机场、车站、环洱海甚至漾濞石门关。

金玉缘中澳青年旅舍 青年旅舍 ¥

（见94页地图；267 7311；西门村10组13号；铺25元起，标单/双88/98元起；）这家颇具规模的青年旅舍已经营了很多年，有老牌青旅的国际化氛围，提供的各种房型也能满足不同需求的旅行者。出门1分钟便能跨过214国道，从红龙井门进入古城。

素松民宿 民宿 ¥

（189 0872 0097；石门村12组70号；标单168元起；）由人民路西出古城，沿着对面的村巷向上步行10分钟，便能找到这家山坡上的民宿。这一带楼顶视野很好，苍山、洱海、三塔、一塔（即弘圣寺塔，调研

梦蝶庄酒店。

期间仍未开放旅游）都在眼前。

见山 民宿 ¥

（191 1617 2586；三文笔村4组124号；标单/双138/128元起；）这家民宿在石头材质的老民居上进行改造，空间设计得不错。和三塔景区仅一墙之隔，一些房间能看到千年古塔的斑驳身影，窗外的树梢上还时不时跳过小松鼠。

陌上归 客栈 ¥¥

（见94页地图；180 0872 9663；福安巷71号；标单/双280元起；）这家客栈和人民路只隔一个街区，但又藏在背后的僻静小巷里，漂亮的草坪后花园更让人觉得是个宝藏。但有些房间的采光和隔音不太好，建议实地挑选房间。

就餐

大理的本土美食不少，但我们建议尽量避开复兴路南段和人民路，那里的餐饮多多少少都沾染了“网红”经济的习气。古城北部仍有很多主要面向本地人的馆子，洋人街中段也有实惠地道的“学生店”。**广武路**集中了各地乃至各国风味，离人民路很近，却尚未沾染过度的商业气息；**苍山东麓**（见114页）的苍山大道和南五里桥清真美食街，从古城过去打车也就起步价；还可以去**农场**（见79页）享受餐食，将大理宜人的田园风情尽收眼底。

★金鸡饭店 云南菜 ¥¥

（见94页地图；133 3055 8329；人民路福安巷；人均70元；11:30~22:00）金鸡饭店开了很多年，供应的云南风味菜有一些带着创意元素，比如侃侃的鸡（68元），为云南黄焖鸡加上了特制酱料，味道更显香辣。黑山羊汤锅（198元）选用的是带皮羊肉，独特的酸辣口味越煮越浓。饭店二楼在晚上会化身为一个特别的LGBT+友好酒吧。

金鸡饭店的黑山羊汤锅。

★88号西点店　　蛋糕 ¥

（见94页地图；☎267 9129；人民路4号；人均30元；⊙8:30~21:30）创办88号的德国老太太已经回国，但她的手艺被昔日的合伙人承继下来。新店坐落在人民路西口，两层楼明亮安静，产品线十分丰富。这里的切块蛋糕种类不少（22~35元），树莓蛋糕和芝士蛋糕让很多大理人百吃不厌。同时供应德国香肠、意大利面、咸派等西式简餐，每天还推出一款特制面包。

阿咪乃清真烤鱼　　烧烤 ¥¥

（见94页地图；☎187 0872 6891；银苍路41号；人均60元；⊙10:00~22:00）门面上自信地写着“这家好吃呢”，这是四邻街坊们给的勇气。当你踩着饭点到来，餐桌旁或是坐着客人，或是摆好了烤鱼，并用小火加着热，等着预订的客人到来。烤鱼是川渝的做法，下有汤底，可选微辣、麻辣、香辣、蒜香等多种口味；也可以再叫几串烤肉、烤蔬菜，焦香油润，不比专门的烤串店差。

香里香　　白族菜 ¥

（☎159 1122 9089；银苍路52号；人均40元；⊙10:30~21:00）附近老居民请客有时候也会来这家家常餐厅。店面不大，摆着低矮的四方桌和小板凳，是传统的云南小餐馆的模样。酸辣鱼（48元）、五朵金花煎蛋（22元）、凉拌树皮树花（22元）很受欢迎，上午还可以尝一尝白族特色的生皮。在隔壁平等路、古城西门外也有店面。

向月球飞去　　西式简餐 ¥¥

（见94页地图；☎159 6908 1740；广武路74号；人均60元；⊙9:00~21:00）人气很旺，店面紧凑，饭点等位是常态。除了一楼的吧台座和临街座，二楼的小露台也有四张小桌子，可以舒服地望见苍山。全日早午餐（28~38元起）分量很足，适合晚起的你来顿brunch，套餐里的美式咖啡还可在13:00前免费续杯。

大理四季自然食

张世秋

日升月落，四时变幻，大理四季的美味都充满惊喜，自然的食材风味和自然的野性吃法，在这里得到恰到好处的平衡。

春天苍洱之间繁花盛开，金雀花、茉莉、玫瑰……各色花朵不仅给大理的黛山碧水妆点上缤纷色彩，也给大理人的厨房和餐桌增添了香艳的滋味。金雀花加鸡蛋煎出浓香金黄，茉莉清炒后仍是娇艳鲜甜，夹上一筷头，把春天的气息拌进饭里。玫瑰更是惹人怜爱，于是当地人把玫瑰和红糖共同腌制成玫瑰糖，把芬芳甜蜜的赏味期限人为延长。

雨水过后，大自然万物生发，菌子是夏日森林中的神秘精灵。提起吃菌子，大多数人的目光都会聚焦到作为野生菌集散中心的昆明，其实北到剑川、南至巍山，整个大理地区也是不可忽略的野生菌产地。沙溪古镇

左图：大理的乡间；上图：摆满新鲜食材的小餐馆。左图：©TARZAN9280/GETTY CREATIVE；上图：©NOA/GETTY CREATIVE。

周围的群山出产许多食用野生菌，其中不乏珍贵的松茸和鸡枞。在7月和8月的街天里，乡民们用竹篮背篓把菌子背下山摆在路边售卖，热闹的场面和千年前的马道互市并没有太多不同。而朵朵菌子从山野直达各家各户，搭配腊肉简单烹炒，即可品尝其新鲜的味道。巍山古城也是松茸的产地之一，在松茸的大名由国外传至国内之前，当地人把这种菌柄粗壮的菌子称为“大脚菇”，用家常小炒的方式来享受它的鲜嫩。

夏天也是山地果实成熟的季节，洱海周边的山区盛产梅子，这种果子酸味浓郁，不太适合作为水果直接食用。不过凭借想象力、耐心和手艺，当地人把梅子做成了别有滋味的调味佳品。除了用来制作话梅和雕梅等果脯，青梅也经常被用来酿造成酸甜可口的梅子醋，凉拌米线、豌豆粉或时蔬凉菜时加点梅子醋，日常餐食里就增加了灵动跳跃的果香。

把苦梅加上少许花椒和盐调味，放进瓦罐里用灶塘草木灰的余温慢炖至少一个月，制作出的炖梅呈现乌黑色，浓厚的滋味酸而苦，却富于变化：取几粒炖梅放进凉水里，就是一杯清爽解暑的家常饮料；放一滴炖梅汁在蘸水里调味，即可将果香的辣味激发出来。

各种野生草本植物在夏秋季节长势茂密，嫩叶入菜也别有滋味。在大理，紫苏叶是常见的调味草叶，搭配烤肉提香又解腻，腌制木瓜蜜饯时加点碎紫苏叶，清甜的味道便调合了木瓜的酸味。遍布刺毛的荨麻让从山间小道过路的人望而生畏，不过在大理弥渡，当地人却喜欢用荨麻嫩叶煮汤，吃到嘴里的瞬间，忧虑一扫而空，这种会蜇人的草叶纤维其实异常细软。

从海边坝子到山间乡村，大理冬天最欢腾的事莫过于杀年猪。杀猪后要还请杀猪客，八大碗肉食摆上桌，相帮的亲友邻里吃喝谈笑，给即将到来的春节预热。洱海北部的山村冬季气温低，给保存肉食提供了良好的条件，诺邓村的古盐井又给腌制肉食提供了食盐，这里的火腿 ➡

◀几乎就是天造地设的产物。只需盐和肉，再加上时间和微生物的共同作用，自然风土促成的咸鲜火腿来年即可上桌。

而在洱海坝区，传统习惯里会用火烧三分熟的方法来吃猪肉，享用那股原始生猛的味道。如今，"生皮"和"生肉"因为潜在的寄生虫感染风险而颇受争议，当地人在食用方式上也有了改进，所谓生皮和生肉，其实已经达到七分熟，而且用来生食的猪肉需要通过更严格的检疫。蘸生皮和生肉的调料也颇有山野的自然风味，除了辣椒，梅子醋和炖梅也都是其中不可或缺的主角。

好地TERRA 西式简餐¥¥

(见94页地图；☎158 8738 0705；月牙塘；人均60元；⏰12:00~14:30，17:30~20:30，周一、周二店休)Terra在意大利语里是"地球"的意思，这个"意餐地球"藏在人民路下段的月牙塘美食街。店家自己手工制作pappardelle(意大利宽面)，酱汁也是自家烹制。最受欢迎的是白汁意面(68元)，提拉米苏(32元)同样备受好评。

一然堂素食馆 素食¥

(见94页地图；☎238 0320；博爱路53号武庙北侧巷内；5元/人；⏰11:30~13:00，17:30~19:00)这里以低廉的价格提供素食自助，你需要自觉投钱并收拾餐盘，也请不要说话，并且不要看手机。味道不错，生意也很好，稍微晚点就没剩几道菜了。古称"妙香佛国"的大理今天仍然广泛流行着素食传统，寂照庵(见116页)的素斋就很有名。

石井私房菜 白族菜¥¥

(见94页地图；☎889 8172；玉洱路330号；人均60元；⏰11:30~14:00，17:00~21:00)这家本地人也爱去的小馆子，藏在玉洱路下段一条小巷里。经典的白族菜都能做，木瓜酸辣鱼(58元)、水性杨花炒火腿(48元)口味地道。座位是圆桌高椅，而非云南传统小馆子的矮桌椅，坐起来倒是更舒服了。

栀之厨房 川菜¥

(见94页地图；☎185 2326 1313；九隆居；人均50元；⏰10:00~21:00，周日店休)老板是来自重庆的大理新移民，做饭手艺一直受到亲朋好友的赞誉，最终也为自家的手作服装店增添了餐饮板块。栀之干烧鱼(58元)外焦里嫩，夏季有野生菌炒肉，红油抄手(20元)和重庆小面(15元)经常吸引附近的人来打牙祭。

杨氏卷粉 小吃¥

(见94页地图；绿玉路111号南门小菜场；人均8元；⏰15:00~18:00)南门市场的三排小吃摊规模不大，却是当地人和新移民经常光顾的餐饮店。杨氏卷粉的女老板"手起卷落"，整套动作堪称行云流水，但也比不过一位位客人加入队伍、等候取餐的"聚众"速度。提供从素卷粉(6元)到牛肉卷粉(10元)等多种选择，一份能顶一顿饭。

傣味园 傣族菜¥¥

(☎266 1225；玉秀路1号；人均60元；⏰11:00~22:00)名字简单直白，是大理古城最正宗的傣味餐厅，因故歇业1年后，重新开业的第一天便高朋满座。柠檬炒鸡(60元/半只)、水腌菜炒牛肉(48元)、烤罗非鱼(45元)都是地道的德宏风味，撒撇(35元)则可做柠檬撒和苦撒两种。

梅子井 白族菜¥¥

(见94页地图；☎267 1578；人民路130号；人均90元；⏰9:00~22:00)坐落在百年白族老四合院里的老字号餐厅，因院内有古井和香梅而得名。由于经营模式略显老套，因此在如今的网络平台上有些毁誉参半，但菜肴风味还是很正的。店家也自酿梅子酒，且按照年份分有多个档次，会为客人安排品酒环节。

色了木 清真小吃¥

(见94页地图；☎158 7775 2611；博爱

路98号；人均10元；⏲6:00~20:00）古城有名的清真小吃店，主营凉鸡米线（小/大碗10/12元）。卤鸡鲜嫩，调料丰富，春天还会把油菜花苔和豆芽一起拌到米线里，口味更添清新。饵丝、米线、炒饭、盖饭等家常小吃种类也很全，很适合独自旅行者。

深夜食堂　　中式简餐 ¥

（见94页地图；☎184 8749 2116；银苍路88号；人均20元；⏲11:00至次日5:00，周一店休）从寸土寸金的人民路搬到叶榆路北段的偏僻小巷子，这家深夜食堂如今终于坐拥一处小院，并开始做起白天的生意。这里的台湾卤肉饭（15元）味道古早，足以慰藉夜归人的心。

飞香李新疆小吃店　　新疆菜 ¥

（见94页地图；☎186 0872 3723；三月街观音街40号；人均40元；⏲11:30~14:30，17:30~20:30，周日、周一店休）新疆老板对食材和烹饪要求很高，颇受大理常住客的喜爱，也成了本地人换口味的好去处。沙湾大盘鸡（85元）分量十足，够3人食用，能加皮带面，还能喝到自酿格瓦斯。法定节假日这里经常也跟着放假。

洱月小厨野生菌　　云南菜 ¥¥¥

（见94页地图；☎133 6872 6166；叶榆路214号；人均110元；⏲9:00~22:30）吃菌子是许多美食爱好者来云南旅行的必选项目，最受旅行者欢迎的菌汤火锅，集野生菌原味之鲜美和种类之繁多于一体。大理古城有多家菌汤火锅店，洱月小厨名气和口碑都名列前茅。这家是老店，因位置好常需等位；也可沿人民路一直向上走过214国道，去路口处的旗舰店品尝。注意只有在雨季（6月至10月初）才能吃到鲜菌，其他季节只有晒干保存的菌子，汤味相差无几，但晒干的菌子本身口感略逊。

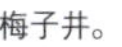

梅子井。

饮品

在大理，你可以喝得很痛快。如果觉得大理V8和风花雪月啤酒的口味过于清淡，不妨尝尝夜市上常见的绿色桶装“小企鹅”生啤。专业的精酿啤酒吧也越来越常见——**大理精酿啤酒节**从2017年起已举办了好几届，国内精酿啤酒领头品牌“牛啤堂”也已在四季街市租好店面，但我们调研期间尚未开业。梅子酒、木瓜酒等浸泡酒也是大理的特色，但要注意后劲不小。

如果你的咖啡瘾犯了，叶榆路上各式各样的精品咖啡馆一定能治愈你。**苍山东麓**（见114页）的大理大学等地也是咖啡厅和啤酒吧的聚集地。白族三道茶（一苦二甜三回味的三道敬茶）更偏向一种待客礼仪，寺庙免费供茶同样是大理的传统。

★寻咖啡　　咖啡馆¥

（见94页地图；☎151 9835 3470；广武路84号；美式/花式咖啡18/28元起；⏰9:00~22:00）这里几乎是古城性价比最高的专业咖啡馆，店面虽有些小，但环境不错，坐落在新开办的非遗传承园区紫藤记·杨家花园里，有一个采光满分的玻璃房。大部分座位都是露天的，头顶是枝叶繁茂的高山榕撑起的大伞。手冲咖啡不在菜单上，可提出要求让咖啡师推荐。

唐咖驿　　咖啡馆¥

（见94页地图；☎181 8372 9372；人民路350号；手冲/花式咖啡35/28元起；⏰9:00~21:30）作为大理最早的精品咖啡馆，唐咖驿的女老板唐唐曾在世界手冲咖啡比赛中国区获得亚军。这里位于寸土寸金的人民路上，三层小楼兼顾着咖啡主题客栈的功能，楼顶露台日照充足，风景无限。店中各产区和以不同方式烘焙出的精品豆选择很广，能满足大部分咖啡爱好者的要求。

如是　　咖啡馆¥

（见94页地图；☎133 4006 8217；叶榆路61号；手冲/花式咖啡30元起；⏰10:00~

大理新移民

孙澍

大理新移民的历史可以追溯到20世纪80年代。改革开放初期，大理因为山水与文化资源俱佳，位列中国对外开放的首批旅游目的地清单。来自国外的嬉皮士和背包客从熟悉的东南亚出发，沿湄公河上溯云南，最终在大理扎下根来。新潮的西式餐饮、自由的生活方式、独立的精神世界，让这座中国西南边陲的小镇拥有难得的社会氛围。有人认为，正是从那时起，一个现代意义上的大理被塑造出来。

千禧年前后，丽江旅游业在快车道上一路狂奔，但大理仍然维系着极低的生活成本，自由开放的文化氛围让这里成了乌托邦一样的世外桃源，吸引了最早的一批国内新移民，他们中有相当一部分从事着创意和艺术等工作。苍山洱海边生活的每一刻都成为灵感的源泉。

左图：悠闲的小店店主；上图：大理街头年轻人摆的小摊。左图：孙澍 摄；上图：©视觉中国。

大理提供“另类生活样本”的名声越发远播。到2010年左右，“逃离北上广”日渐成为风潮，大理也成为选项之一。和三亚、北海、西双版纳这样的目的地相比，大理的新移民主体并非养老人群，更多是尚处壮年的中产阶级，有些甚至是都市中的“金领”。

这些新移民精力旺盛、思维活跃，不满于都市生活的桎梏，来此追逐心目中的“大理想国”。长此以往，大理新移民的社区氛围渐入高潮，展现出生活方式的多元融合。人民路上摆地摊的各色人物来自天南海北，因兴趣爱好而结合的社区小组开展得如火如荼，古城的房租也依旧很便宜，生活慵懒而随兴。

好景不长。在丽江商业饱和的背景下，文旅市场开始琢磨大理璞玉般的价值。首先“开刀”的依旧是房地产：2013年、2017年两波房价房租的暴涨，让人民路的独立店铺难以承受高额租金，追求更大商业利润的店家入驻；2017年，史上最严格的洱海生态治理也让经营海景餐厅、住宿的新移民损失惨重。

面对来势汹汹的商业化浪潮，大理新移民也在努力应对。他们纷纷逃离古城，将家搬到苍山或更远的村庄，同时也将咖啡馆、书店等“社区店”从人民路转移到其他角落。在古城的月牙巷、叶榆路、四季街市，以及大理大学门外的苍山大道等，新移民又有了新的据点，旅行者也有了更多更分散的探访地。

也有人走得更远，喜洲、沙溪、腾冲……或者干脆返回曾经出发的大城市，因为当新移民也开始在大理讨论这里的高房价和环境污染时，“乌托邦”或许已经和大理渐行渐远。

21:00）开在叶榆路咖啡馆一条街上，这家店的特长是选择多样、品质稳定的手冲咖啡，各种意式特调也独具匠心。店面的整体格局和装修风格很贴合大理的休闲气质，一只叫作“兔子”的边境牧羊犬和店员们一同努力营造着温馨的氛围。

海怪家小酒馆 酒吧 ¥

（见94页地图；☎182 8919 8085；叶榆路89号；人均50元；⊙12:00至次日2:00）人称“海怪”的老板是老牌“拉漂”（以前常住拉萨），这几年来到气候更舒适的大理开办分店。“海怪”对酒很有研究，经常在云南各地收罗特色酒，可请他推荐各色酒水。交友广泛的他时有四海朋友到访，酒馆也会在他的带领下，变得格外好玩。

囍客厅 鸡尾酒吧 ¥¥

（见94页地图；☎186 0885 5873；文笔街11号；人均70元；⊙17:00~24:00，周一店休）位于三月街的一条侧路上，囍客厅和游客的活动路线几乎完全错开，因此到访的基本都是常客，他们再带来新朋友，圈子就这样越变越大。因为这些新移民们的捧场，这里已发展成了一处其乐融融的文艺据点，常常举办各种有趣的活动，可关注同名微信公众号了解。

山林草木酒馆 鸡尾酒吧 ¥¥

（见94页地图；☎138 1031 8916；人民路月牙塘；人均70元；⊙19:30~24:00，周一、周二店休）正如它的名字一样，这里的调酒师运用山林草木等灵动元素，调出口味相当惊艳的鸡尾酒。酒香不怕巷子深，这里每晚坐满了新移民和慕名而来的旅行者，大家尝过today's specials上的酒水，评头论足好不热闹。自制冰激凌（25元起）也是有口皆碑。

四月小妖 精酿啤酒吧 ¥

（见94页地图；☎191 0872 0069；叶榆路55号；啤酒18元起；⊙18:00~24:00）冰箱里丰富多样的罐装啤酒都是“邪恶双胞胎”“凡人九头蛇”等精酿小厂的出品，21个酒头现场灌出的大多为“静好堂”的自家酿造——静好堂是一位大理新移民自创的精酿品牌，这家小馆便和他息息相关，墙上粘着的可爱小字“大理的精酿生活”就是他的生活写照。坐在门口露天位，可尽情享受劈酒谈情操的时光。

青苹果乐园 酒吧 ¥

（见94页地图；☎150 8738 9733；人民路近洱海门；人均50元；⊙14:00~24:00）古城洱海门下的这片露天场地，摆着几辆改造的吧台车，夜色中霓虹灯亮起，转场的歌手唱起民谣——青苹果乐园每晚都像在开派对一样。下午时分，这里则是一个很舒服的露天咖啡厅。

南门露天茶摊 茶室 ¥

（见94页地图；文献路近南门；茶水2元）虽然喝的就是极其普通的盖碗茶，但伴着河道里哗哗流过的白鹤溪水，和白族乡亲一起在树荫下，打打扑克聊聊天的体验绝对接地气。大理的好天气很适合在室外喝茶，不过这种传统茶摊在商业化趋重的古城消失殆尽。谁又能想到，正是在游客最拥挤的南门外，马路对面的售货亭背后竟然还有一帮本地人在如此悠闲地喝茶。只要天晴，这个茶摊就会摆出来。

✪ 娱乐

大理古城一度是国内外独立音乐人的后花园。如今，人民路、洋人街的酒吧还有现场民谣弹唱或摇滚乐队表演，留意店家海报即可了解近期演出信息。**红龙井酒吧街**是丽江酒吧街的复刻版本，我们不太推荐。**博爱门**的城门洞则是街头艺人的宝地，几乎每天夜晚都能遇到卖力的表演者。如果对杂技、民间曲艺等感兴趣，可留意**四季街市**（见78页方框）举办的定期集市或主题活动。而在洱海门南侧的夯土城墙上，折角处有一块平台，附近村民常在下午相聚于此，弹三弦、唱小调，不亦乐乎。想接近最原生态的大理本地曲艺民俗，不妨去那里碰碰运气。

★大理九月 现场音乐

（见94页地图；☎136 8876 3040；微信公众号"大理九月"；新民路97号；⏲16:00~24:00）这是大理古城的文艺地标，在国内民谣界也很有名气，周云蓬、王菲都和这里颇有渊源。很多独立音乐人、民谣歌手也会在此举办小型演出，时间通常是周五或者周六晚上，有时免费，有时需收取门票。大家席地而坐欣赏现场表演，冬天还会支起火盆。九月的酒水和软饮价格在大理古城很公道，鸡尾酒35元起，同时也供应西式简餐。

变压剧场 剧院

（见94页地图；☎309 9111；微信公众号"幻境2099"；平等路3号变压工厂创意园区）大理优美的环境、自由的气氛吸引了不少先锋戏剧艺术工作者来此创作，这个剧场便是在华侨城集团主导下，由国内顶尖团队打造的。常驻的表演剧目《幻境2099》为80分钟的派对式戏剧，演出团队是30位来自北京电影学院、上海戏剧学院等院校的新生代演员。除周一外每晚19:30上演，调研期间优惠票价199元。

杨丽萍大剧院 剧院

（见94页地图；☎536 4666；微信公众号"杨丽萍艺术"；月华路近南国城）这个建筑外观宛若缩小版"鸟巢"的剧院在2020年秋天落成。调研期间，每晚19:30有一场杨丽萍导演的白族歌舞秀《阿鹏找金花》上演，旅游黄金周期间可能会增加场次。票价220元起，网上购票会便宜不少。大剧院在古城往返才村的路旁，可乘C2路到达，打车过去也就起步价。

九歌音乐实验室 现场音乐

（见94页地图；☎131 7076 2042；叶榆

大理九月。

路206号；⏲19:30至次日2:00）音乐风格多变的一家livehouse，民谣、民俗、摇滚、乡村、复古……都有涉及，“九歌”之名来源于屈原的《楚辞》。优质的音响效果从根本上保证了良好的演出氛围，很容易让人沉浸于音乐和酒水之中。调研期间驻唱歌手有两位曾是《中国好声音》节目的学员。

猫王酒吧 现场音乐

（见94页地图；☎138 8721 7258；微信公众号“猫王吧”；洪武路197号四季街市）这家酒吧坐落在四季街市一隅，是目前大理音乐人的另一处据点。老板本人就是吉他手，因此会不定期邀请国内外的优质乐队和DJ来此演出。当欢腾的音乐响起，酒吧门外的开阔场地便会化作天然的舞池。

购物

乳扇、雕梅、地参、野生菌干片等是大理的食品类特产，老字号**杨记乳扇**和**赵记梅子**都位于复兴路靠近人民路的一段，**市集**（见78页方框）和附近的批发店（也可零售）同样能买到这些特产。**下关沱茶**是大理的驰名品牌，在古城有好几家分店。洋人街上段、复兴路北段有不少本地人经营的扎染、民族服装小店，价格通常比人民路便宜一半，还容易还价。

海豚阿德书店 书店

（见94页地图；☎252 6230；微信公众号“海豚阿德书店”；苍坪街56号床单厂艺术区；⏲10:30~20:00，周一店休）这家老牌的独立书店曾是人民路上的一处文艺地标，几年前搬迁至床单厂二楼。除了各种文学类和社科类的书，这里还能买到一些大理手工艺品和文创作品。书店不定期会举办电影放映、图书签售等活动。

杂字 文创产品

（见94页地图；微信公众号“杂字”；苍坪街56号床单厂艺术区；⏲10:00~22:00）这家小小的文创店最惹人注目的是老板从世界各地淘回来的餐盘茶杯，个个纹路色彩都富有特色，让人忍不住要精心包装好带回家去。店家运作的独立出版物也是亮点——“杂字致力于那些不为人理解的小出版”，是他们的座右铭之一。

杨丽萍设计 服装

（见94页地图；☎180 0872 2723；微信公众号“杨丽萍生活艺术馆”；博爱路近红龙井；⏲10:00~23:00）这是由白族舞蹈艺术家杨丽萍发起并唯一授权以她的名字命名的服饰品牌。作品运用扎染或蜡染等工艺，主打民族风，还会运用大胆的撞色串联起古典和现代美学。在古城人民路、复兴路和双廊太阳宫等地均有分店。

弯弯古著 二手店

（见94页地图；☎130 13398736；广武路69号；⏲12:00~22:00）英文名WANWAN VINTAGE更加醒目。这是大理藏品质量最高的一家中古店（精品二手货商店），能淘到复古的服饰和稀奇古怪的摆件。它们组成的鬼马精灵的世界，会透过橱窗第一时间吸引同道中人。

大昌盛超市 超市

（见94页地图；玉洱路241号；⏲8:30~22:30）这是大理古城规模最大的超市，在专门的特产柜台能以实惠的价格买到鲜花饼、黑糖、干菌等云南特产。此外在古城开设了多家分店的**四方街超市**，也是不错的购买手信之地。

大理古城

重要景点

1 崇圣寺三塔……B1
2 人民路……E5
3 洋人街……E4

景点

4 北门……D3
5 变压工厂创意园区……C4
6 城隍庙……F6
7 床单厂艺术区……F6
8 大理非物质文化遗产博物馆……D4
9 大理农村电影历史博物馆……D4
10 大理石空文化艺术空间……E6
11 大理市博物馆……E6
12 基督教堂……D3
13 垒翠园……G6
14 龙泉巷……E6
15 南门……E6
16 普贤寺……F3
17 天主教堂……E5
18 文庙……D5
19 五华楼……E5
20 玉洱园……D4
21 元世祖平云南碑……B5

活动

22 北门大菜场……C4
23 大理国际滑翔伞营地售票中心……E6
24 南门小菜场……E7
磐石户外……（见7）
25 三月街……C5
26 山途户外俱乐部……B5
27 四季街市……G4
28 素方舟庄园……C1
29 武庙……D5

课程

乐天陶社……（见7）
要物手造……（见7）
30 紫藤记·杨家花园……E4

住宿

31 The One古城一号院……E6
32 洱海门1号酒店……G3
33 风的颜色民宿……D3
34 金玉缘中澳青年旅舍……D6
35 梦蝶庄酒店……C2
36 陌上归……G4
37 书理……F3
38 桃溪青舍青年酒店……C3
39 王家院……E5
雅威书院酒店……（见17）

就餐

40 88号西点店……D5
41 阿咪乃清真烤鱼……D4
42 柴米多农场餐厅……F4
43 洱月小厨野生菌……C5
44 飞香李新疆小吃店……B5
45 好地TERRA……F4
46 金鸡饭店……F4
47 梅子井……E5
48 色了木……D4
49 深夜食堂……E3
50 石井私房菜……F3
51 香里香……D4
52 向月球飞去……E4
杨氏卷粉……（见24）
53 一然堂素食馆……D5
54 栀之厨房……D5

饮品

55 海怪家小酒馆……E3
56 南门露天茶摊……E6
57 青苹果乐园……G4
58 如是……F4
59 山林草木酒馆……F4
60 收获咖啡Harvest Coffee古城店……E4
61 四月小妖……F4
62 唐咖驿……F4
63 囍客厅……C5
64 星回精酿啤酒分店……D5
寻咖啡……（见30）

娱乐

变压剧场……（见5）
65 大理九月……E4
66 红龙井酒吧街……D6
67 九歌音乐实验室……F4
猫王酒吧……（见27）
68 杨丽萍大剧院……G1

购物

69 大昌盛超市……F4
海豚阿德书店……（见7）
70 弯弯古著……E4
71 杨丽萍设计……D6
杂字……（见7）

实用信息

72 大理古城游客服务中心……E6

交通

73 大理古城旅游汽车客运站……F6
74 景区直通车垒翠园上车点……G6
75 景区直通车游客中心上车点……F6

A
B
C
D
1
2
3
4
5
6
7
三塔路
1
崇圣寺三塔
214国道
北门街
28
35
双狮路
中和路
博爱路
4
复兴路
38
平等路
12
33
白石路
22
41
5
平等路
20
51
银苍路
8
9
隐仙路
玉洱路
48
复兴路
苍山门
洋人街
18
64
44
观音路
25
文笔街
双鹤街
博爱路
26
玉局街
63
人民路
54
21
43
40
三月街线
29
53
苍山大道
71
66
博爱路
34
214国道

0
200 m
E
F
G
H
1
2
3
4
5
6
7
68
北
水
库
洪武路
大丽公路
小邑庄线
平等路
55
叶榆路
银苍路
37
玉洱路
风花
雪月
16
50
32
银苍路
广武路
玉洱巷
49
65
69
58
护国路
45
洱海门
玉洱路
30
新民路
70
52
洋人街
59
57
60
61
人民路
3
洋人街
42
67
36
洪武路
27
新民路
广武路
62
46
南
水
库
人民路
2
17
新民路
47
39
复兴路
19
23
7
11
洪武路
一塔路
14
复兴路
双鹤路
13
74
10
15
75
6
双鹤路
73
31
72
56
一塔路
文献路
绿玉路
24

在路上

本书作者 孙澍

玉带云、望夫云、棉被云……苍山的云彩总是千变万化，太阳落山后不久，还常有淡紫色的霞光为云朵描边。

进一步了解我们的作者，见239页。

苍山含雪，洱海碧蓝。

苍山洱海

“苍山不墨千秋画，洱海无弦万古琴”，横断山系最南端的苍山、云南省第二大高原淡水湖的洱海，组合形成了优美的湖山景观，也为白族人和更古老的先民，构架出堪称理想的一方世界——何为大理（想）？根源就在这里。一般人提起大理总会想到大理古城，但其实古城所在的大理镇为大理市所辖，同样享有“大理”之名的大理市才是大理白族自治州的州府所在，它坐拥苍山东麓与洱海盆地构成的苍洱地区，山川形胜尽收于此，钟灵毓秀由此而生。

近些年来旅游业和房地产业的飞速发展，为苍山洱海带来了翻天覆地的变化。如今，你可以轻松地乘坐索道，抵达在过去只属于探险家和户外爱好者的苍山顶峰；也可以住进双廊和海东的高档酒店，悠闲地享受不逊色于三亚的“海边”度假生活；海西生态廊道、喜洲稻田公路、苍山最美尼众道场寂照庵等“网红”地，已被许多游人列入了打卡清单。想要更清静的周遭环境与更深度的旅行体验，不妨去看看散落在坝子上的古村落和本主庙，探寻传承至今的传统民艺，或是逛逛新移民经营的有趣小店，它们也为苍山洱海赋予了更多的意义。

☑精彩呈现

何时去

3月至5月 春季花开不断，红山庙会、蝴蝶会、绕三灵也在此时营造着缤纷多彩的人间世界。

6月至9月 降雨频繁，野生菌在苍山的森林里悄然生长；火把节和耍海会，白族人玩转水火二元素。

10月至11月 海西稻田金黄，环海东路的住宿在“十一”黄金周一房难求。

12月至次年2月 “苍山雪”现，“下关风”劲，红嘴鸥前来避寒，本主节一村接一村地过。

★苍山洱海亮点 （见102页）

① 喜洲古镇 ② 探索苍山 ③ 环海东路的度假生活
④ 海西生态廊道 ⑤ 凤阳邑茶马古道

赏花时令

➡ 1月至4月上旬，古城玉洱园、下关洱海公园看山茶花。

➡ 2月下旬至3月上中旬，大理大学、山水间社区看春樱花。

➡ 5月至6月，苍山洗马潭、喜洲花甸坝看高山杜鹃。

➡ 7月下旬至8月，银桥新邑村、上关沿海湿地看荷花。

➡ 11月下旬至12月，古城博爱路、大理大学、下关洱海公园看冬樱花。

如果你有

1天 自驾或包车环游洱海，沿途停靠喜洲古镇、双廊古镇。另外也可以上午乘索道游览洗马潭，下午去才村看海，漫步生态廊道。

2天 第1天上午造访凤阳邑茶马古道，中午在寂照庵吃素斋，下午沿玉带云游路漫步苍山，钻进清碧溪或七龙女池玩水；第2天前往双廊古镇，再沿海岸线骑电动车，到挖色或者海东结束行程。

3天 在2日游的基础上，第3天专门留给喜洲古镇和海西的生态廊道。

大理蜡染。

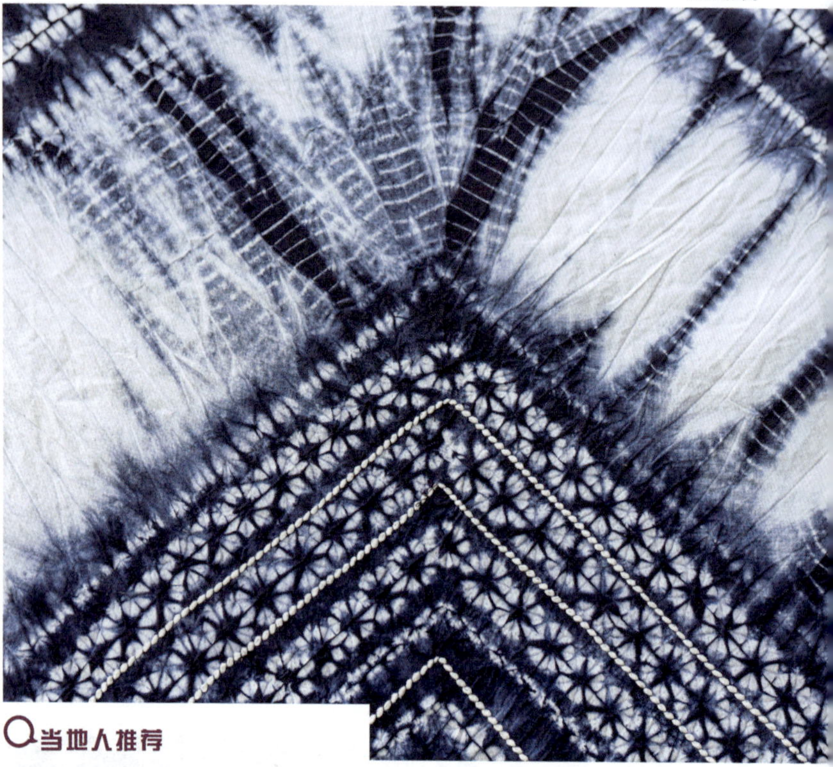

©YAORUSHENG/GETTY CREATIVE

当地人推荐

探寻大理的“非遗”

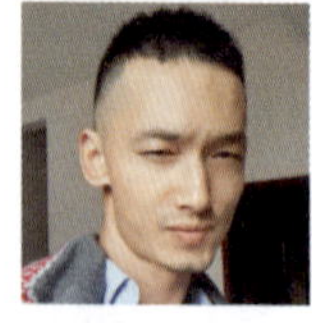

何建军，大理羊毛毡制品非遗传承人

你是怎么成为羊毛毡制品非遗传承人的？

我的家乡在喜洲洱海畔的金圭寺村，过去村里几乎每家每户都会做羊毛毡制品。关于羊毛毡制品，我们这里流传着和苏武牧羊有关的故事，大家也视苏武为祖师爷。最晚到清朝同治年间，金圭寺的羊毛毡行业便已颇具规模，喜洲商帮时期羊毛毡也是他们运输交易的主要货物之一。我们家族祖上曾担任本行业的“行头”，我父亲也已从事羊毛毡手工制作50余年。可以说我从小就耳濡目染，长大后又抱着陪伴在家人身边的想法，因此拾起了这份古老的传承作为职业。

优质的羊毛毡制品有哪些判断标准？

市场上常有用纤维制品冒充羊毛毡的，最好的甄别手段莫过于扯下几根毛用打火机烧，如果有羊骚味且不着火就是真的羊毛毡，若出现焦味或起火苗那就是纤维制品了。羊毛具有很好的阻燃性，古代会用羊毛毡浇上水，起扑火灭火的作用。确定了是真的羊毛毡，你可以观察接头处或凹凸部分，它们最好出现在不影响视觉效果的部位。另外，不同厚度的羊毛毡制品有不同的用途，但总体而言，在阳光下照射，不透明的羊毛毡质量才更好。

双廊过本主节。

银翘 摄

旅行者可以怎么感受大理的非遗？

我们大理是白族聚居区，竹编制品、扎染、刺绣、银器、白族三弦调等民间非遗传承人不少，大家也都在努力坚持。周城扎染是最适合旅行者体验的非遗文化，另外就是赶着过各种大小节日的时候了。比如喜洲农历每月的初一和十五，大家会集中参拜本主，有吃斋、授经等形式。规模更大的节日，如三月街、蝴蝶会、绕三灵、火把节、中元节、沙坝会（农历八月十五）……还能看到更多原生态的民俗表演。

不要错过

最佳住宿

➡ **蓝影** 双廊镇上安静的一线海景客栈，非“网红”风，却有温馨的居家氛围和环球旅行的故事。（见140页）

➡ **喜林苑** 喜洲古镇的文化地标，毗邻油菜花田和稻田，由文保单位喜洲商帮大院改造。（见134页）

➡ **适度居精品酒店** 坐落在大理著名别墅的山水间社区，跨过黑龙溪桥就是美丽的苍山景观大道。（见120页）

最佳就餐

➡ **四方街食店** 喜洲老字号餐厅，一边享用白族菜一边打望四方街上的过客，茶马重镇旧影重现。（见135页）

➡ **新房子火锅** 南五里桥回族村里的家庭餐馆，油厚肉香的铜瓢牛肉火锅是滇西的火热大餐。（见121页）

➡ **小段厨房** 创意云南菜匠心独具，霍香、普洱茶、黄桃皆有入菜，味道令人惊喜。（见121页）

最佳饮品

➡ **星回精酿啤酒工厂体验店** 啤酒种类最多的一家精酿酒吧，可坐在露台上吹山风望洱海。（见122页）

➡ **田珈琲** 专注于手冲咖啡的小店，挑一款自己喜爱的杯具，品咂精品豆开启的味觉世界。（见136页）

➡ **山茧咖啡** 伙山村美术馆设计师操刀设计的海景咖啡馆，咖啡和“洱海神光”的搭配实在美妙。（见143页）

苍山洱海亮点

❶喜洲古镇

稻田里的喜洲古镇描绘了中国传统文化的耕读画卷，又在马帮向现代交通转变的激荡岁月里，积累了属于自己的财富和传奇。一座座气派的民居大院融汇了斗拱飞檐的中式风格和拱券立柱的西洋风情，是天然的白族建筑博物馆；藏身于寺庙里的高等院校、国内最早的乡村图书馆、祠堂改建而成的农耕艺术馆，则是接受了现代文明洗礼的喜洲古镇对原生乡土一次又一次的感恩回馈。（见108页）

❷探索苍山

连绵起伏的苍山，用十九峰的庇护、十八溪的滋润养育了富庶的海西坝子，雄壮宽广的山势吸引着古往今来五湖四海的人们，用各自的方式去感知和赞美。苍山是中国传统审美体系下的名山，清泉石上自在流，幽幽古道通往隐隐山寺；它也是自然博物志中不可或缺的一页，独特的地质构造和丰富的生物多样性都值得大书特书。无论是在苍山景区（见106页）游览观光，还是走进苍山东麓（见114页）慢慢品味，总会在不经意间收获惊喜。

❸环海东路的度假生活

随东海岸一同弯绕出曼妙曲线的环海东路，是大理当之无愧的“最美景观大道”。昔日的渔村生活渐行渐远，再不见渔歌唱晚，取而代之的是林林总总、风格各异的酒店客栈：双廊古镇（见110页）的酒店整洁端庄，挖色（见144页）的略显散漫，海东（见147页）的更有点魔幻风情——也许你会诟病这里过度商业化，但面朝“大海”的度假生活，谁不想拥有？

©VIEW STOCK/VSI美好景象(CREATIVE)

©视觉中国

左图：喜洲古镇俯瞰；
右图：喜洲古镇正义门。

❹海西生态廊道

在洱海和海西坝子的交接处，崭新的生态廊道取代了过去坑坑洼洼的乡村公路，曾为私家后院包围的湖畔也被"释放"给了公众。从下关（见123页）北区的小关邑村开始，海西的生态廊道一路向北，串起了才村（见129页）、磻溪和古生（见132页方框）等众多滨海村落，直到上关（见138页）附近并入大丽公路。十八溪均在这一带汇入洱海，溪口处芳草萋萋，不时被路过的骑行者惊起一滩鸥鹭。

❺凤阳邑茶马古道

百余年前马帮从滇南普洱府出发，背负茶饼，沿着滇藏驿道逶迤北行，翻山越岭下到洱海盆地；他们经过字迹剥落的南诏德化碑，踏着苍山下的青石板路前行不远，便会到达又一个交易重镇大理府。如今风尘仆仆的马帮已退出了历史舞台，青石古道也多被柏油公路所覆盖，所幸在凤阳邑新村的背后，仍有风貌依旧的古村古道保留了下来，各显神通的大理新移民，又让古道焕发出勃勃生机。（见118页）

2

苍山洗马潭冷杉。

©视觉中国

海东充满魔幻感的度假村。

3

©视觉中国

4

©视觉中国

生态廊道海鸥飞舞。

凤阳邑春色。

5

©姜开润/图虫创意

凤阳邑茶马古道上骑马的游人。

5

©泉水/图虫创意

★ 最佳景点

苍山景区

苍山又叫点苍山，这是一道长约42公里、宽达25公里的南北走向山脉，壮阔伟岸，像屏风一样横亘在洱海西岸，19座山峰以海拔4122米的马龙峰为主峰，是世界级地质公园。它为来到大理的旅行者提供了山野乐趣，也让大理得以超越国内许多古城镇，可以自由地在动静之间切换节奏。有名的"苍山雪"如今只能在冬天看到，但独特的地质构造和丰富多样的生物才是苍山自然之美的核心，千百年来大理人又赋予它深邃的人文意义。位于大理古城西侧和西南侧的苍山景区开发较为完善，是旅行者感受苍山风光的最佳选择。

(☎400 900 1558；门票35元，索道票另外购买；古城前往景区的交通方式，请参见各索道)

洗马潭

在苍山第二高峰玉局峰(海拔4097米)和一旁的龙泉峰(海拔4088米)的衔接处，这口海拔3920米的高山冰碛湖，因元世祖忽必烈平云南时在此洗马的传说而得名洗马潭。曾经这里只是户外爱好者才能到达的天堂仙境，但在2011年大索道开通后，便被纳入常规游览范围——从山脚搭乘索道，花1小时抵达海拔3900米的索道上站，之后踩着木质栈道，步行半小时就能来到湖畔。洗马潭最美的季节在5月中旬至6月初，高山杜鹃盛开，再配上其他五彩缤纷的高原花卉，高山植物园名副其实。其他季节到访洗马潭，最让人印象深刻的植物则是沧桑挺拔的冷杉。

不要错过**苍山自然中心**：这是由大理籍著名野生动物摄影师奚志农及其创办的"野性中国"团队开设的自然教育中心，有不错的图片展览和视频展示，还能买到小熊猫手偶、野性苍山明信片等纪念品。中心常年招聘志愿者，最短服务一个星期，有兴趣可关注同名微信公

苍山洗马潭。

©视觉中国

众号。

山顶栈道组成一个环线，从索道上站出发将洗马潭、苍山自然中心都看完需2~3小时。旅行者在此通常不会遇到缺氧问题，但要提前准备好保暖衣物，山上也有防寒服租借（60元）。

玉带云游路

海拔2800米处半山腰的**玉带云游路**是苍山的老牌游览步道，13公里路程北起桃溪，南到清碧溪，沿途跨过多道峡谷口，有片岩、变质岩等奇特的地质结构可看，也能一路远眺洱海。注意在苍山防火期（通常为冬春季），玉带云游路可能只会部分开放。

从山脚处上到玉带云游路有多种走法，有的是当地人晨练走的林间小径。旅行者徒步上山，比较推荐的两条路线分别从**天龙八部影视城**（见115页）和**寂照庵**（见116页），也就是感通索道下站和洗马潭索道下站一旁出发，修葺完整的石阶路会将你引上半山腰。当然，乘坐索道会更加轻松，玉带云游路的主要景点也都在索道站旁。

亮点速览

- 穿越冷杉林，透过杜鹃丛，眺望洗马潭
- 清晨沿玉带云游路散步，偶遇白腹锦鸡
- 去寂照庵（见116页）享用午斋
- 在苍山自然中心做志愿者

中和寺位于中和索道上站旁，是一座佛道共祀的寺庙，从这里向北步行3公里可到步道的北端终点桃溪，一路很幽静。**七龙女池**坐落在步道中途，离洗马潭索道的中间站比较近，这是黑龙溪谷中的一系列飞瀑清潭，由于要爬上爬下，游完要2~3小时。**清碧溪**在步道南端，乘感通索道或从寂照庵步行上来就到此处。这里也是溪涧景观，但多了摩崖石刻的点缀，游览需1~2小时。

索道

中和索道（☎267 4399；单程30元；⏲8:30~17:30，16:00起停止上行）车厢是老式“吊篮”，恐高者谨选。索道下站位于古城西侧山坡上的海云居旁，距苍山门1.5公里，从古城来此打车或者步行都可。

感通索道（☎268 3551；单程40元；⏲8:30~17:30，16:00起停止上行）的游客量要大很多。索道下站位于感通别墅后山，离寂照庵很近，距古城有8公里，可坐景区直通车，打车也不贵。

洗马潭索道（☎536 4980；全程往返260元，含苍山大门票和影视城门票；⏲8:30~16:00，14:00起停止上行）又叫苍山大索道，下站位于天龙八部影视城内部的高处。它其实由两段索道组成，七龙女池是中站也是换乘站——该站至洗马潭上站、影视城下站也单独售票，但调研期间由于山体滑坡，中站无法下到玉带云游路，故分段票种暂时停售。需要注意的是，这条索道的上半段受天气影响很大，每年11月至次年4月的苍山大风季更会长期停运，出发前务必电询。索道下站，即天龙八部影视城距古城2.5公里，打车、乘C10路公交或景区直通车都很方便。

★ 最佳景点

喜洲古镇

老舍先生在《滇行短记》中这样描述道："喜洲却是个奇迹。我想不起在国内什么偏僻的地方，见过这么体面的小镇。"这个"白族第一镇"正是儒家传统文化在海西坝子的深耕之地，清末民初的喜洲商帮又带回了大笔财富和摩登的西洋元素，流传着"穷大理，富喜洲"的俗语。如今昔日商帮已风采不再，喜洲的马儿拉着如今用作观光的灰姑娘的南瓜车，异国他乡的旅居者搞起了乡村沙龙和农耕艺术馆。喜洲，依旧可能给你惊喜。

[见152页地图；古镇免费进入；在大理古城东侧的大丽公路搭乘发往喜洲的班车（5元；25分钟），其他如发往江尾、双廊、剑川、鹤庆的班车也可乘坐；更多信息见130页]

喜洲稻田。

白族第一镇

苍山五台峰下，万花溪从西北岸汇入洱海，喜洲古镇坐落于此。很久以前白族先民就在这一带活动，公元前109年洱海地区设置的第一个行政县——西汉叶榆县的县治也在这里。唐朝南诏崛起，先后定都于太和城（今太和村）和阳苴咩城（今大理古城），喜洲又成了大釐（lí）睑，为南诏十睑之一。明清两代苍洱地区的文教发展迅速，杨士云等喜洲籍文人也是大理"文献名邦"的一分子。清末到民国，喜洲商帮将茶马古道的辉煌远播至长江沿岸、印度、缅甸和南洋地区；抗战时期，飞虎队导航站将地址选在了喜洲，华中大学也将校址西迁至此。今天的喜洲仍然是白族聚居区域，保留着完好的白族民居建筑群，扎染、毛毡制品、白族菜等传统手艺，不愧"白族第一镇"的美名。

古民居

和其他滇西北小镇一样，喜洲古镇的中心也在**四方街**。街中心的石质**题名坊**是近年来的复建作品，上面刻有喜洲古代进士和近现代商业名人的名讳，据当地人称，原先的题名坊上密密麻麻的都是喜洲籍进士和举人的题名。四方街西北角的木质**翰林坊**同样是喜洲旧时文教鼎盛的见证。

四方街一角，**严家大院**（富春里1号；门票25元；⏲8:30~18:00）名列"全国重点文物保护单位"，是古镇保存最完好的古民居，也是喜洲商帮历史的重要见证。大院的主人严子珍是喜洲首富，赫赫有名的下关沱茶最初就是严家商号永昌祥生产的。这里是个四进院落，分别由两个"三坊一照壁"和两个"四合五天井"组成；最深的后院悄然坐落着一座西式风格小别墅，装饰有落地玻璃窗，是当年商队下南洋带回的。院内有图文资料展示严氏家族历史，从中可看出近代喜洲商帮在大理、茶马古道乃至东南亚的关键地位——严家的永昌祥，正是喜洲商帮"四大家、八中家、十二小家"的四大家之一。而在20世纪40年代喜洲商帮的鼎盛时期，一份宣扬现代文明的刊物《新喜洲》更是在上海滩铅印发行。

©视觉中国

注意不要与喜洲小学斜对面的仿古建筑**严家民居（侯庐）**（门票95元含三道茶）混淆。你也可以自行探访更多的古民居，它们主要分布在四方街向东的市坪街和大界巷、向南的富春里和染衣巷，以及**喜林苑**（见134页）所在的城北村。每座历史保护建筑门口都有标牌，有的已改造为酒店，有的仍为当地人的住所，想入内探访请先礼貌求取许可。

稻田

半个多世纪前，商业曾将喜洲古镇引向巅峰；如今凭借农耕，喜洲再一次获得了关注。自从2017年起，每逢10月初稻黄时节便会举办**喜洲稻米文化节**，有祭祀天地和田公地母的仪式，以及五花八门的文艺活动。

更漂亮的**稻田公路**在喜洲古镇南1公里、“瑞接五台”照壁旁，笔直的柏油村道从稻田中穿过，10月初来到这里，如同在金色海洋中翱翔；暑期稻田一片碧绿，有着白鹭点缀的苍山背景，也很上镜。

稼穑集喜洲农耕文化艺术馆（镇北路近尹家祠堂；免费）像是今日喜洲献给农耕传统的一首长诗。艺术馆由一座老祠堂改造而成，细节处和布展方式恰到好处地融入了现代设计和艺术美感。大门上“日出而作、日落而息”的标语，迅速将参观者拉入农民伯伯的作息时间；全木雕的稻米剖面结构，可以给五谷不分的城里人上一堂农业基础课；二十四节气别出心裁地用小学生书信展示，温情脉脉；天井里还种植着一片小小的稻田，四季时令抬眼即见。馆内也有咖啡厅，可以坐在稻田旁尝一尝喜米布丁（10元）。

亮点速览

- ➡ 走村串巷，漫步喜洲（见130页）。
- ➡ 在稼穑集喜洲农耕文化艺术馆，感受农耕之美。
- ➡ 走进严家大院，寻找喜洲商帮的传奇。
- ➡ 在喜洲品尝更地道的白族美食（见135页）。

双廊南诏风情岛。

★ 最佳景点

双廊古镇

毁誉参半的双廊，需要你用辩证的眼光去看待。这里有最好的苍洱风光，"随手一拍都是大片"，也有相对较差的洱海水质，以及被商业浪潮磨掉棱角的乏味街道。它还是最早诞生"天空之镜"这类"网红"拍摄地的地方。如果预算充足，你可以在双廊住进高档酒店，享受难忘的度假生活；掐准日期前来，还能加入千帆竞发、迎送本主的热闹节日活动中。当地已完成了"双廊艺术小镇"的基本改造，如果你有耐心再等等，相信假以时日，古镇将恢复更多的生活气息，并散发出真正的艺术氛围。

[见153页地图；古镇免费进入；大理古城东侧的大丽公路搭乘发往双廊的班车(13元；1小时20分钟)；更多信息见139页]

亮点速览

➡ 住进海景酒店（见148页），享受度假生活。

➡ 加入庆祝本主节（见139页）的欢乐人群。

➡ 从双廊沿洱海东岸骑行到挖色（见144页）或海东（见147页）。

➡ 在伙山村探访山上的艺术家。

©视觉中国

古渔村

洱海东岸山峦相依、缺少耕地，双廊靠水吃水，自诞生以来便是一座简单的渔村。不过当这里的美景变成了大众旅游开发项目，它就和过去的渔业生活渐行渐远，近年来随着洱海禁渔政策常态化，双廊的渔业传统更日趋式微。

如今，感受双廊古渔村风情的最佳时机是**本主节**和**开海节**（见140页）。其他时间到访，可以走进双廊主街中段的**造船世家**，欣赏这里陈列的木质帆船和渔船模型，它们都是非遗传承人双廊赵氏家族的作品；或是去镇南大建旁村口的**本主庙**，那里的侧廊下摆着一座精致的雕花轿船，正是本主节用来接送本主的。另外，每逢6天举办一次（日子定在寅日和申日，可在万年历查询）的赶集，**双廊农贸市场**上熙熙攘攘，也能找到一些昔日风情。

和渔业传统一起消失殆尽的还有老房子。今天双廊主街和沿海一带几乎都是新建的客栈和民居，只有在靠近东侧山崖处，还能找到一些土墙灰瓦的老屋。邮局斜对面的晚清木构**魁星阁**，可能是唯一还拥有洱海背景的古建筑了。**玉几岛**和岸上只隔着一道窄窄的水道，跨过小桥即到，这里的玉几村号称“苍洱第一村”，如今全是密密麻麻的新建民房，大理国“国母”杨桂仙修行过的**玉几庵**也已修缮一新。镇北3公里的**红山庙**虽然常修常新，但作为苍洱地区很重要的一座本主庙，庙里供奉着天宝之战击败唐军的南诏王姓将军祖孙，也可一探。

度假区

站在双廊镇东的环海东路（348国道）

空中俯瞰双廊。

上的**全景观景台**，居高临下放眼望去，湖湾环绕，岛屿如星，对岸的苍山深邃高远，午后还常有“洱海神光”透过云层，将天地万物渲染得如同金色梦境——天生丽质的双廊，注定要成为大理最具度假气质的小镇。

和环洱海其他村镇一样，双廊的海滨也多由住宿业占领，但这里仍有自己的妙处——在经历了史上最严格的洱海环保整改后，双廊凭借独特的地形，仍然能提供严格意义上的第一线海景住宿，有些酒店的客房完全不受公路或人行道的干扰，眼前的这片海安静得只属于自己。

当然，双廊也有漂亮的公共海滨。从玉几岛向南，短短的酒吧街**海街**面朝海湾，景致不错；继续向南不远，**岛依旁村**和**大建旁村**的滨海步道风光更胜。还可在海街南端的码头，乘船到访**南诏风情岛**（☎246 1040；门票50元含船票；⊙8:00~17:30末班渡船上岛，18:30下岛）：这座小岛的高处建有显眼的南诏行宫，环岛一圈则有不少“网红”拍照点，不过总体而言更适合团队游和打卡游客。

双廊的民宿。

©视觉中国

艺术小镇

近年来，双廊又拥有了“艺术小镇”的新身份，云南民族舞灵魂人物杨丽萍女士正是促使双廊和艺术结缘的关键人物。2000年她在玉几岛上安家，筑起太阳宫和月亮宫两座宅邸，2017年洱海治污时，这两座宅邸一度陷入舆论旋涡。调研期间，历经整改的太阳宫已被辟为**杨丽萍艺术空间**（☎246 1401；支付100元茶位费；9:00~14:00到访可在微信公众号“双廊艺术小镇”上预约优惠券），可入内参观充满设计感的建筑空间；月亮宫仍不对外开放，但可以沿着两宫门外的小路看看海，以及古炮台遗址、金龙洞等小景点。海街北端另有一座**云南杨丽萍民族服饰艺术馆**，内设服装销售、艺术家生平展览和咖啡厅等。

和乡土有更多结合的艺术家选择了双廊镇东山上的**伙山村**。这里的**双廊白族农民画社**由上海画家沈见华创办，号称“全国首个少数民族农民画社”，绘画师几乎都是白族孃孃。如今画社辟有**鸡窝咖啡馆**（☎159 6908 3364；人均60元），可坐在张杨纪录片《火山》中亮过相的茅草农舍里，一边欣赏各种好玩的在地艺术作品，一边慵懒地享受下午茶。白族建筑师赵慧军（八旬）设计的**旬·美术馆**位于伙山村高处，调研期间仍未完工。从双廊前往伙山村建议打车或自驾，走盘山公路约10公里到鸡窝咖啡馆，20公里到旬·美术馆；徒步爱好者可直接从镇上抄小路爬山上去，向当地人打听路线即可。

苍山沿线

行山溯溪、拜佛求学、采茶骑马、觅食饮酒……苍山容纳万事万物的胸怀就像它的山体一般开阔，沿山而行一路精彩无限。需要注意大理拥有漫长的**山林防火期**，在每年的冬春季——也就是旱季和大风季，除了正式开发的景点，苍山很多区域不允许游客进入，或要求进行防火登记，每处进山口都会有“红袖章”把门。

苍山东麓

除了收费的**苍山景区**（见106页），大理市境内的苍山东麓还有很多好玩的去处。这里，十八溪的山涧藏着清幽的寺庙，茶马古道串起了古朴的村落，登高回望，总有温情脉脉的洱海在不远处守候。

景点

苍山世界地质公园博物馆 博物馆

（苍山大道中段西侧山上；免费；⏲9:00~

苍山洱海

17:00）紧邻洗马潭索道售票处的位置，反倒让这里被行色匆匆的游客习惯性忽略。博物馆从地形、地质、水文、生物资源、人文历史等多个角度介绍苍山，沙盘、标本、影视、图片等布展方式也算丰富，不妨在登山前后抽出半小时进来看看。

在古城乘坐C10路公交，于终点站下车后再步行3分钟即到。

天龙八部影视城 影视城

（267 4428；苍山大道中段西侧山上；门票40元；8:30~18:30）这是为了拍摄2003年央视版《天龙八部》电视剧而兴建的影视基地，充斥着仿古和民族风情建筑，唯有明代的**日本四僧塔**是古迹。和其他影视城一样，这里也有多场"穿越"表演为游客助兴，质量参差不齐，有些只是徒增笑耳。游览影视城可以单独购票，此外，洗马潭索道的票也包括影视城，如果乘坐索道便可一并游览。

C10路公交终点在此，也有景区直通车过来。

大理大学 校园

（苍山大道中段）这所大理唯一的高等学府是"中国最美大学"的有力竞争者。校园坐落在苍山山坡上，在许多地方举目一望，都能看见蔚蓝的洱海（也让人不禁为能否专心听课而担心）。学校最高处有一片小茶场，每逢冬樱花和春樱花绽放，来大理大学赏樱也是当地一大盛事。学校附近还有两段景观公路：出正门沿苍山大道向南500米，丁字路口向下的**苍洱大道**直通远方的洱海；过这个路口继续南行500米，**苍山大道黑龙溪段**拐出温柔的弧线，此情此景同样让人过目不忘。

在古城乘公交C2、C7路可到大理大学正门。还有一条连接大理大学古城校区和下关荷花校区的公交**大学专线**（每30分钟1班；3元），从三月街西端出发，沿苍山大道一直行驶，在观音塘回到214国道上，沿途会经过**大理小院子中区**，里面有"网红"拍照地**蒲公英公园**。

另辟蹊径

苍山上的阅读时光

"仁者爱山"也好，"书山有径"也罢，苍山和图书有着不解之缘。

元阳书院（139 8727 0666；微信公众号"元阳书院"；苍山大道黑龙溪桥西侧山上；10:00~18:00）名字来源于明代白族大儒李元阳，女主人是其后人。敞阔的半山院可提供售书、餐饮、住宿等服务，应季有采茶制茶的体验课（368元），主办的"文津讲坛"则专注于大理本土文化。从苍山大道步行爬坡需10分钟，车也能开上去，但要走弹石路。

无为书坊（173 8722 0787；无为寺南侧；10:00~18:00，周二店休）这里时而举办"村上读书会"和其他文化活动。售书有新有旧，店主是爱书人，会贴心地用甲马图纸为顾客包书，同时也能提供住宿。从**无为寺**（见118页）最高处的救疫泉步行过去约需15分钟。

苍山公共图书馆（269 9110；苍山一墅物业管理中心顶层；9:00~21:00）是商业楼盘配套，但对旅行者免费开放，还会经常举办公益性讲座。综艺节目《奔跑吧兄弟》有一期于此拍摄，这个拥有无敌洱海远景的图书馆因此入选不少人的打卡清单。这里离观音塘很近，可和寂照庵、感通索道等串起来游玩。

上图：苍山公共图书馆。

孙澍 摄

寂照庵 寺庙

(感通索道下站西侧山上;免费)因为院内精心布置了各式各样的小清新风格的多肉盆栽,这座小小的庵院开始走红,名气甚至盖过了不远处的**感通寺**,其实它是感通寺的尼众部。登山路上你也会先遇到感通寺,又名大云堂,明朝西南大才子杨升庵在侧院的写韵楼住过,正殿左侧"一笑皆春"的匾额是画僧担当的墨迹,**担当骨塔**也在寺后的松林中。

继续前行即到绣球花丛中的寂照庵,庵门上的题字出自近代云南籍的军政名人唐继尧。这里的**自助素斋**(☎268 3858;20元/人,每月农历初一、十五免费;⏰11:30~13:00)很出名,有各种时令蔬菜和自制酱菜。赶来吃素斋的游客很多,建议早一点过来排队,晚的话菜品选择就少了。寂照庵还可自助泡茶,需付100元的茶具押金,如未自带茶叶还要收取50元的茶叶费用。新开业的咖啡室也供应专业的手冲咖啡。

打车或乘坐景区直通车到达感通索道停车场,再从售票处旁的牌坊开始爬台阶,到索道下站有岔路口,左行通往感通寺和寂照庵。上山步行需30分钟。这里不属于苍山景区的收费范围,不用买35元门票。

观音塘 寺庙

(上末村;免费)从214国道上的正门入寺,穿过新修的下院,即可步入后方的大石庵。寺庙因观音化身老妇、负石阻击杀贼的传说而得名。放生池中有一块巨石其上方建有一座佛龛式的观音阁,一层供奉观音女像,隔着天花板上的小窗可看到二层有一尊不太常见的男身观音。每年农历二月十九观音诞辰、六月十九观音得道、九月十九观音出家,这里都会有热闹非凡的**观音会**。

观音塘后门附近还有**张家花园**(☎268 4636;门票50元;⏰8:00~18:00),是当地一位富商在1997年斥巨资修建的豪华版白族民居,可体验三道茶等传统民俗,但总体而言更适合团队游览。

公交4路、三塔专线都设有观音塘站。

博物苍山

刘瑞琦

苍山是中国乃至全世界生物多样性最丰富的地区之一,在国际生物科学界上一直享有较高声誉。大理冰期塑造的地形地貌和苍山冷杉-杜鹃林为特色的高山森林生态系统,使这个"世界屋脊的屋檐"成为一个重要的植物区系结构。以苍山命名的植物,如苍山冷杉、苍山蕨、苍山乌头、苍山藁吾、苍山马先蒿、苍山杜鹃等就有38种,而以苍山作为物种模式标本产地的植物更多达289种,其中21种为苍山独有。

苍山蕴藏的植物资源早在19世纪就引起国外学者的关注。据史料记载,自1253年马可·波罗到访大理苍山,相继有法国传教士德拉维(Delavayi,中国人称赖神甫)、英国植物学家乔治·福雷斯特(George Forrest)、奥地利博物学家Heinrich von Handel-Mazzetti等在苍山及周围进行了大

左图：苍山血雉；上图：苍山冷杉。左图：©IMAGEBROKER/JOHN HOLMES/FLPA/IMAGE BROKER；上图：©视觉中国。

规模的植物采集活动。其中以法国传教士德拉维的成就最为突出。他以鹤庆大坪子为基地，往返于大理与丽江之间，足迹几乎遍布滇西北的每一座山头，在这里采集了4000多份植物标本，其中1500多种是新种，这些新种很多以他的名字Delavayi命名为种加词，这个词几乎等同于yunnanensis（云南的植物）。我国老一辈植物学家如蔡希陶、吴征镒、冯国楣等都曾在苍山地区获取了丰硕的资料。

在20世纪40年代，苍山已经成为蜚声中外的高山、亚高山植物模式标本产地。苍山的杜鹃花被引种驯化后，至今仍生长于欧洲，特别是英国的爱丁堡皇家植物园中。正如1981年中英苍山联合考察队在考察花甸坝时，英格兰亨利植物园主任Roy Lanoaster所言："在英国，有上百万人知道中国云南的大理苍山，因为他们的花园里都种有来自大理苍山美丽的杜鹃花。"如果没有中国植物的加入，欧洲的花园将会是一片寂寞萧瑟。而如今遍及世界的山茶、杜鹃、木兰、报春花等观赏花卉，谁能想到它们的故乡便是云南的这个山头呢？从这个角度而言，苍山对于世界的影响已经从学术界延展到人们生活的角落中去了。

由于地貌丰富、植被多样，苍山也成为野生动物的天堂，尤以标志着生态圈完整的滇金丝猴、熊猴等灵长类著称。其余还有以云豹为代表的中大型食肉类，以林麝、川西斑羚、中华鬣羚为代表的大型有蹄类，以黑颈长尾雉、血雉、红腹角雉为代表的雉类，以及以黑翅鸢、普通鵟、高山鹰雕为代表的猛禽等珍稀濒危动物。这些都奠定了苍山作为西南生物资源库的地位。

不过，由于苍山距大理古城仅一步之遥，是全国在城市近郊受人类活动影响较大的自然保护区的典型，整个保护区基本处于完全开放（洱海）和半开放（苍山）状态，和人类的社会生产活动密切相关，难免受到其干扰和影响。滇金丝猴和云豹于1983年后便再没有目击记录，➡

⬅其他的大型哺乳动物也越发难觅踪迹。虽然苍山森林覆盖率从20世纪70年代初期的48.6%提高到现在的86.3%，但新增的次生林对于生物多样性的恢复而言仍然是杯水车薪。如今必须登上海拔2600米以上的区域，才有可能见到血雉在藏象牙参花丛中踱步，火尾太阳鸟警惕地吸食杜鹃花蜜，偶有摇摆着胖尾巴的小熊猫穿过古老的冷杉林，留下一串骚动的脚步声。溯溪而下，某个林荫小路突然就开满的黄花独蒜兰，提醒你苍山依然是中国西南乃至全世界的瑰宝。

©姜开润/图虫创意

凤阳邑茶马古道。

★凤阳邑茶马古道 古道

（凤阳邑村；免费）这是大理市境内唯一一段保留有原始风貌的茶马古道，紧贴着苍山山脚伸展。古道只有约800米长，但石板路磨得发光，两旁的土库房等老民居尚未拆除，一口古井也继续为附近的居民所使用，还有藤蔓青苔攀爬其间，沉淀着时间的味道。无所不至的大理新移民早就发现这里，一些院落已被改造成了客栈、咖啡厅和工作室，他们在过一份小营生的同时，也为“咱们村”唤醒了新生命。

乘坐公交4路、三塔专线在凤阳邑站下车，穿过新村即到古道。参观完可向北步行，经大井盘村抵达**苍山公共图书馆**（见115页方框）；也可继续南行600米，即到南诏德化碑的北侧外墙。

南诏德化碑 古碑刻

（太和村；免费；⏲8:00~17:00）大名鼎鼎的“云南第一碑”立于766年，是滇碑和唐碑中的经典。751~754年，南诏和大唐之间爆发了天宝战争，最终以唐军全军覆没而结束。时任南诏第五代国王的阁罗凤审时度势，为记载不得已的起兵缘由和与唐修好的意愿，刻立了这块石碑，其所在的太和村也正是南诏故都**太和城遗址**。

乘坐公交4路、三塔专线在太和站下车即到。

无为寺 寺庙

（银桥镇双阳村西侧山上；免费）和崇圣寺一样，坐落在苍山兰峰东麓半山腰处的无为寺也是大理国的皇家寺庙。寺庙现存殿堂多为清末民初所建，坐落在茂林深处，清幽古朴。门外的唐杉传为南诏王阁罗凤栽种，已有1300年高龄。药师殿曾是大理国太医院，殿后一泓清泉又叫救疫泉，许多当地人来此取水。想感受清静生活，可报名这里的禅修，详情可通过微信公众号“大理无为寺”了解。新开设的**苍山自然影像馆**就在寺旁的台湾小区中，有兴趣也可一探。

无为寺距古城约8公里。C7路和洱源班车都可到无为寺路口，但接下来要爬2公里的盘山公路。从古城打网约车过来约20元。

小鸡足保和寺 寺庙

（湾桥镇甸中村西侧山上；免费）和宾川县的**鸡足山**（见204页）类似，这里同样因

孙澍摄

南诏德化碑。

为山形三支向前、一支后挺，有如鸡足而得名"小鸡足"。相传迦叶尊者亦曾在此修行，留下了不少圣迹，包括一个足印，是他从这里赶赴鸡足山留下的（另一个足印在双廊后山上的木香坪）。寺庙始建于唐朝，现存建筑为近现代重建，规模不大，除了农历三月三的**小鸡足歌会**，其他时间都是游人罕至，"深山藏古寺"，格外幽静。

小鸡足距古城约16公里，打车单程约40元。返程不好找车，可以沿着公路下山，到214国道再拦过路班车；或者直接去云峰村东口，C7路的始发站就在那里。

活动

徒步和溯溪

苍山极其适合开展山地户外运动，但因山体庞大、地形复杂、气候多变，没有专业向导的带领，一定不要贸然进山探险，近几年旅行者在苍山频有户外事故发生。比较简单且安全的一条行山路线，是从寂照庵旁的万佛寺继续深入，可到佛顶峰下的**波罗寺**，往返需半天。喜洲西侧的**花甸坝**也是户外好去处：这个世外桃源般的高山草甸坝子，夏秋季节的牧场风光很美，5月中下旬的杜鹃花海也很引人入胜。你可以通过青旅前台、民宿老板寻找团队，但近年来的玩法多为拼车露营，或当日往返。**山途户外俱乐部**（151 2500 1064；三月街观音路37号）和**磐石户外**（见80页）也可以组织专业的苍山徒步和登山活动。

苍山十九峰淌下了十八溪，也为大理带来了丰富的**溯溪**资源。**大理Eco House**的"每月一溪行走计划"可带旅行者体验溯溪，详情可关注同名微信公众号。

骑马

中和索道下站、天龙八部影视城附近能找到带人骑马上山的马夫，到玉带云游路单程120元。**凤阳邑茶马古道**（见118页）也有骑马项目，分A/B两条线（280/380元），B线

苍山中的马群。

会上到**南诏避暑宫**（见121页方框），往返1.5小时。

采茶

苍山的纬度、海拔和水热条件让这里也能出产不错的茶叶，东坡海拔2200米，有很多小茶场。**元阳书院**（见115页方框）和隔壁的**一方茶舍**（☎199 8992 2737；⏰8:30~20:00）都能安排元阳茶场里的采茶、制茶活动，中和索道下站的**四时春茶园**（☎184 8755 3297；⏰8:30~20:00）也有类似体验，收费368~388元，历时半天。

高尔夫

苍海高尔夫（☎266 7078；崇圣寺三塔北侧；⏰夏季和秋季7:30~19:30，冬季和春季8:00~19:00）球场坐落在苍山半坡上，为36洞，分山景和海景两部分。调研期间推出了600元40盒的体验卡。

住宿

对旅行者而言，住在苍山大道可以近距离接触苍山，远眺洱海的感觉也很美。大理有好几个中高档的别墅楼盘位于这一带，不少新移民喜欢这里的自由氛围，也纷纷从日趋商业化的古城搬家上来，因此不用担心生活不便，网约车和外卖软件都很好用。此外从下关到上关的苍山沿线都不难找到住宿，凤阳邑、感通寺、无为寺到小鸡足一带的山脚村落还有不错的精品民宿。

适度居精品酒店 精品酒店 ¥¥

（☎269 7188；苍山大道近黑龙溪桥；房间380元起；❄📶🅿）位于大理著名别墅山水间的三期，也就是国际艺术家园区，出门即到黑龙溪桥的景观大道。房间面积都在30平方米以上，且大部分可以眺望洱海和海西坝子，风景特别好，家庭房（500元起）的设置也很到位。工作人员服务主动，卫浴用品都是品牌货。

历历万乡青年社区 青年旅舍¥

（☎191 1619 6884；中和村斜阳峰巷下段；铺35元起，含单早，标单/双188元起，含双早；📶🅿）和山下的桃溪青旅同为近年来新兴的精品青旅。多人间床位的设计竭尽全力提供私密性和舒适度，桌球室、乐队排练室、书吧、室外绿地等公共区域为大家打造交友、分享的社区氛围。调研期间提供三月街口的免费接送服务。

大千客·屿山民宿 民宿¥¥

（☎267 0105；隐仙路近苍山大道；房间208元起；❄📶🅿）开在中和索道下站旁海云居别墅小区里的民宿。小区环境安静整洁，建筑风格延续了白族特色，有着典型的大理高档小区居住体验。主人将小院子收拾得很雅致，对客房的卫生整洁程度也有着严格的标准。提供家庭房（365元起）。

大理实力希尔顿酒店 豪华酒店¥¥¥

（☎668 8888；感通路；标单/双888元起；❄📶🅿🏊）希尔顿酒店和大理实力集团合作开发的五星级酒店，位于前往感通索道途中的半山腰处，距古城约6公里。酒店规模很大，365间客房均配有独立阳台，还设有儿童乐园、健身房、桑拿房和SPA房等各种功能空间。调研期间，酒店新入驻了一家名叫“马厩”的精酿酒吧。

就餐

苍山大道的西餐厅、南五里桥的清真美食街、观音塘的白族乡土菜……在大理，唯有美食最不可辜负。从古城打个车过来吃饭，其实很方便。

★新房子火锅 火锅¥¥

（☎137 0866 0120；南五里桥村清真路17号；人均60元；⏲11:00~21:00）保山铜瓢牛肉在全云南都很有名，这种清真火锅大理回族也做得毫不逊色。南五里桥是大理古城西南方向的一个回族村，主街（苍洱大道）已辟为清真美食街，能吃到各色清真美食，包括“傣回”做的手抓饭。新房子需要拐进村巷才能寻到，店家还未在网络平台上下很多功夫，来此吃饭的也多是熟客。这里的食材足斤足两，牛肉牛杂肉嫩油肥，还可以自助烧烤。距清真寺很近，能伴着悠扬的宣礼声涮肉。

小段厨房 云南菜¥¥

（☎133 1278 6452；中和村斜阳峰巷近金甲财神庙；人均80元；⏲11:30~14:30，17:30~21:00）小段厨房供应带有创意元素的云南菜，曾经位于人民路上，因为租金上涨飞快，搬到了苍山大道之上的村里。如今位置变得隐蔽，但店面环境好了不少。梅香排骨（49元）、藿香鱼（79元）在吸引老顾客的同时，也在迅速圈新粉。

另辟蹊径

金刚城和南诏避暑宫

南诏德化碑的西北方向，苍山延伸出一道山梁，**金刚城遗址**坐落其上。它也是南诏故都太和城的一部分，因建城时供奉有一部唐王朝所赐的《金刚经》而得名。遗址内如今长满了庄稼和荒草，夯土城墙遗址保存得还算完好，有一段墙体紧临悬崖而建，踩在上面行走，洱海坝子臣服脚下，千余年前南诏古国雄霸西南的风采似乎就在眼前。金刚城相传还是南诏国王的避暑王宫，从遗址继续向上几百米处就有一座挂着“南诏避暑宫”和“白王府殿”匾额的本主庙——**鹤顶寺**。

游览金刚城可以安排一段有趣的徒步穿越。绕道德化碑的北侧围墙外，沿着盘山公路西行，跟随路标在金刚城路口右拐，继续向上步行就到；转完城墙遗址不必下山，在岔路口继续沿着田间土路上行，不远就到南诏避暑宫了；下山可从庙前继续朝另一个方向前行，林间土路会将你引到凤阳邑茶马古道。徒步全程约4公里，需2小时。

朴石烘焙 西式简餐¥

（☎158 8738 0705；苍山大道中段；人均40元；⏰10:00~19:00，周一、周二店休）这里算是苍山大道上的宝藏小店，能供应黎巴嫩风味的塔布莱沙拉（28元）和恰巴塔三明治（40元起），各种现烘的面包也很受老外新移民欢迎。天气好时坐在门外的露天座上，很有欧洲小店的感觉。

永平林香黄焖鸡 清真菜¥

（☎150 8729 5291；苍洱大道近山水间南门；人均40元；⏰11:00~21:00）每逢三月街（见79页）一年一度的大集，总会有一片空地被辟为黄焖鸡广场，供永平（见187页方框）各餐馆进城献艺。这一家永平人干脆留了下来，一年四季为大理食客供应正宗的永平黄焖鸡（40元/斤）。饭馆坐落在清真美食街中段，鸡肉酸辣鲜香，土豆等配菜也很丰富。

大照壁豌豆粉老店 白族菜¥

（☎135 7721 2734；观音塘上末村；人均40元；⏰9:00~17:00）这家店位于观音塘的“生皮一条街”上。生皮即生猪皮，是大理白族名菜，如今为了卫生，猪皮都已做到八九成熟。天气好的时候，老板在一座大照壁前面支摊拌豌豆粉，食客围着三岔路中间的小桌吃饭。这家的生皮（30元起）有凉拌和椒盐两种做法，和传统的打蘸水吃法不同，卖相上没那么吓人。其他白族常见菜也能做，猪血汤同样是招牌。

饮品

水从苍山来，苍山沿线正是自酿啤酒的天生工坊，近年来精酿啤酒馆渐成气候。**学府路**上有几家不错的咖啡馆，由于离古城有些距离，又是上坡路，几乎都是熟客才来捧场。

★星回精酿啤酒工厂体验店 精酿啤酒吧¥

（☎166 8743 1999；沧海一墅小巷子商业街；啤酒16元起；⏰15:00至次日1:00）走进这里就像步入了小型啤酒厂，酿酒罐在一进店最显眼处。精酿种类很多，在二楼可远眺洱海，傍晚时让人倍感惬意。酒吧离观音塘很近，可在感通索道下山后来一杯。店家也会经常去古城的四季街市摆夜摊，还在洋人街古戏台旁新开了分店（见94页地图）。

孙澈摄

大照壁生皮。

下午实验室 精酿啤酒吧¥

（☎166 0112 4971；凤阳邑茶马古道；啤酒20元起；⏰不定期开放，可电话预约）或许把这里叫作酿酒小作坊更合适，门口同时也挂着“西七制酒”的招牌。店主从新西兰学习酿酒归来，如今专注于研制精酿啤酒，酿酒罐旁的黑板上写着各种发酵参数。也供应咖啡和茶，周六晚上还常会放映露天电影。

米藏 咖啡馆¥

（学府路20号；美式/花式咖啡18/20元起；⏰10:00~20:00）来自香港的大理新移民开的咖啡馆，同时也是一个小画廊和黏土工作室，店里很多可爱的泥塑摆设就出自店主

孙澍摄

星回精酿啤酒工厂体验店。

夫妇之手。不忙的时候，他们还会努力用普通话和客人交流在大理生活的心得。

收获咖啡Harvest Reserve 咖啡馆¥

（☎189 8707 8803；苍山大道中段；手冲/花式咖啡20元起；⏰9:30~20:00）在普洱有合作的咖啡庄园，专业度在大理名列前茅。收获咖啡Harvest Coffee古城店（见94页地图）开在新民路和洋人街的路口，这家苍山店位于大理大学北门旁，简洁的白色店面很上相。提供拉花、手冲咖啡等专业课程（268元起），可通过微信公众号“收获咖啡”了解。

仰苍 精酿啤酒吧¥

（☎151 8725 1643；苍山大道中段；啤酒28元起；⏰10:00至次日1:00）位于收获咖啡斜对面，是大理又一个比较出名的精酿品牌，独家的仰苍系列多有惊喜。这里同时也是一个出品丰富的西式简餐吧。

苍山西麓

占据着苍山西麓的**漾濞**（见170页），人文风土和东麓大不相同，开发程度也要低得多。如果你想看更险峻的峡谷、更天然的花海，可别错过那里。

洱海沿岸

洱海像一枚清澈的眼眸，为大理的美妙山川画上了点睛之笔。每逢农历十五前后，“洱海月”如同一场唯美梦境。一座座白族城镇环绕洱海而生：现代化的下关、悠闲的双廊、古朴的喜洲、魔幻的海东……它们展示着洱海的不同风情，总有一款适合你。

下关

这里是大理白族自治州政府驻地，许多冠以“大理”头衔的公共设施和服务机构都在下关，包括旅行者要用到的机场、火车站和汽车站。下关南距大理古城11公里，位于洱海出水口的西洱河畔，西洱河随即西穿苍山，峡谷廊道是通往保山、腾冲、芒市、瑞丽等滇西重镇的必经之路——下关城市的发展逻辑便在于此，如今它也是一个热闹拥挤的四线小城。这里没有旅游业，但有很多旅游的过路人。

景点

大理白族自治州博物馆 博物馆

（见151页地图；☎212 4851；www.dlzbwg.cn；洱河南路8号；免费；⊙周二至周日9:00~17:00，16:20停止入内，法定节假日照常开放）常设8个展厅，涵盖大理全州历史文化的各个方面。除了“大理通史”，值得细看的还有“南诏大理国佛教艺术”和“白族文化”。如果你对大理的本主崇拜很感兴趣，不妨去“本主文化”陈列区找找资料，再按图索骥去各个村中探索。

在古城乘三塔专线，在兴盛大桥南站下车即到。

洱海公园 公园

（见151页地图；滨海大道西段；免费）又叫团山公园，由于居高临下，又直面洱海最开阔的地方，放眼望去，海景极佳。山顶的山茶园在冬春季节盛放，此时还有冬樱锦上添花。沿着北麓的大楼梯向下，滨海路上的**海心亭**也是看海的好去处。

公园离火车站只有1公里距离，洱海长线游船的码头也在山脚下。从古城过来可乘三塔专线到兴盛大桥南，再沿着西洱河南岸向东步行20分钟。

洱海月湿地公园 湿地公园

（见151页地图；鸡足山路东端；免费）由于有十几只明星鸟种紫水鸡常住，洱海月湿地成了大理最方便的观鸟去处，小鸊鷉、中白鹭、赤麻鸭也会在合适的季节光顾这里。公园紧邻**全民健身中心**，夏季周五到周日每晚7点，广场上有音乐喷泉可看。广场南侧的**洱海科普教育中心**（☎157 5280 8746；免费；⊙周二至周五14:30~17:00，周末和法定节假日增

从南诏到大理

张世秋

或许你脑海中关于大理的历史碎片，虚虚实实都来自金庸的《天龙八部》。其实，南诏和大理作为云南历史上两个强大的地方政权，不论是其间的更迭过程，还是与同时代中原地区政权的关系，背后都有着错综复杂的故事。

南诏的崛起，始于8世纪，当时正值中原地区的开元盛世。在洱海周边，同时有浪穹诏（今洱源）、邆赕诏（今邓川）、施浪诏（今三营和牛街）、越析诏（今宾川）和蒙嶲诏（今漾濞）这五个较大的部落政权。五诏夹在唐和吐蕃之间的缓冲地带，时而叛唐，时而附唐，而位于五诏之南的蒙舍氏部落（也就是唐史中的南诏）一直向唐称臣，因此得到了唐的支持。738年，南诏四代王皮逻阁完成了灭五诏的兼并战，一统六诏建国，并受到唐的册封成为“云南王”，次年在如今大理古

左图：南诏国时期的重要寺庙法真寺；上图：《宋时大理国描工张胜温画梵像》局部。左图：©视觉中国；上图：©视觉中国。

城南面的太和城建都。

统一之后迅速壮大的南诏国，在唐和吐蕃的两大势力范围中仍难以守成自保，与双方都是时战时和，这种混乱的外交在五代王阁罗凤时最为明显。阁罗凤杀唐都督张虔陀，引发了751年唐对南诏的第一次天宝战争。南诏向唐请和不成，后借吐蕃军之力大败唐军，并在次年接受吐蕃册封成为"赞普钟"（意即"赞普之弟"，赞普是吐蕃对君主的称呼）。754年，第二次天宝战争爆发，南诏再次重创唐军，然而这次战役的结果却是阁罗凤再次向唐求和，并在太和城内立下"南诏德化碑"，表示叛唐情非得已。不过随着安史之乱后唐朝国力衰落，南诏终于获得了发展的时机，阁罗凤之子凤伽异拓建东都拓东城，这正是如今昆明城区城市化的开始。

前期的南诏效仿唐的官制，在东南西北四方分别设置了八个节度使，另有相当于节度使级别的都督。地方外臣势力逐步膨胀，加上内廷权臣篡权的双重冲击，造成了南诏末年的统治崩溃。清平官（相当于唐的宰相）郑买嗣先后杀南诏十二代王隆舜和末代王舜化贞，在902年建立大长和国，南诏国灭。之后，剑川节度使杨干贞灭大长和国，先后建立了大天兴国和大义宁国。937年，通海节度使段思平灭大义宁国，结束了南诏国灭国后35年间的政权更迭，建立大理国，都城设在三塔附近的阳苴咩城。

巧合的是，在大理一统混乱政局后不久，960年宋的建立也结束了中原地区的五代更迭。"宋挥玉斧"这个典故可以概括大理与宋之间的和平关系：赵匡胤手执玉斧，划大渡河为界，表示不会出兵进犯大理。而大理名义上也接受宋的册封，向宋臣服进贡，与宋保持良好的经济和文化交流，但仍作为一个独立的国家，未被纳入宋的行政管辖之下。和平局面带来了发展和繁荣，虽然大理国史料留存极少，但从传世画卷《宋时大理国描工张胜温画梵像》中，➡

⬅仍能窥见当时的繁华一角。

1253年，蒙古忽必烈率领军队，与兀良哈台分兵先后用牛羊皮囊做船，在丽江渡过金沙江，这就是“元跨革囊”的由来。蒙古军队乘势南下直逼洱海北部的龙首城，一支分队由西坡越过苍山进攻东麓的阳苴咩城，以奇袭破城，灭了大理国。之后蒙古军队以大理为跳板，继续东征灭了南宋。元代建立云南行省，大理国王族段氏仍以大理世袭总管的身份继续对大理地区的统治，直到1381年沐英与蓝玉率明军南征破大理，大理地区才正式归入明朝版图。

开9:00~11:00）也值得一看。

古城乘三塔专线，在全民健身中心站下车即到。

龙尾关 历史街区

（见151页地图）这里是下关的老城区，自古以来就是滇西要冲。西南丝绸之路和茶马古道于此交会，南诏国和唐王朝也在这一带激烈交战。古建筑大部分被毁，遗留下来的北城门寿康楼（龙尾关）也已经翻修过。短短的龙尾街从关楼下穿过，坡度很陡，不少当地人仍生活在两旁民居中，或经营老字号小店，如今也有几家咖啡厅入驻。从龙尾关向下过黑龙桥，可去**天宝公园**看看相传埋葬着大唐将士的万人冢。

在古城乘4路在终点美登大桥北站下车，再沿西洱河向西步行10分钟即到。

天生桥江风寺 寺庙

（见151页地图；西洱河峡谷东口；免费）“下关风”名列大理四绝之首，下关人则表示“下关风是从江风寺吹来的”。西来的气流沿着西洱河峡谷一路向东，在江风寺处冲出峡谷，刮进了苍洱盆地。小庙居高临下，坐落在巨石之上，殿前“汉诸葛武侯擒孟获处”古碑为后人依据考证而立，不一定正确，一旁的

洱海湿地中的紫水鸡。

山泉水却清冽甘甜，直到今天仍吸引着下关人来取水。

在古城乘4路、8路到下关城区后，换乘1路到终点二号桥站再步行15分钟可到。你也可以从龙尾关沿着西洱河一路西行，约2公里即到。

将军洞 历史建筑

（见151页地图；嘉士伯大道2号；门票2元；⏲8:00~17:00）天宝战争阵亡的唐朝将领李宓，在近千年后竟然成了附近几个村落的本主，大理本主信仰如此包容又有趣。这座建于明末清初的本主庙，正门题匾“唐李将军之庙”，大青树枝繁叶茂，来此打山泉水的当地人络绎不绝。寺庙侧门还有一条小路，沿着密林瀑布逶迤而上，高处可俯瞰下关城区全景。

在古城乘4路、8路到下关城区后，换乘12路终点站即是将军洞。你也可以从龙尾关沿小路走上来，途经文庙、玉皇阁等多个小庙，约需30分钟。

龙尾关。

佛图寺塔 塔

（见151页地图；阳平村西侧山上）这座白塔的造型和崇圣寺三塔的主塔很像，也是建于南诏的古塔。民间称其为蛇骨塔，和白族民间广泛流传的“段赤城舍身斩蟒”故事有关。古塔耸立在半山腰的田野里，可以远眺洱海。

在古城乘4路、三塔专线到大理公交2路车站，再步行10分钟即到。

活动

下关西南4公里处的**栖谷温泉**（☎219 8299；塘子铺村；温泉68元；Wi-Fi P）是西洱河峡谷中的老牌温泉。附近有很多沙坝鱼饭庄，下关人来这里泡温泉似乎总要吃一顿鱼才算圆满。从下关城西乘**温泉专线公交**可到。

西洱河在泰安大桥和兴盛大桥之间的河段（州博物馆西北侧），是调研期间洱海沿岸唯一允许游泳的公开水域。这片**开放式游泳区**（见151页地图）设有免费的更衣室，但没有救生员，下水需谨慎。

住宿

平时住在下关意义不大，但在“十一”和春节等旅游旺季，下关可作为救急之选。这时除了海滨大道、小关邑等处的海景酒店，其他地方的住宿很难住满，基本上也不会涨价。

云漫漫·苍海一墅海景度假别墅 精品酒店 ¥¥¥

（见151页地图；☎233 9000；滨海大道13号；房间450元起，海景房720元起，含双早；❄ Wi-Fi P）洱海天域是下关的老牌别墅区，因占用了团山北麓的情人湖区域曾引发过争议。这个开在独栋别墅里的酒店位于小区最高处，远离公路上的车辆和行人，每套客房的面积都超过了50平方米。提供免费的接送机服务。

餐饮

下关是本地人活动的区域，来这里可以品尝地道的大理美食。兴盛大桥北侧的**大关邑美食街**荟萃了各式各样的本地餐厅旗舰店，美登大桥北的**兴国路**有很多实惠的小餐厅，老城区**龙尾关**能找到下关人从小吃到大的老字号。

金贝傅记旺子米线 小吃¥

（见151页地图；五台路近华兴商业城；人均10元；⏲6:30~19:00）小店坐落在火车站斜对面的社区，供应分量十足的旺子（猪血）米线和辣子鸡米线，浇头里的叉烧也很入味。生意很好，非饭点也总有客人在用餐。从火车站过来要步行10分钟左右，可先向东拐入富海路，再在五台路口西行100米。

海燕餐厅 白族菜¥¥

（见151页地图；☎225 5198；洱河北路近锁水阁；人均60元；⏲11:00~21:30）虽然身穿白族服装的服务员让这里显得很“游客”化，但这家老牌餐厅的确是当地人请客常去的地方。菜品很丰富，几乎所有大理菜都能在这里吃到。同行的人多的话建议电话订座，有机会订到看得见洱海的桌子。

良石咖啡（闸门店） 咖啡馆¥

（见151页地图；☎173 0872 5557；洱河北路近下关三中；美式/花式咖啡11/16元起；⏲8:00~22:00）这个开在苏式筒子楼的小店，咖啡和环境都很棒，西晒太阳还能将人烘得很暖和。另一家**良石咖啡（怡海蓝天店）**（见151页地图；☎178 4224 3113；小关邑怡海蓝天）漂亮得就像一家花店。

计划你的环洱海之旅

虽然游泳、皮划艇等水上运动因环保原因被喊停了，但对于周长120公里、面积246平方公里的洱海，你仍然有多种玩法去亲近它。

游船

洱海游船（☎232 0597）的**长线大游船**（单程船票142元，含停靠景点的门票和船上的三道茶民俗表演）航程约2.5小时，几乎南北纵贯了整片洱海。一般是9:40从下关的**大理港**（☎232 9197；洱河南路东端）启航，沿途停靠小普陀和南诏风情岛，有时候还会在**龙龛码头**补客。长线大游船的终点是喜洲古镇北7公里、蝴蝶泉东1公里的**桃源码头**，船在14:30返程，载着又一波游客反向开启洱海之旅，沿途停靠南诏风情岛，回古城的旅行者可在**才村码头**（☎269 1716）提前下船。才村码头另有**短线小游船**（往返船票140元，含停靠景点的门票），一般是10:00和14:50各发一班，20多分钟后抵达罗荃半岛或金梭岛，停靠1小时再原路返回。

前往下关大理港可乘坐三塔专线在兴盛大桥南站下车，景区直通车也有相应班线和优惠套票。在大丽公路上乘坐江尾、双廊、鹤庆、剑川方向的班车，都可到桃源码头（8元；40分钟）。

骑行

首先提醒：骑行前先做好防晒！顺时针环海骑行最好，能保证你在靠近洱海这一侧的路上。有一定基础的自行车骑行爱好者环海一圈需要6~8小时；普通旅行者更推荐花上2天，将沿岸主要景点串游起来。骑行电动车可在一天内轻松环海，注意挑一辆续航性能好的车子，头天晚上充满电，沿途村庄也能找到付费充电处。时间有限也可选择骑行一小段。

海西

环海西路即**洱海生态廊道**的海西段，调研期间尚未全程投入使用，但已成为大理旅游的新

到达和当地交通

下关城内的公交车票价2元，前往大理古城的4路、8路和三塔专线3元，均可刷微信和支付宝的乘车码。

出租车起步价8元（3公里以内），每公里加价2元。入夜后一些司机可能会拒绝打表，并自主把起步价上调到10元。打车去大理古城建议使用滴滴等网约车平台，本地出租司机常会给出不合理的“一口价”。

机场、火车站、汽车站等信息，请参见交通指南（见229页）。

才村及周边

和大理古城相隔仅4公里的**才村**，是古城游洱海的最便利之处，**才村码头**（见128页方框）就有固定的小游船航班。这里深深卷入了大理旅游业巨变的浪潮中，沿海一线的酒店崛起速度迅猛，又在几年前接受了最严厉的整改，如今修葺一新，已有了几分度假区的气质。村里没什么特别的景点，沿着洱海生态廊道，美丽的洱海已让人看不够，还有几处废弃的渔民码头深入水面，临水而坐，远眺对岸的文笔村，时光流逝得漫不经心。著名的**柴米多农场**（见79页）也在才村，如遇生活市集一定要过去逛逛。

才村往南的**龙龛**、向北的**下鸡邑**和**马久邑**同为古城近郊的海滨村落，也都有很多海景客栈，而且比才村安静。马久邑的海湾似乎更受红嘴鸥的欢迎，冬天是古城周边最好的观鸥处。继续往北还有**双鸳溪**入海口的一片湿地，野趣盎然。不远处的**白塔邑**，村子里全是“英雄联盟”题材的墙绘，也算一景。

传统节日里，几座小村能找回几分昔日

热点。这段生态廊道只允许步行、乘坐电瓶游览车或骑自行车入内。你可以选择官方的**洱海小蓝自行车**，沿线有很多车辆，且有2人、4人、6人等多种车型，微信扫码即可使用；也可以在古城、才村等地的私人租车行，租赁山地自行车。

洱海西岸的田园风光堪称一绝，沿生态廊道骑行之际，也别忘了去田野间兜一圈，和展翅飞翔的白鹭一较高下。喜洲的**稻田公路**（见109页）、进出**古生村**（见132页方框）的公路都很受欢迎。

海东

海东只有一条**环海东路**，即新编号的**348国道**（武汉—大理公路）。这里山海相依，有许多美丽的湖湾和悬崖，隔海远眺苍山更是美不胜收。路上有一些坡道，但都不长，你需要注意的是控制车速，以防下坡时一头冲进海里。

在双廊、挖色不难从私人处租到自行车和电动车。同样推荐**青桔电动车**，这个共享单车品牌已在喜洲—上关—双廊—挖色—海东沿线的各村镇设置了不少租车点，可自由安排骑行路线。建议从双廊或挖色开始骑行之旅，双廊—海东一线也正是环海东路的精华，尤以**鹿卧山**（见146页）、**悬崖公路**（见148页）最美。

自驾

神州租车、一嗨租车等品牌在大理古城、下关等地都设有取车点，你可以方便地开启自驾环海之旅。海东自驾路线和骑行相同，海西则有两条公路：**大丽公路**（221省道）虽离洱海较近，但因地势无法看到洱海，而且车多路窄，并不推荐；**214国道**（滇藏公路）地势较高，能在近距离欣赏苍山的同时远眺海景。**大理大学**（见115页）附近的两条景观大道也可安插进环海之旅。

包车环海一天的价格在400元左右，注意和司机提前说清楚进店购物等事宜。

风情。洱海边的渔村大都会举办**耍海会**，才村的会期在农历八月初八，以村里的洱水神祠为节庆中心。龙龛的耍海会在农历五月初一，中元节期间的**耍香龙**是大理独有，通常会从农历七月十二开始连耍三天。马久邑最热闹的则是农历四月二十五的**本主节**，这一天正好也是**绕三灵**（见80页）的最后一天，绕三灵的爷爷奶奶们最后一站就在这里。

住宿

受洱海保护“100米红线”政策的影响，才村等环海村落的海滨景观大有改善，新修的生态廊道干净规整，将海景最大限度地还给了公众。从这一带西望，苍山下的田园风光也很迷人，如果你不执着于躺在床上东望洱海，换个方向挑房间也不错。

观海澜庭海景客栈 客栈 ¥¥

（☎191 8814 4531；才村17组127号；房间198元起，海景房418元起；❄📶）才村沿海一线满是新建的中高档客栈，大多装饰略显同质化。这家在位置、装潢等各方面都表现得很不错，不失为可靠之选。

茉莉花开客栈 青年旅舍 ¥

（☎157 5283 9748；才村12组140号；铺30元起，标单/双88/98元起；📶）这里虽没有无敌海景，但有一个相当惊艳的花园，露台、休息室等公共区域也经过了认真打理。去才村海滨只需步行5分钟。

餐饮

才村等沿海村落不缺餐厅，咖啡馆也零零散散开了几家，但很少有让人心动的，住在这边的旅行者也多是去古城解决正餐。当然了，洱海和海西田园的旖旎风光，给这里的餐厅赋予了更多休闲意义。

翠田 西餐 ¥¥¥

（☎253 4067；下鸡邑村5组386号；人均150元；⏲10:30~20:30）大理资格最老的农场食材直供型西餐厅，合作方是柴米多。餐厅由一栋白族民居改造而来，直面葱茏菜地

洱海生态廊道。

和洗菜池。二楼的景观位特别上镜，最好致电订位。意面、牛排出品稳定。

到达和离开

C2路公交（2元）连接大理大学和才村，途经古城西门和北门外。C3路可到龙龛，但调研期间，百度、高德等网络地图尚未收录这条线路，你可以在大丽公路上等到它，招手即停。其实几座村子距古城都不远，网约车方便又不贵。

喜洲

更多信息，请参见“最佳景点”的喜洲古镇（见108页）。

景点

大慈寺 历史建筑

（寺里村；免费；⏲8:30~17:30，周一闭馆）相传这座古寺始建于南诏，为本地士绅游历成都大慈寺后回乡仿建的。现存殿堂的

沐昀摄

海舌公园有着洱海西岸最美海景。

年代当然没有那么久远，但也是货真价实的明清古建筑，且又因融入了喜洲近代特色而别具风韵。这里更为传奇的故事发生在抗日战争时期：在诸多高校西迁的大背景下，华中大学从武昌县华林一路辗转到了喜洲。他们以大慈寺等地为校舍办学，在云南驻留8年，时长仅次于昆明的西南联大——老舍来喜洲也正是应邀到华中大学讲学。这里如今被辟为**华中大学西迁校址**，内设图文展览，大殿外墙的一幅“文革”时期壁画也很惹眼。

四方街拐入彩云街，一路前行10分钟即到。

海舌公园

自然景观

（金圭寺村北侧；免费）形如其名，这是一个舌头般伸向洱海的狭长小半岛。万花溪在附近入海，周城村和双廊镇清晰可见，菖蒲芦苇丛中生活着各种水禽，浅水地带的树木倒映出清亮的幻影。称海舌拥有洱海西岸最美的海景也不为过，但自从2020年秋天起，这里便闭门谢客，我们调研期间仍未有开园计划。

海舌在喜洲古镇东北3公里处，包三轮车15元。

周城村

村落

喜洲古镇西北5公里处的周城村是白族第一大自然村，同时也是远近闻名的“扎染之乡”。这里对传统的延续比大理和喜洲做得更好，最直观的印象是村里身着传统服饰的人要多很多。村中心的街场上生长着两棵粗壮的大青树，还有一座建于晚清的古戏台。供奉周城开辟者赵木郎的**景帝庙**和供奉蝴蝶泉边斩蟒英雄杜朝选的**灵帝庙**同为本主庙——一座村子有两座本主庙实属罕见。

在喜洲镇西南方向的十字路口可搭到下关开过来的周城（蝴蝶泉）中巴。从大理古城来周城，可在苍山门北侧乘坐洱源班车（8元；35分钟）。

另辟蹊径

礌溪和古生

从大理古城前往喜洲古镇的途中，洱海西岸的田园风光如诗如画。这里的白族村落虽未逃过千篇一律的“新农村建设”和洱海旅游业的浪潮冲击，但只需远离古城一分，就多一分静谧和自然。

礌溪村 规模较大，珠联阁傍海而建，本主庙供奉着来自佛教密宗的大黑天神。村里的**网红S弯**已是各路旅游自媒体平台的常客，但它其实只是生态廊道上的一处拐弯，才村等地也有类似景观。

古生村 “洱海生态整改”的代表村落，街头巷尾打理得格外整洁。古戏台负责为本主庙里供奉的北方景帝唱戏，沿海岸继续北行还有生态湿地和明代的凤鸣桥。

礌溪村距古城10公里，古生村要再远6公里。古城北门外有C4路公交前往古生，但班次不固定；更推荐乘坐大丽公路上北行的客车，在两个村子的路口下车，再步行10分钟进村。生态廊道串起了海西各村，从才村骑行过来也很方便。

蝴蝶泉 公园

（243 1433；周城村北侧；门票40元；8:30～17:00）因《五朵金花》而声名远扬的蝴蝶泉已经成了团队游客扎堆的公园。景区的核心是歪脖子树下的一潭清泉，旧时春日蝴蝶常在这棵树上集会，如今随着农药的广泛使用，此景早已不复存在（即使有也是人造的）。为了弥补这一遗憾，景区开设了蝴蝶大世界和蝴蝶标本馆。

从喜洲过来除了坐直达周城（蝴蝶泉）的班车，也可搭乘任何一趟沿着大丽公路北上的客车，在桃源码头路口（3元）下车，再向西步行1公里。从大理古城过来乘坐洱源班车最方便。

古老的传统在周城依然延续。

庆洞神都 寺庙

（庆洞村；免费）这座本主庙可谓白族本主信仰的圣地。寺庙坐落在喜洲古城西南5公里处的苍山脚下，主供的段宗牓号称“五百神王”之首，在大理本主神系地位最高，他是大理开国皇帝段思平的祖父，寺庙因此又号称“建国神宫”。寺庙旁还有一座**圣元寺**，寺里的观音阁保持着元末明初的建筑风格，现藏于大理市博物馆的《山花碑》就是从这里挪移过去的。**绕三灵**（见80页）所绕的神都在这里，过节时前来能观摩民俗。农历八月十五也是神都的本主节。

喜洲至庆洞村要到214国道上拦车，大理往返洱源的班车途经庆洞村路口，下车后步行10分钟即到。

活动

在昔日的马帮重镇喜洲，马儿们也在努力适应新时代的变化。**小马车**本是滇西北古镇常见的短途交通工具，今天已成旅游观光

马车驶过喜洲古镇的“网红”转角楼。

项目，要价很贵，去稻田公路晃一圈就能开价80元。镇南的**马帮世家**（见152页地图；☎158 8734 1608）提供骑马项目，最短的A线30分钟，收费158元。

喜洲也有自己的**喜洲创意集市**（见152页地图），位于稼穑集喜洲农耕文化艺术馆对面，不定期开集，如碰巧遇到可进去淘淘宝贝。

节日

除了**喜洲稻米文化节**（见109页），喜洲还有不少传统节日可过。这里是白族**绕三灵**（见80页）的重要一站，在**火把节**（农历六月二十五）和**耍海会**（农历七月二十三）也能感受浓郁的白族风情。农历四月十五则有**蝴蝶会**，和电影《五朵金花》中的场景一样，蝴蝶泉是这个白族情人节的会场。

农历正月十四就去周城过**本主节**吧！这个白族最大村落的本主节，因参与人数众多而热闹非凡。村民们先把本主迎到戏台供奉，唱足3天大戏，到正月十七再送神归位。请神和巡游的浩荡队伍、古戏台的民间艺人表演，这些难得的活态文化一定会令你难忘。

课程

喜洲也能提供一些民间传统技艺的体验课程。**蓝续古法扎染体验园**（见152页地图；☎135 2992 2954；城北村118号）位于喜林苑东侧，是周城扎染“蓝续”在喜洲的分店；**喜祝院**（见152页地图；☎153 8872 1829；市上街132号）在清真古寺旁，可提前一天预订乳扇制作体验活动；**薄技在民艺共同体**（见138页）则有甲马版画的艺术体验活动。

住宿

时间充裕的话，我们建议你在喜洲住上一晚。和大理古城相比，这里由老宅改造而成的客栈更多。调研期间，古镇东北方向的城北村北部（喜林苑在城北村南部）开始出

★ 值得一游

蓝白织就的时光倒影

白族扎染技艺名列《国家级非物质文化遗产名录》。今天你在大理、喜洲就能遇到几家扎染工坊。若有空余时间，还是建议去扎染传承最好的周城，了解一下这种古老技艺。

璞真扎染博物馆（☎187 8727 7097；周城街场旁；⏰8:30~18:00）位于原周城民族扎染厂院内，可看到从画刷图案、绞扎、浸泡、染布蒸煮、晒干、拆线、碾布到最终出品的整套流程，也有商品展销和体验课程。

蓝续绿色文化发展中心（☎189 8715 2159；微信公众号"蓝续"；周城村大充路84号；⏰9:30~17:00）在张立志举人的古宅中。这里的扎染新生计划为老艺人提供平台，能看到扎染全过程，还有扎染体验深度课程。

©刘冉阳中新社（云南分社）/视觉中国

喜洲喜林苑。

现多家古宅大院改造的精品客栈，喜林苑稻田附近则有很多新建的水泥房观景客栈。另外也可以住在喜洲周边的洱海沿岸，从这里一直到桃源码头都有海景客栈。

喜林苑　　精品酒店 ¥¥¥

（见152页地图；☎245 2988；www.linden-centre.com；城北村5号；房间1080元起，含双早；❄📶🅿）这家坐落在"全国重点文物保护单位"**杨品相府**里的酒店早已是喜洲的一处地标。男主人林登来自美国，曾作为文化交流代表上过中央电视台的公益广告。客房陈设依循白族风格，木质家具都出自当地巧匠之手，设有儿童游戏房和健身房，并经常安排工作人员带领客人进古镇深度游览，满足高端度假群体的需求。除了住宿，喜林苑也面向当地人和新移民举办沙龙讲座、放映公益电影，疫情前假期常有国外学生来此游学。酒店咖啡馆对外开放，可在露台上欣赏稻田风光。

四方街西南另有**喜林苑（严宝成府店）**（见152页地图；☎245 3000；富春里3号；房间980元起，含双早；❄📶🅿），附近染衣巷的**杨卓然院**也有喜林苑开辟的文化交流中心。可关注微信公众号"喜林苑TheLinden Centre"了解详细信息。

阜安宿　　民宿 ¥¥

（见152页地图；☎180 0872 0820；镇东路近市坪街；标单280元起，家庭房360元起；📶）就在著名的转角楼隔壁，由一栋民国时期的砖木小楼改建而成，从外观上看没有那么古朴，特别文艺清新。房间卫生打理得很用心，主人的热情细心也赢得了住客们的一致好评。

一木生　　民宿 ¥¥

（见152页地图；☎136 6919 1727；城北

村28号；标单218元起，含双早，家庭房350元起，含三早；❄📶）这家民宿由百年白族传统四合院改造而成，洋溢着怀旧又温馨的氛围。女老板专为自己开辟了一间工作室，常会手工制作中药香囊、冰箱贴等小物件，也欢迎房客参与体验。

喜竹 客栈¥

（见152页地图；☎135 0872 0296；城东村2号；标单/双108元起；📶🅿）这里最大的看点是开阔的稻田与油菜花田，天台的视野不比喜林苑差。客房装修略显简单，但也足够干净整洁；公共区域费了一番功夫布景，文艺范儿和生活气息兼备。

不二桃源海景客栈 客栈¥¥

（☎136 2872 7868；桃源村109号；海景房360元起，家庭房598元；❄📶🅿）这家客栈距离桃源码头很近，每一间客房都能让你在床上迎接日出。2020年才建成新房，空间设计、装修风格都秉持着最新的理念。

☑ 不要错过

喜洲破酥粑粑

喜洲粑粑是喜洲著名的标签，取名"破酥"是指"酥烂"。和云南其他地方的粑粑不同，喜洲粑粑是有馅儿的，分甜咸两种口味，甜的是红糖玫瑰或豆沙馅儿的，咸的里面夹了猪肉末。

调研期间，喜洲古镇内的喜洲粑粑统一售价10元，四方街上的老字号**杨顺宝喜洲粑粑**（见152页地图）与**和尚破酥粑粑**（见152页地图）比邻而居，名气最大，排队的人也最多。如果你不追求老字号，大丽公路上的小摊通常卖4元/个，口味也不赖。

就餐

喜洲的白族菜要比大理古城更家常，你很可能会感觉同一道菜在喜洲更好吃。近年来，一些开在四合院老宅里的精品餐馆也渐成气候。

★四方街食店 白族菜¥

（见152页地图；☎139 8729 6586；四方街；人均40元；🕙10:00~21:00）虽然身处四方街严家大院门外，但依然是一家很接地气的小餐馆，各道白族家常菜都做得有滋有味，卤肉（38元）特别下饭。老板原先在酒厂工作，靠墙立着好几个大酒坛子，秘制的梅子酒（20元/瓶）比古城人民路上的要出彩多了。

啊马英豌豆粉 小吃¥

（见152页地图；市上街40号；人均6元；🕙8:00~16:00）作为喜洲古镇的老字号，这里的生意和手艺已传到了女儿手中，老奶奶因为年纪大了很少露面。小小的店面依旧很干净，豌豆粉的味道也和以前一样，没有什么改变。

清凉小屋 雪糕 ¥

(见152页地图；四方街；人均6元；⏲10:00~19:00，冬季歇业）这家冷饮店从1982年就开业了，最初是老奶奶推车在卖。大理乳业发达，这家的牛奶冰棍也是奶香味十足，黑糖酸木瓜味的冰棍则是一个惊喜。

喜洲客厅 西餐 ¥¥

(见152页地图；☎186 0883 6822；染衣巷33号；人均80元；⏲10:00~20:00）不会做西餐的老院子，就不是一个好的文创中心。这里由两层院落的杨焕南旧宅改造而来，除了供应好吃的西餐，还在努力展示白族悠久的历史文化与喜洲丰富的民俗艺术。

喜洲翰林餐厅 白族菜 ¥¥

(见152页地图；☎150 8728 9900；市坪街93号；人均50元；⏲11:30~15:30，17:30~20:30）坐落在董澄农院里的本地餐厅，在这里品尝白族菜就像应邀到白族大户人家做客。生意很好，上菜也快，生焖鲈鱼（68元）在大理其他餐厅很难吃到。

饮品

喜洲这些年开了好几家精品咖啡馆，或专注于手冲咖啡，或聚焦于田园风光。

田珈琲 咖啡馆 ¥

(见152页地图；市坪街80号；手冲咖啡39元起；⏲9:00~19:00）珈琲（bèi）是咖啡刚传入东亚时日本的翻译，这家日式风格的小店，老板只做手冲，就连美式（26元）、奶咖（35元）也是仿照意式的手冲作品。你可以自己挑选喝咖啡的杯碗，这些用具都是老板的精心收藏。

伊凡の咖啡 咖啡馆 ¥

(见152页地图；☎187 8726 6631；市上街34号；美式/花式咖啡17/23元起；⏲10:00~18:00）来自阿根廷的伊凡最初在海舌公园门口推车卖咖啡，如今则在古镇内开了小店。这里提供的咖啡种类很多，价格也算亲民。小

步行游览
漫步喜洲

起点：正义门
终点：稻田公路
距离：约4.5公里
需时：3小时（不含景点游览时间）

从❶**正义门**开始喜洲之旅，这里二楼供奉魁星，今天仍是喜洲人为高考学子祈福的地方。街口**大青树**下方就是老舍先生赞不绝口的❷**苍逸图书馆**（见138页），只是树上鹭鸶翔集的景象很难再有。明代始建的❸**紫云山寺**三教合祀，对面的**德馨坊**背后就是喜洲小学，留意洋气的校门和石柱上的“文革”标语。继续前行，在第二个巷口北拐，柳

暗花明处的❹**喜洲清真古寺**可入院参观。沿着寺外东西向的街巷前行，尽头处左拐即到❺**稼穑集喜洲农耕文化艺术馆**（见109页）。

择道农耕馆斜对面的小路向东，就到了曾经董家的“地盘”。如今这里有开作餐厅的**董澄农院**，也有仍存住户但欢迎参观的**董仁民院**（门票2元）。最著名的❻**董苑迎宾馆**原主人是爱国实业家董澄农，如今是政府接待指定宾馆。向北步行200米，一块白色三角形石柱立在积善邑的村口，碑文书写抗战史实。这里东望能看到一座屋顶塌了一半的房子，可寻路前往，为❼**美国飞虎队喜洲导航站**。继续东行，❽**城北村**的古民居保存尤其完好。

沿着城北村的主路向南，不久便可经❾**喜林苑**（见134页）回到游客区。一路向西，市坪街古建筑群铺展两侧。路口处的❿**转角楼**总有人在拍照。先继续西行，去数数⓫**九坛神庙**供奉的本主有几位；再返回路口，朝游人最少的南面走去，下一个惊喜马上到来——我们说的不是古朴的**东安门**，而是隔壁的⓬**杨贵贤院**，精美的巴洛克式浮雕大门仿佛是从欧洲穿越过来的。接下来还是要走进东安门，左侧的⓭**尹卓庭院**（门票2元）有保存完好的一进三院，侧院一口古井的井台很漂亮。继续向西，去一条支巷里寻找赵廷俊的⓮**赵府**（门票2元）；这里的特色是多道拱门的走廊，赵廷俊与林则徐颇有交情，墓志铭就是林则徐书写的。再向前还要再钻一次支巷：⓯**七尺书楼**为明代著名文人杨士云所建，他一生淡泊名利，认为人死后也不过仅有可容七尺之躯的坟墓。

终于到达⓰**四方街**。休整片刻，步入**严家大院**旁的巷子，黄色外墙的⓱**宝成府** ➡

左图：赵国成宅大门，邻近杨贵贤院，也是一处典型的喜洲白族建筑。沐昀摄

← 是喜林苑旗下的另一家酒店。南面的⑱**染衣巷**名字很美，弯绕的古巷也没有辜负这个好名字。来到彩云街向南，古镇南门旁的⑲**喜洲市场**可以进去逛逛。继续朝南步行可到⑳**大慈寺**（见130页）。不远处，㉑**中央皇帝祠**所供的神像在大理本主神系中有较高地位，进去看看是谁吧！到了这里离“网红”打卡地㉒**稻田公路**（见109页）只有不到10分钟步程了，稻米成熟季节一定要加把油走过去。

店座位不多，但有多国元素混搭的缤纷色彩，播放的音乐洋溢着拉美风情。

莫催茶室 茶馆¥

（☎181 8722 0765；北星登村68号；茶30元起；⏲10:30~18:30，周一店休）从苍山桃溪谷搬到喜洲古镇以北2公里的田野间，莫催茶室失去了山林野趣，但春耕秋收的田园风光弥补了这个缺陷。不变的则是好喝的苍山茶，女主人也在坚持自摘自炒。

無川咖啡馆 咖啡馆¥

（见152页地图；☎187 3499 1099；镇东路；手冲/花式咖啡30/26元起；⏲10:00~19:00）直面喜林苑外的“网红”稻田，窗外可见马儿不时嘚嘚跑过，白鹭翩跹，云卷云舒，就着香润的咖啡和奶茶，田园诗歌脱口而出。

购物

喜洲以传统手工艺远近闻名，近年来也有一些外地的匠人来此旅居，街上能买到一些有趣的东西。

苍逸图书馆 书店

（见152页地图；市上街西端；⏲10:00~20:00）这座建于20世纪30年代末的图书馆不仅是大理历史上第一座公共图书馆，也是全国最早一批乡村图书馆。出资创建者即严家大院的主人严子珍，别号“苍逸老人”。中华人民共和国成立后因机构合并，苍逸图书馆不幸被撤销，好在2021年老馆“活化”成功，作为书店重新对外开放。这里一楼售卖书籍，有不少大理本土题材的作品；二楼是安静的阅读区，还可就座于室外的大青树下，在斑驳的光影中品咖闲聊。

薄技在民艺共同体 工艺品店

（见152页地图；☎131 7076 3378；市坪街56号；⏲9:30~18:00）“家财万贯，不如薄技在身”是这里名字的来源，发起人的初衷正是为本地手艺人提供平台，一同推动在地民艺的传承和发展。目前这里已有羊毛毡、扎染、甲马等大理非遗传承人入驻，可直接出售他们的手工作品，也可提供一些体验课程。

到达和当地交通

位于下关的大理客运北站有发往喜洲的中巴车（7元），车次很频繁，可在古城东侧的大丽公路上拦招（5元；25分钟）。班车停靠在古镇西南方向的十字路口，这里向东能看到写着“古镇里”三字的牌坊，其实是名为**喜韵居**（门票55元）的“购物景区”。正确的路线是沿着大丽公路继续向北，经过一片荷塘园林，从西门正义门进镇。喜洲返回大理的末班车时间为18:30，但从北边县乡下来的过路车很多，也可以叫网约车。

如果你在古城苍山门附近，也可乘坐214国道上的洱源班车，在喜洲路口下，再向东步行800米。喜洲和蝴蝶泉离洱海长线大游船的**桃源码头**（见128页方框）很近，可考虑一同安排游览。从喜洲北上剑川、丽江、香格里拉等地，可直接在大丽公路上等过路车。

调研期间，青桔电单车已覆盖喜洲和周边沿海村落。你也可以在**古镇租车行**（见152页地图；☎183 1428 1291；市坪街近四方街）租到自行车。

上关

洱海北岸的上关镇，镇政府驻地为**江尾村**，不过主要看点（包括上关的那座“关”）都在**沙坪村**。在这里，苍山和洱海的间距最窄处只有几百米，从**大理西湖**（见174页）流出

莫催茶室。

的罗时江也在一旁注入洱海。得天独厚的山川形胜，很适宜建造关隘，从南诏时期这里便建造了龙首关，和下关的**龙尾关**（见126页）南北呼应、锁山控海，守护着洱海西岸这一片重地。今天在沙坪村仍能找到**龙首关遗址**，高处的214国道旁有明显的夯土城墙，底下的大丽公路则有一座清代修建的中式风格碉楼。

上关的另一个标志是"上关花"，沙坪村南侧的214国道旁辟有**上关花景区**（☎245 8661；门票30元；⏲8:30~17:00），但人工痕迹过重，并不推荐。我们更推荐跨过罗时江桥，去东沙坪村的**罗时江湿地**闻闻荷香，意犹未尽还可踏上348国道（武汉—大理公路），沿洱海北岸看漫长的**湿地景观带**。这一带少有游人到访，蒹葭白鹭悠然自得。

少有旅行者在沙坪住宿。村里有一些酒店，基本都是当地人开办的家庭宾馆，价格不贵，大都还能看到洱海。除此之外，沙坪的鲜奶冰棒和鲜鱼饭庄也很有名，每周一的赶街更为传统。

到达和当地交通

在大理古城乘坐江尾、双廊、洱源、剑川、鹤庆等方向的客车都能到达沙坪（10元；45分钟）。调研期间，青桔电单车已投放到沙坪村等上关的沿海村落，但不一定能找到可用的车辆。

双廊

更多信息，请参见"最佳景点"的双廊古镇（见110页）。

活动

双廊古镇后山上辟有**漫飞滑翔运动基地**（☎157 5280 0805），若天气条件允许，便可翱翔在苍山洱海上空，详情可致电了解。

节日

本主节 民族节日

农历正月初四是双廊的本主节，又叫**春节迎神赛会**。这一天清晨，大建旁村派出大船去红山庙迎接神像，村民们则会穿过双廊主街，去镇北将神像从船上请到车上，再一路舞龙放炮，将神像送进大建旁村的本主庙供奉。初六神像会被转移到镇中心的飞燕寺供奉一天，初七被送回红山庙。正月初四也是双廊以南7公里的**青山村**的本主节。这里的本主是来源于佛教密宗的大黑天神玛哈嘎拉，能看到“上刀山、下火海”的传统庆祝活动。

农历四月十四至十六是红山庙的本主节，又叫**红山庙会**。附近的白族群众纷纷盛装赶会，香火冲天，对歌不歇。

开海节 民族节日

这本是祭拜海神、祈求平安的民间传统节日，有鱼鹰捉鱼、徒手撒网、唱渔歌等自发表演，最壮观的是百船齐发、白帆点点的景象。近十年来开海节转由官方举办，日子一般选在8月至10月的某一天。但自从2017年洱海开始禁渔，开海节也已经停办，未来如何还不得而知。可以肯定的是，一旦恢复捕捞作业，当年的开海节一定会盛况空前。

住宿

双廊的住宿密密麻麻，价格和海景息息相关。能够和洱海近距离接触的一线海景房属于稀缺资源，且都下了很大功夫打造硬件设施，为了住进去你得一掷千金。岛依旁村、大建旁村和双廊主街紧密相连，离镇子不远。沿环海东路北到海潮河村、南至青山村，沿岸村庄也有不少客栈，花200元就能找到海景房，但非自驾的话，抵达这里交通略为不便。

蓝影 客栈 ¥¥¥

（见153页地图；☎151 2529 8338；主街北段张家巷；海景房520元起，含双早；❄📶）客栈离游客集中的区域有些距离又藏在巷子里，很安静。拥有一个绿意盎然的院子，海景房都有独立的观海阳台。房间充满异域特色的摆设是老板从国外旅游带回来的。客厅装有藏式火炉，冬天很暖和。

白族的本主信仰

张世秋

本主信仰是白族特有的宗教，本主意即“本境福主”，涉及的神灵从早期的自然万物灵到本境英雄和历史人物，还有佛教和道教中的神祇。几乎所有的白族村落都建有本主庙，大部分本主庙一般是一位主神与多神同奉，本主除了拥有在庙中的“座像”，还有配套的可移动雕像做“出像”，在本主节等活动时出庙巡游。

自然万物灵中，与水相关的龙神信仰很普遍。洱海或其他湖边村落中的本主庙多会供奉洱海龙王，以保佑风平浪静、渔获多。龙王的形象有时是一条红龙或黑龙，有时和本境英雄崇拜相结合，也以洱海地区斩蟒英雄段赤城的人形出现。段赤城被尊称为“中央龙王”，而洱源茈碧湖畔许多村落供奉的“大老爷”到“九老爷”，都是段赤城的儿子。除了被尊为龙神化身的段赤城，周城村

左图：湾桥本主庙供奉的大黑天神；上图：沙溪古镇的一座本主庙。左图：孙澍 摄；上图：©视觉中国。

本主杜朝选也是一位斩蟒英雄。

本主信仰也接纳了佛教和道教的神灵。“大黑天”即佛教密宗里的摩诃迦罗，是大自在天湿婆神的化身。这位本主形象通体发黑，面目骇人，却是整个大理地区认同和崇拜的保护神，这和南诏大理时期藏地密宗在大理的传播密切相关。下关大波箐等村的本主“观音老祖”，保留的是宋朝之前佛教更普遍的男身观音形象。才村洱水神祠偏殿里供奉的财神“赵公大元帅”，即道教中的财神赵公明。在迪庆维西的白族聚集地白甸村里，供奉的“玉皇上帝”本主则是玉皇大帝。

除了供奉本土英雄、佛教和道教神祇，在白族地区，更为独特的是把历史上的外族入侵者也奉为本主。这样的信仰在一开始有求一方小国平安的政治意涵，然而经过白族文化千百年的包容传承，这些神灵至今仍然受到信众的尊敬。在喜洲凤阳村的三灵庙中供奉的三灵皇帝，分别是南诏六代王异牟寻、唐剑南西川节度使崔佑时，以及吐蕃赞普王朝的赤松德赞王，三位人物与南诏归附吐蕃、与唐战争后叛吐蕃，以至再次与唐“苍山会盟”的史实密切相关。不过，本主信仰把这个外交混局处理成了三位神灵和乐融融，一同享受供奉的场面。此外，下关将军洞本主庙里供奉的“将军洞之神”，正是第二次天宝战争中率军进犯南诏的将军李宓。而给大理国带来灭国之灾的元世祖忽必烈，在喜洲中央祠等本主庙中被供奉为“北方都督元帅晋封殖民皇帝”。

和高高在上的宗教神灵不同，本主绝非不食人间烟火，也有着自己的亲友和仇敌，喜怒哀乐如常人，有时有点小毛病。最有趣的是，邻村本主之间还会有恋爱关系：鹤庆县多个村落的本主东山老爷（在一些传说中，他的原型是明初沐英征南时的部将韩诚），就经常和小教 ➡

⬅ 场村的本主白姐幽会，塑像脚上的一只女鞋就是“证据”。

喜洲镇的几座本主庙很有代表性：镇上的九坛神庙中的九位神，分别是九个村落各自的本主，传说九神为乞雨而聚，所以本主节便是农历四月十九的乞雨会。镇西苍山麓庆洞村神都供奉“大圣建国皇帝”和“中央皇帝”段宗片旁，这位大理最高本主的原型是南诏十代王劝丰祐（一说晟丰祐）的部将。神都是供奉段宗牓最重要的本主庙，本主节与绕三灵（见80页）同期。镇东洱海边河矣城村的洱河祠，是供奉“洱河灵帝”段赤城的最高本主庙。除了绕三灵时大祀仙都，正月初三还有一次本主节。

云七毗舍　　精品酒店 ¥¥¥

（见153页地图；☎246 1277；主街中段；房间580元起，海景房780元起，含双早；）老板是设计师出身，庭院古朴文艺。房间内部装设简洁，书吧的红砖火炉令人印象深刻。公共区域堪称完美，观海视野开阔，沙发也非常舒适。

青庐　　精品酒店 ¥¥¥

（见153页地图；☎137 0866 6010；玉几岛；海景套房3600元起，含双早；）邻居太阳宫和月亮宫不再作为酒店对外开放，夹在中间的青庐还能继续在玉几岛提供住宿。这里其实和太阳宫、月亮宫出自同一设计师——南怀瑾弟子、白族画家赵青之手，而且是赵青的私宅，同样也有悬空玻璃走廊。这里只有6间客房，可通过微信公众号“大理青庐庄园”了解详情。入内喝茶（100元）也能参观酒店。

半岛63号客栈　　精品酒店 ¥¥¥

（见153页地图；☎133 2055 3949；大建旁村；房间420元起，海景房660元起，含双早；）位置很好的老牌客栈，占据大建旁半岛的最佳观景处，不远处就是当年的旅行地标海地生活客栈。拥有拱券窗的大堂特别上相，公共区域的木质亲水平台可弥补没有订到海景房的遗憾。

©爱咖啡的咩咩羊/图虫创意

双廊湖山云隐酒店。

湖山云隐　　精品酒店 ¥¥¥

（见153页地图；☎137 0866 4570；大建旁村；海景房880元起，含双早；）这家酒店可以排在环洱海最美住宿榜单前列，在拥有一线海景的同时，还将临海的院子铺上了草坪，布置了漂亮的桌椅和石径，让人不禁联想到地中海边的度假小屋。

暖暖花园客栈　　客栈 ¥

（见153页地图；☎267 9728；大建旁村；铺45元起，房间190元起，海景房260元起；）双廊的高度商业化让青年旅舍难以生存下去，这家设有床位房的客栈算是最有青旅氛围的了。客栈位于小山坡上，大客厅能看到很棒的海景，只要天气好就可在露天院里摆桌拼餐。

不要错过

洱海观鸟

冬天在云南观鸥，昆明不是唯一的选项，大理洱海也有不少红嘴鸥。才村、马久邑、下关兴盛大桥和海心亭、喜洲海舌、双廊南诏风情岛、挖色小普陀都是它们的聚集地。

其他季节也有不少鸟儿贪恋洱海湿地的美妙而选择留居。在下关的洱海月湿地、马久邑的双鸳溪口、上关附近的罗时江湿地和北三江湿地，黑水鸡、紫水鸡、骨顶鸡、赤麻鸭、赤嘴潜鸭等藏匿在水草深处，不时欢乐地鸣叫。

山居海魅海景客栈 客栈¥

（139 8729 0423；青山村；海景房168元起；❄📶Ⓟ）这家本地人经营的客栈位于双廊镇以南6公里处，坐落于青山村满曲背后的山坡上。由于地势较高，并不受环海东路上车辆噪声的影响，站在阳台上放眼望去，海面开阔如镜。青山村可找到青桔电单车。

就餐

双廊不像喜洲那样藏着很多本地风味的惊喜小馆，也不像大理古城可以提供来自四面八方的特色美食。但只要不执着于海景餐厅，你还是能在这里吃到地道美味的双廊菜肴。

喜来饭店 白族菜¥

（见153页地图；138 8729 1581；主街中段；人均40元；10:00~21:00）双廊镇上为数不多开了十来年的老店，从下关来玩的本地人吃饭会首选这里。位置很好，且店家也没有花心思将店面打造成讨好游客的风格，依旧是白墙圆桌蓝桌布，朴素简单。酸辣鱼（45元）每桌必点。

三门小厨 白族菜¥

（见153页地图；187 0872 2189；主街中段；人均45元；10:00~21:30）坐落在古民居挂牌保护建筑里的小餐厅，在双廊镇上也称得上实惠又有本地特色。同样可以尝到各种白族经典菜，酸菜炒肉（28元）很下饭。

饮品和娱乐

调研期间，双廊仍旧缺少精品咖啡，环境才是咖啡馆和茶馆的卖点。酒吧也是主打现场演出和夜店氛围，酒水偏贵，而且没什么特色。有时会在街头看到小型演唱会、音乐派对的宣传海报，可加以留意。

山茧咖啡 咖啡馆¥

（见153页地图；199 8721 7389；大建旁村；咖啡38元起；12:00~21:00）和伙山村的旬·美术馆同样出自当地艺术家八旬之手，这里的最大卖点是馆建和洱海海景的完美结合。咖啡一般，但坐在高山榕下，望着海面的金光实在是美好的体验。

海之书馆 茶馆 ¥¥

（见153页地图；☎246 1458；玉几岛；茶50元起；⏲10:00~21:30）拥有绝佳海景，下午在露台座位一边喝茶一边看“洱海神光”的感觉好极了。老板的丰富故事和独特魅力是加分项。这里同时也是海景客栈，只有4间客房。

遇见·柒 酒吧 ¥¥

（见153页地图；主街中段；鸡尾酒48元起；⏲16:30至次日2:00）作为双廊最有人气的酒吧，每晚都有民谣弹唱。酒吧原名柒livehouse，一些到大理巡演的乐队和音乐人会在此安排双廊场的演出。

ℹ 到达和当地交通

前往双廊的班车（13元；8:05~15:40，35分钟1班；1小时45分钟）从下关汽车北站始发，在大理古城东侧的大丽公路拦车（13元；1小时20分钟）即可。班车最终会停在古镇南入口，离镇中心（南诏风情岛码头和玉几岛）很近。返回大理的班车也从这里发车（15元；6:10~17:40）。

古镇北入口外的**双廊客运中心**（见153页地图；☎246 1368，151 2500 4957）有丽江方向的车次（途经丽江机场），具体信息请实时电询；旅游景区直通车的双廊停发点也在这里，乘坐直通车可到古城和下关火车站。该站也有车次上伙山村，但班次不固定。

古镇北入口到镇中心2.5公里，可乘电瓶观光车（10元）代步。古镇内不难找到租车行，小汽车、电动车和自行车都能租到，也可以使用青桔电单车。环海东路只有双廊到挖色段没有固定的公共交通，很多旅行者会用网约车串起两地。

挖色

在洱海东岸三镇中，挖色因地势较为开阔、耕地资源丰富，曾经是最富饶的那一个。如今，挖色的发展落在了最后，但也让它保留

白族村落和传统民居的“门道”

张世秋

凤阳邑、马久邑、阳和庄、小邑庄……洱海西面坝子里许多村落的名字都带着几分田园古意。其实除了“邑”和“庄”，白族村落还经常被称为“登”：在白族语言中“登”意即住所或宅地，随后逐渐衍生出村落的意思。

在这些“邑”“庄”和“登”的中心，面对入村主路的地方通常都有一棵高大繁茂的大青树。对于白族村落来说，这棵大叶榕树不仅提供了遮阳避雨的公共广场，很多时候更由开村先民亲手种植，因此具有了代表村庄的意义。大青树附近通常还建有供奉本境福主的本主庙，本主庙是凝聚村庄的精神坐标，即使在现代，每年的本主节游神盛会仍然能够把村民们聚集起来共同庆祝和狂欢。

在以村落为基础的乡土社会中，乡里宴席是重要的社交场合，因此每个村子里都至

左图：白族民居的照壁；上图：白族传统节日“太子会”上，老人们围坐在一起准备仪式用品。

左图：©AMOY ZM/AMOY ZM；上图：©视觉中国。

少有一个“客场”，也就是在各户人家举办红白喜事时摆宴席的公共空间。在有的村落，寺庙的附属院落也兼做客场，所以你可能会看到在寺庙旁的客场吃宴的场景。

每个村子里还会有一位大厨，或者几个村子共享一位大厨，大厨的主要职能就是操持乡里宴席。即使没有血缘关系，同村中关系好的人家的女性也会结成一个“相帮”的同盟，在其中一家人有红白喜事时，相帮队伍就会去到这家人的客场，在大厨的指挥下协助操办宴席，招待来客吃饭喝酒。

洱海坝子里水土优渥，物产丰饶且衣食无忧，所谓仓廪实而知礼节，白族乡土社会很崇尚“渔樵耕读”的生活方式。这种生活追求在传统建筑上也有所体现，白族院落整体以白色为主，加上灰色和蓝色等冷色调配色，用清雅的颜色来体现主人不落俗套的精神追求。如果你仔细欣赏绘在山墙上的纹样，还可以从卷草纹中找到千年前南诏国与唐王朝之间的文化关联。

在背靠苍山面向洱海的坝子里，各个村落的传统院落通常坐西朝东，主屋背墙高大且不开窗，以抵挡冬春季节从苍山上吹下的凛冽冷风。最常见的“三坊一照壁”围院只有三面有房屋，东侧面对院落和主屋建造有略低矮的照壁，除了风水上的吉祥意义，这面白墙还有着实际的功用，既可以像屏风那样遮挡穿堂风，又能够折射日光来给主屋增加照明。“四合五天井”则是多个院落的灵活拼合，这种院落群的房间数量更多，通常会省略照壁而用天井来采光。

几乎每处院落的照壁上，都有书法华丽工整的四字题书。一般来说，题字内容都与这户人家的姓氏以及祖先源流有关：杨是白族大姓，所以“清白传家”的题字是最容易见到的，典故出自东汉清廉太守杨震不受黄金；赵姓人家题字通常为“琴鹤家风”或“琴鹤家声”，来源于宋 ➡

←代清官赵抃"一琴一鹤"的典故；李姓人家题字通常为"青莲遗风"或"诗酒家声"，皆出于同姓的李太白；相似的还有杜姓题字"工部家声"，来源于同姓的杜甫杜工部；张姓人家题字通常为"百忍家风"，出自唐代名人张公艺的"百忍成金"家训；程姓人家题字通常为"明道家风"，这和宋代理学家程颢、程颐有密切关联……在参观白族院落时，不妨据此猜猜主人家的来历。

了更多的趣味：尚未开发的田园古村、仍旧嘈杂的街场节日、相对便宜的海景住宿……

景点

小普陀 寺庙

这是挖色海湾的一个袖珍小岛，也可以说是大一些的礁石。相传观音菩萨开辟大理坝子时丢下了镇海大印，村民便在海印化作的小岛上盖起观音庙。这里是洱海长线游船的一站，每逢游船停靠，大船下来的游客就会将小岛堵得水泄不通。你也可以从一旁的海印村乘坐手划船（15元往返）上岛。冬天的小普陀是红嘴鸥在洱海的一大聚集地，可在下午三四点伴着"洱海神光"，欣赏群鸥在碧海小岛上空飞翔，还常有苍山积雪点缀着这一美景。

小普陀旁的村子叫海印村，位于挖色镇南2公里处。从下关乘车到挖色可先在这里下车。

大城村 古村落

挖色拥有海东地区最多的耕地，农耕时代积累了不错的文化底蕴。镇子东北4公里的大城村（又写作大成村）隐匿着许多未被开发的历史古迹，走在村巷会不经意看到各种标榜家族门第的牌匾。村北的**沙漠庙**是海东地区最重要的本主庙，甚至号称"洱海东岸神都"，和海西喜洲的**庆洞神都**（见132页）并重。庙内主祀沙漠景帝、托塔李天王和本地出身的大义宁国（南诏国灭后的一个短暂王朝）国主杨干贞。

下关到挖色的班车最终会开到大城村口，然后折返。

挖色洱海小普陀。

鹿卧山 自然景观

鹿卧山又叫鹿鹅山，在挖色镇西北2公里处。这里曾经发掘出新石器时期至汉代的遗址文化层，是大理地区历史最早的人类聚落之一。如今环海东路在鹿卧山下拐出了一道美丽的弧线，因此成了热门的婚纱摄影地。你可以前往小山包另一侧，那边的海景开阔又僻静，还能沿着崎岖小径下到一片小浅滩——这里曾是洱海渔民的避风港，但随着禁渔政策常态化，已经很难再遇到他们的身影。

乘坐下关到挖色的班车可到挖色镇北路口再下车，从那里步行过去只有1公里。

节日和活动

阳历逢五逢十，挖色镇上都有赶集。挖色的本主文化保存得较为完好，镇上的**本主节**在农历正月初八，可欣赏"耍龙灯""霸王鞭"等民俗活动。大城村沙漠庙的本主节在正月十五举行。

食宿

挖色镇、海印村和翻过鹿卧山可到的康廊村，近年来建起了很多海景客栈，价格通常比双廊便宜。镇上有很多本地人开的小饭馆，海印村还有个小吃广场，就在小普陀渡口旁。

海邻居国际青年旅舍 青年旅舍¥

（☎246 8656；挖色码头北250米；铺40元，标单/双128元起；📶🅿）这是一家占据“地利”的老牌青旅，多人间不仅有独立卫浴，还拥有开阔的海景——许多背包客和青年旅行者被吸引而来，“人和”也就有了。大家常在店里拼餐，气氛祥和之际，这里的餐点好评度也大幅上升。

到达和当地交通

下关火车站旁的汽车东站有班次密集的中巴车发往挖色（12元；1小时），回城末班车16:50发车。调研期间，青桔电单车已覆盖挖色沿海路段，可一路骑到双廊或者海东。

海东

随着大理市行政中心的东迁，以及海东新城的迅速成长，这个距下关15公里的小镇迎来了翻天覆地的变化。海东景色很美，但有过度开发之嫌，“网红”才是这里的关键词。如果你更想体验大理的传统风土人情，顺路一游就好。

景点

金梭岛 岛

这是洱海上最大的岛屿，岛上的白族渔村如今也已告别渔业传统，转投旅游业的怀抱。登岛可从另一个角度看看海，不过没必要破费进龙宫溶洞（门票168元含民俗表演）。农历八月二十三是金梭岛的本主节，三星庙有热闹的庆典。

海东房地产景观

在大理，看房也算一种旅游。海东似乎立志成为“第二个三亚”，滨海山坡成了高端别墅社区的大舞台。海东方、理想邦正是海东别墅的代表。也许是洱海蔚蓝得过于像地中海，托斯卡纳、圣托里尼的建筑风格纷纷被复制了过来，本地偏干热的气候又宜于种植仙人掌，模仿地中海的理由更加充分。自媒体博主钟爱这里，美名也随流量传播开来，吸引了一批又一批打卡游人。注意参观这些楼盘可能需要预约，详情请关注它们的微信公众号。

下关火车站到海东的公交、汽车东站到挖色的客车会经过这些楼盘。

金梭岛的上岛码头在海东镇南1公里的塔村，船票往返20元，岛上住客可享5元的优惠。下关火车站到海东的公交、汽车东站到挖色的客车都经过码头。洱海短线游船有时也会来这里。

罗荃半岛　　公园

（海东镇西3公里；门票30元；8:00~18:00）这里在南诏国晚期成了庄严的佛教圣地，并因传奇僧人罗荃法师而得名。不过现存建筑都是复建的，只有一处摩崖石刻是古迹。白色密檐式佛塔**罗荃塔**是远近可见的地标，**天镜阁**则为历史上的洱海四大名阁之一。

这里也是洱海短线游船的一个停靠点。下关汽车东站到挖色的客车会经过景区门口。

悬崖公路　　景观公路

从小普陀到罗荃半岛的12公里环海东路，半是洱海半是山崖，颇有美国加州1号公路的风采。精华在文笔村到罗荃半岛的4公里，总有婚纱摄影团队在沿途的停车带和礁石取景，文笔村内还有**海之礼堂**（306 9791；场地使用费300元）这样的“网红”摄影基地。

下关汽车东站到挖色的客车可观悬崖公路全景。

食宿

海东镇是苍洱间最“魔幻”的地方。隔着洱海正对三塔的“悬崖村”**文笔村**几乎被外来投资者翻了个底儿朝天，一栋栋楼房基本都是推倒老屋新建的精品客栈，超级露台、无边泳池在这里一点都不稀奇。理想邦、海东方等别墅楼盘中也开了不少度假酒店对外营业。你也可以住进金梭岛，这里如今同样有不少新兴的海景客栈，夜晚停航后便与岛外隔绝了。在海东片区，直面洱海的房间基本都在800元以上。

本地餐饮没什么特色，要么是村镇小饭馆，要么是主打海景的“网红”餐厅。总体而言，这里更适合再度到访大理的纯度假旅行者。

白玛假日海景酒店　　酒店 ¥¥¥

（251 0999；罗荃半岛北900米；房间680元，含双早；）这家酒店孤零零地远离其他居住点，背靠一堵褐黄色悬崖，面朝湛蓝洱海，让地中海风格装修显得毫不违和。床具、卫浴产品和小家电都是大品牌，管家式服务也很到位。

到达和当地交通

下关火车站有公交**海东专线**，可到海东镇和金梭岛码头（5元），调研期间末班车时间为19:00，也可拦招下关往返挖色的班车。调研期间，青桔电单车已投放到海东镇及其北向的各村落。

©陈小羊/图虫创意

海东悬崖公路，半是洱海半是山崖。

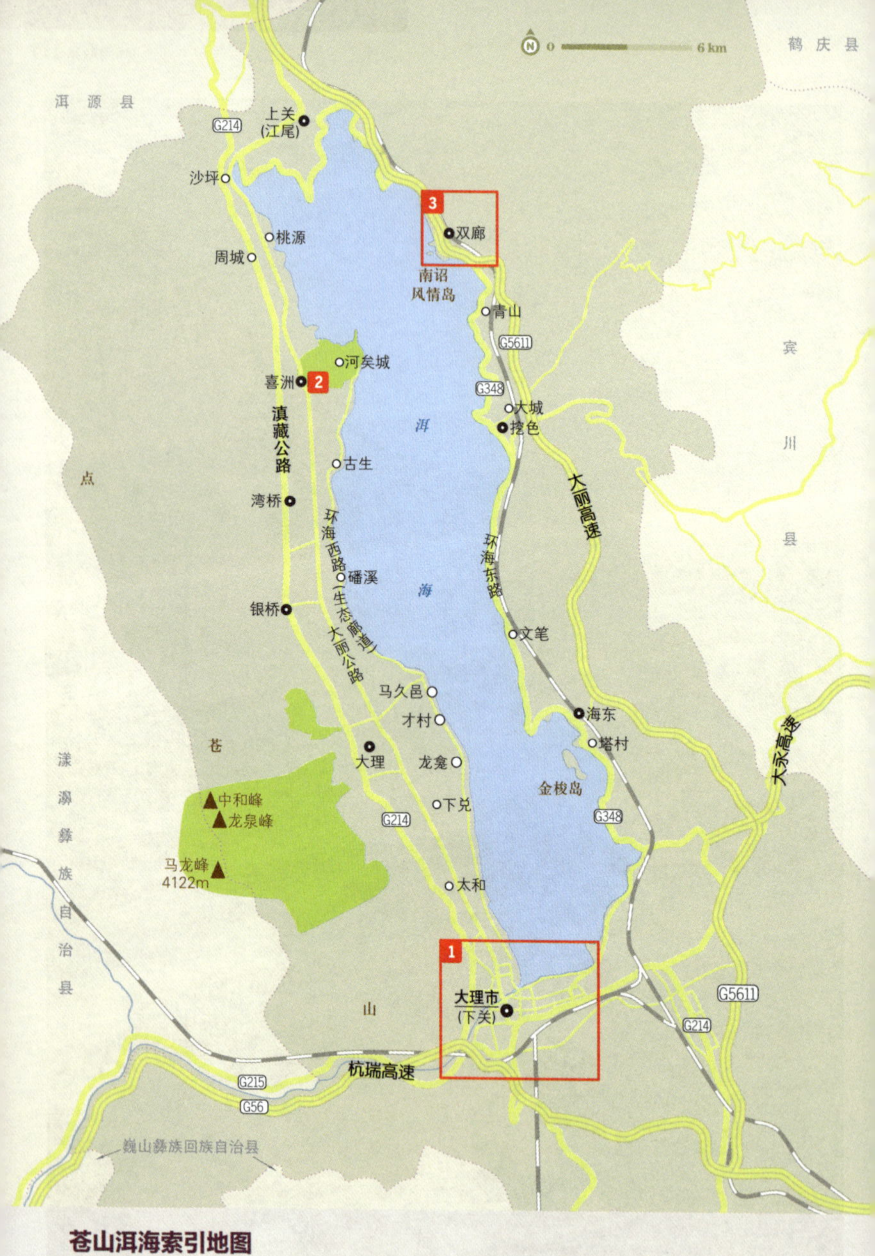

苍山洱海索引地图

1 下关城区
（见151页）

2 喜洲古镇
（见152页）

3 双廊古镇
（见153页）

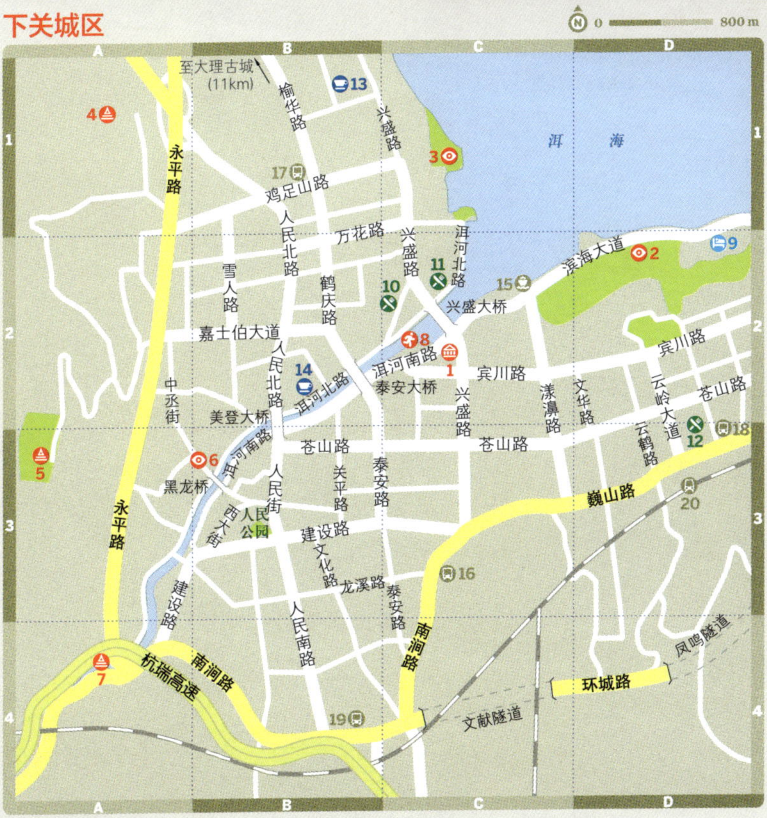

下关城区

景点

1 大理白族自治州博物馆……C2
2 洱海公园……D2
3 洱海月湿地公园……C1
4 佛图寺塔……A1
5 将军洞……A3
6 龙尾关……B3
7 天生桥江风寺……A4

活动

8 开放式游泳区……C2

住宿

9 云漫漫·苍海一墅海景度假别墅……D2

餐饮

10 大关邑美食街……C2
11 海燕餐厅……C2
12 金贝傅记旺子米线……D3
13 良石咖啡（怡海蓝天店）……B1
14 良石咖啡（闸门店）……B2

交通

15 大理港……C2
16 大理快速汽车客运站……C3
17 大理汽车客运北站……B1
18 大理汽车客运站……D3
19 大理兴盛汽车客运站……B4
20 大理站……D3

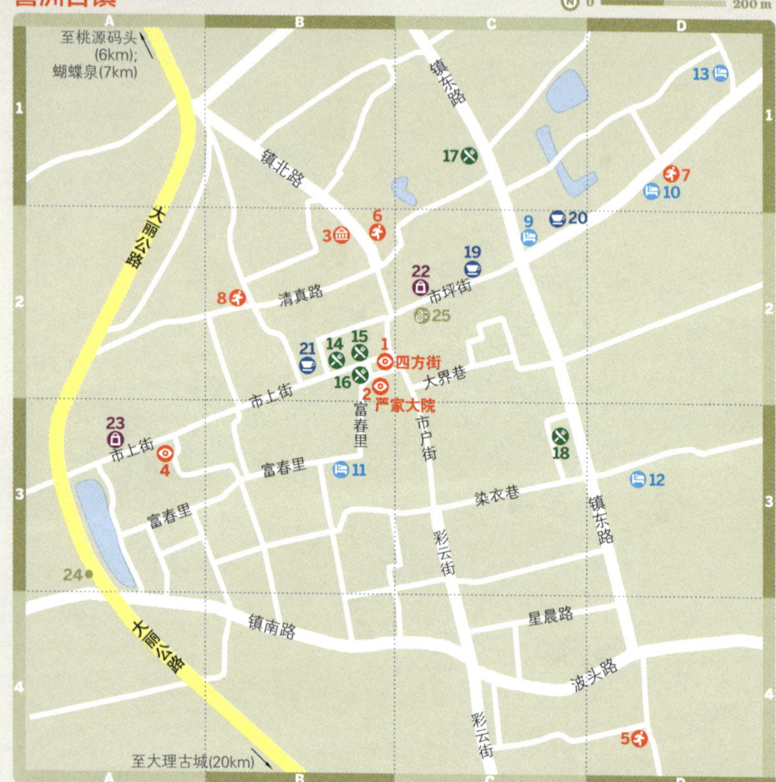

喜洲古镇

重要景点

1 四方街......B2
2 严家大院......B2

景点

3 稼穑集喜洲农耕文化艺术馆......B2
4 严家民居(侯庐)......A3

活动

5 马帮世家......D4
6 喜洲创意集市......B2

课程

7 蓝续古法扎染体验园......D1
8 喜祝院......B2

住宿

9 阜安宿......C2
10 喜林苑......D1
11 喜林苑(严宝成府店)......B3
12 喜竹......D3
13 一木生......D1

就餐

14 啊马英豌豆粉......B2
和尚破酥粑粑......(见16)
15 清凉小屋......B2
16 四方街食店......B2
17 喜洲翰林餐厅......C1
18 喜洲客厅......C3
杨顺宝喜洲粑粑......(见16)

饮品

19 田珈琲......C2
20 無川咖啡馆......C2
21 伊凡の咖啡......B2

购物

22 薄技在民艺共同体......C2
23 苍逸图书馆......A3

交通

24 班车停发点......A3
25 古镇租车行......C2

双廊古镇

双廊古镇

重要景点

1 南诏风情岛……B4
2 玉几岛……B3

景点

3 本主庙……C4
4 魁星阁……B3
5 全景观景台……B3
6 杨丽萍艺术空间……B3

活动

7 双廊农贸市场……B2

住宿

8 半岛63号客栈……C4
9 湖山云隐……C4
10 蓝影……B2
11 暖暖花园客栈……C4
12 青庐……B3
13 云七毗舍……B3

就餐

14 三门小厨……B2
15 喜来饭店……B3

饮品和娱乐

16 海之书馆……B3
17 山茧咖啡……C4
18 遇见·柒……B3

购物

19 云南杨丽萍民族服饰艺术馆……B3
20 造船世家……B3

交通

21 班车停发点……C3
22 双廊客运中心……B1

在路上

本书作者 孙澍

从剑川到鹤庆，从海拔2200米的坝子翻越3000多米的高山再下山，垂直变化的气候、植被和村落等景观，如同大地母亲给我们带来的一堂地理通识课。

进一步了解我们的作者，见239页。

沙溪古镇欧阳大院门前巷陌。

沐昀 摄

沙溪、大理北部和西部

沙溪、大理北部和西部

洱海以北、苍山向西，大理的更多精彩点缀其间。北部的洱源、剑川、鹤庆三县曾是茶马古道继续北上藏区的沿途重镇，如今则因夹在大理和丽江两大“顶流”旅游城市之间，而经常被急匆匆赶路的旅行者所忽略。近年来，石宝山下的沙溪古镇已经走出了小众旅行圈；这里本该有的“古道西风瘦马”，也在热爱沙溪的人们的精心培育下，变成了一首“古道图书小院子”的田园新诗。而其他诸如洱源温泉、剑川古城、鹤庆水乡等景点虽然在大理有口皆碑，但目前主要还是本地人和新移民在偷闲去玩。

翻越苍山西去，大理坝区富饶又温情的田园城镇已被甩到身后，西部的漾濞、云龙和永平三县都是山河纵横的山区县。在这里，险峻的峡谷、奔腾的江河，正是横断山区南部地质结构的真实写照；古道、古桥和古村，则是人类生存发展刻下的历史印迹。在这一带旅行，你的记忆中会永远镌刻苍山西坡和沘江太极带来的视觉冲击，以及诺邓、花桥等偏远小山村的古朴风景与淳厚民情。

☑精彩呈现

何时去

3月至5月 沙溪太子会摩肩接踵，西坡大花园和茈碧湖梨园村率先迎来花季。

6月至8月 茈碧湖高原睡莲绽放，沙溪野生菌大量上市。

9月至11月 石宝山歌会的悠扬歌声拉开了秋季帷幕，丰收的季节里，漾濞核桃节和凤羽白米丰收节都是载歌载舞的景象。

12月至次年2月 诺邓人开始磨刀霍霍杀年猪，候鸟降临在西湖、茈碧湖、剑湖和草海等地，去洱源泡温泉是最舒服的享受。

交通贴士

➡ 大理古城东侧的大丽公路能很方便地拦到北上剑川、鹤庆的客车，前往洱源可去苍山门坐始发车，前往漾濞和云龙要到下关坐车。

➡ 各个县城的网约车都比较好用，去周边景点价格实惠；面的仍是通村客运的主力车型，如要包车可直接和师傅商量。

➡ 沙溪、云龙高速公路通车在即，未来前往会更快捷；大瑞铁路大保段的开通，将把漾濞和永平也纳入铁路客运。

如果你有

1天 在漾濞石门关玩转苍山的另一面，探访仁民街的古道遗风。

2天 都留给沙溪古镇：第1天游览古镇核心的四方街、兴教寺和玉津桥，再去先锋书局消磨时光；第2天上石宝山看南诏和大理国留下的石窟造像。

5天 第1天游览凤羽古镇，夜宿洱源的温泉酒店；第2天上午在剑川看“三雕”，下午抵达沙溪古镇；第3天留给石宝山；第4天转车去诺邓古村；第5天在返回下关的路上停留漾濞，钻进石门关游山玩水。

先锋沙溪白族书局内阅览书籍的人们。

©韩帅南（云南分社）/中新社/视觉中国

当地人推荐

沙溪的文艺慢生活

刘雅婷，先锋沙溪白族书局店长

为什么先锋书店会选择在沙溪古镇开办白族书局？

沙溪是一座文化积淀深厚的古镇，先锋则有着多年开办书店的经验，而且一直希望能为复兴乡土文化做些贡献，可以说双方是彼此成就吧。在开店前一两年，我们的产品设计团队就已经开始筹划大理本土特色的文创周边了。如今，《在沙溪阅读时间》《云南甲马》《六》《仿佛若有光》《大理外传》等本土题材的书籍，都是我们精心为来沙溪旅行的爱书者准备的，同时也希望能和白族乡亲一起更加深入了解这片可爱的家园。

你在沙溪也工作生活了一段时间，对于这座古镇有什么认知？

沙溪游离在传统与纯商业之间，并且维系着很好的平衡，因此造就出和国内其他千篇一律的古镇截然不同的氛围。它的田园风光和生活能让人心安，归属感油然而生，而先锋书局就像是我们和村民一起生活的一个社区空间。这个社区虽小，但人与人的互动很频繁，也很友好。比如村里的小朋友会自觉给我们书局当推荐人，我们也为他们购置了运动器材，一起在院子里玩。

蹲在传统民居屋顶上的瓦猫。

沐昀 摄

沙溪有哪些好玩的民俗体验？

婚丧嫁娶、小孩子出生的满月和周岁，以及火把节、太子会、杀猪饭等节庆活动，我都参与过。白族人好热闹，不管认识不认识，来了就是客。印象比较深的一次是去参加村里一户人家的婚礼，围着篝火跳完舞再去闹洞房，白族人在新房内熏辣椒面去除邪祟，期待新人未来诸事顺遂，我也在新房内被辣椒面熏到眼泪汪汪。对于旅行者而言，拓印甲马、学习木雕和瓦猫制作、了解马帮文化等，都是在沙溪一带可以体验到的民俗项目。

不要错过

最佳住宿

➡ **三秋民宿** 和沙溪古镇隔田野相望，漂亮的院子正是一种向往的生活。（见182页）

➡ **溸泉行馆** 下山口性价比很高的温泉酒店，私享泡池和温泉泳池兼备。（见175页）

➡ **大青树客栈** 诺邓古村最现代化的客房，提供草药茶的传统也在延续。（见190页）

最佳餐饮

➡ **龙凤瑞英清真饭馆** 美味的清汤牛肉火锅，足以让沙溪的寒夜变得温暖。（见185页）

➡ **王记凉粉** 剑川古城里的家庭小吃店，祖祖辈辈经营了很多年。（见178页）

➡ **火柴** 藏在沙溪坝子边缘小村里的专业咖啡馆，观景角度无敌。（见185页）

最佳文化坐标

➡ **石钟山石窟** 白族圣山上的国宝级石窟，红岩砂石上佛陀显露笑容。（见168页）

➡ **先锋沙溪白族书局** 国内最好的一家乡村图书馆，诗歌塔上风月无边。（见165页）

➡ **凤羽古镇** “大地艺术”在大理的一处落地实践，如今仍然比较低调。（见174页）

沙溪、大理北部和西部亮点

❶沙溪古镇

沙溪早已不是少有人问津的闭塞之地，秀外慧中的她正在飞快成长，还好，目前一切都在正确的方向运行。这座昔日的茶马重镇，黑惠江上的玉津桥仍在散发古道驿站的温存气息，马帮队伍在夏日雨季书写着松茸的新传奇。新移民因为宁静的田园生活而来，先锋沙溪白族书局似乎力图重塑这里的文化根基。走在镇子上看着家家户户门楣上的题画，和友好的本地人打打交道，你就能明白，沙溪人知书达礼的传统从未褪去。（见164页）

❷石钟寺的8个石窟

“第一批全国重点文物保护单位”是对剑川石窟价值的直观肯定，“西南敦煌”更是史学家探究后给出的高度评价。在遍布石宝山的17龛石窟中，编号前八的都位于石钟寺内，为其中的扛鼎之作。在这里，南诏古国的王公贵胄，在宫廷仪仗的簇拥下威严依旧，四大菩萨和八大明王也在这片妙香佛国各归其位；神秘的阿央白赞扬着生命的诞生，超越时空的生命力也正是这些石窟造像的意义所在。（见168页）

❸苍山的另一面

没有苍山东麓“面朝洱海”的豁达开阔，山那一边的漾濞（见170页），山峡险峻、野趣盎然。别有洞天的石门关几乎可以直接成为《魔幻世界》的取景地，西坡大花园的马缨花和高山杜鹃更是不可多得的时令美景。彝族是苍山西坡的主人，他们身穿色彩让人眼花缭乱的民族服饰，踏过云龙桥去老街赶集，还会在

©视觉中国

沐昀摄

左图：黄昏里的沙溪古镇；右图：石钟寺石窟第六窟中的明王造像。

火把节和核桃节上，跳出让所有人跃跃欲试的舞步。

❹泡温泉

大理的冬季虽不冷酷，但也寒夜漫漫，温泉是最好的慰藉。洱源（见172页）是滇藏公路上远近闻名的温泉县，茈碧湖对面的大理地热国号称“亚洲最大露天温泉”，下山口和牛街两个温泉村更具生活气息。泡汤时配上本地特产的冰镇鲜牛奶和腌制梅子，所有感官都被调动起来。想泡野温泉可以去羊吃蜜（见171页方框），这里古树掩映、溪水欢腾，带给你像蜜一样甜的感受。

❺沘江

穿行在崇山峻岭深处的沘江，塑造了大理西部云龙（见188页）经典的横断山区风情。云龙太极是沘江冲刷出的一段蛇曲地貌，完整度和壮观度在国内同类风光中首屈一指；县内一座座沘江古桥梁，则是横断山区的山民在古代为改善交通和生活质量而创造的建筑奇迹。离沘江仅3公里的一道山谷中，诺邓（见189页）因盐而兴，原生态的白族古村落诉说着昔日的辉煌。

漾濞云龙桥。

4

乔崎摄

洱源温泉的挑水人。

云龙县志奔山珠芽蓼花海。

©视觉中国

云龙县沘江太极八卦图。

©视觉中国

沙溪玉津桥。

★ 最佳景点

沙溪古镇

半个多世纪前滇藏公路修通，大货车从牛街直奔剑川，仍要靠马帮进出的沙溪就此失去了茶马、盐马古道重镇的光环。20年前，沙溪以"茶马古道上唯一幸存的古集市"被列入《世界濒危建筑遗产名录》，随后在瑞士联邦理工学院的帮助下，古集市和古村落得到了较好的修复与保护。2019年沙溪本地人翘首企盼的高速公路正式开工，预计2022年开通，这个镇子的恬静不知还能持续多久，抓紧去体验可能是沙溪最后的安静文秀的时光吧。

[见193页地图；古镇免费进入；下关客运东站直达沙溪的班车（42元；15:00；3.5小时；返程8:45）大约在15:40路过古城东侧的大丽公路，可联系司机（☎151 8727 1520）乘车，也可搭乘客车到剑川再换乘面的；更多信息见178页]

最后的茶马古集

群山怀抱中的沙溪坝子，黑惠江水静静南流，条条道路通向沙溪古镇。茶马古道从东从南而来，盐马古道由西而至，散落的坝子和山岭里的一座座村庄，也延伸出一条条阡陌小径——所有道路的聚焦点，都在古镇兴教寺前的**四方街**。这个青石板广场曾是人嘈马嘶的古集市，如今早已古道音尘绝，**市场**和**赶街**（见171页）也挪到了其他地方。但广场仍是古镇中心，两株巨大的古槐树撑起伞盖，将迈入四方街的旅行者迅速包裹在古老的气场中。

古镇的骨架也由四方街伸出，向南、向北有两条小巷，因旧时藏族商人常在这一带下榻而被称为南、北古宗巷，"古宗"是白族话对藏族的称呼。如今，两条巷子通往的南寨门、北寨门都是复建作品，唯有四方街向东的**东寨门**是历史原物。出此门即到**黑惠江**。它是漾濞江的上游，也是南诏仿中原王朝御封的"四渎"之一。黑惠江流经沙溪坝子的这段江水舒缓，与群山和村落一起描摹出传统山水画的意境。

©视觉中国

沿河岸南行200米，半圆形石拱桥造型的**玉津桥**是这幅画的点睛之笔。旧时马帮从牛街翻越华丛山而来，过此桥就进了沙溪。桥上蹄印仍在，西头神龛的山神土地公雕像前也常有香火。如今这里是拍照的绝佳地点。

镇内保存至今的一些古民居也是古道的历史见证。这其中，四方街西北街巷上的**欧阳大院**（门票10元）是当年的马锅头（马帮首领）宅院，最值得一看。

神明护佑的坝子

就像欧洲小镇的广场多依附教堂而建，沙溪四方街上也有端庄的**兴教寺**（见193页地图；门票20元，和石宝山联票60元；⏲8:00~18:00）。沙溪坝子里的村庄会用**寺登街**专指沙溪古镇，名字里的“寺”便指这里，再加上意为“XX的村集”的白族用词“登”，寺登街就是“兴教寺那里的集市”。

这座古寺是国内罕见的白族密宗阿吒力佛教（见172页方框）寺院，大殿和二殿仍为明代遗构，大殿外墙上部的16幅壁画很珍贵，但保护欠佳。寺内辟有**沙溪复兴工程**的展览，可以看看瑞士人是怎么和沙溪合作，建设茶马古道新未来的。院内300年古玉兰树的下方，每天有三场白族洞经古乐的演出。寺庙山门正对面有一座**古戏台**，为唱戏娱神而建，三层歇山顶、前出三面观抱厦的造型十分娟秀，也是沙溪的地标建筑。

古镇东北方向，即东寨门外向北行至路口处，有一座挂牌“沙溪老年协会”的**本主庙**，内供的本主是北方多闻天王，百姓希望他能帮助减少水患。庙里另有一尊醒目的塑像，穿着蟒袍玉带、戴束发紫金冠，是**太子会**（见181页）上被抬出去绕镇巡视的释迦太子像。

在沙溪坝子，民间传统信仰直到今天都保存得很好。你仍能在村头、路口、桥堍看见不少供奉着山神和土地公的小小神龛，各个白族村庄也有本村保护神驻守的本主庙。

亮点速览

- ➡ 在沙溪古镇的小巷漫无目的地散步。
- ➡ 拜谒阿吒力佛教的兴教寺。
- ➡ 骑行环游沙溪坝子（见182页）。
- ➡ 去先锋沙溪白族书局品读云南主题的书籍。

新移民和新乡村

恬静的沙溪吸引了不少向往田园生活的新移民，民宿、西餐、精酿啤酒、手冲咖啡等新鲜事物和沙溪拙朴友好的风土人情完美结合，呈现一派动人的“新乡村”风景。

古镇东北2公里的北龙村中，**先锋沙溪白族书局**（☎478 7808；⏲10:00~19:00）就是一个不错的“田园实验品”。这是南京先锋书店的第五家乡村书店，由公社粮仓改造而成，后院的碉楼化身**诗歌塔**。这里已是颇为热门的“网红”打卡地，但先锋的选书一贯优秀，店里的白族文创产品也做得有模有样。从古镇包三轮车前往单程20元，更推荐信步寻访，可在玉津桥过河，也可先沿着西岸一路向北再过桥。

石钟寺石窟7号窟的甘露观音，拥有“剖腹”的奇特造型。

★ 最佳景点

石宝山

大理民间有言：“大理有名三塔寺，剑川有名石宝山”。坐落在剑川和沙溪之间的石宝山，是大理另一处集自然风光和人文历史于一体的名山，担得起“南天瑰宝”的赞誉。这里因山上的丹霞地貌红砂石风化出龟背状裂纹，宛若一件件瑰宝而得名。南诏到大理国时期开凿的17个石窟规模不大，却享有“北有敦煌壁画，南有剑川石窟”的美誉，一年一度的石宝山歌会，更是一场全民参与的原生态民俗盛会。这是一座白族圣山，流传着阿嵯耶观音和南诏国王的神迹，以及直上云霄的歌声。

（☎478 7029；门票45元，观光车单程20元，和沙溪兴教寺联票60元；⏲8:00~18:00；乘坐沙溪往返剑川的面的，到石宝山前山的车费通常为20元，记得向司机要好电话，以便返程来接；石宝山最多一天就能游完，不需留宿，宝相寺和石钟寺停车场有小吃摊；景区内必须乘坐观光车，为了保证有足够时间参观石窟，请在15:00前到达景区）

亮点速览

- ➡ 品味石钟寺石窟造像的风采。
- ➡ 和白族“阿鹏”“金花”一同加入石宝山歌会的庆祝人群。
- ➡ 为石宝山的奇特地貌发出由衷赞叹。
- ➡ 沿后山徒步路线下山，眺望沙溪坝子，探索更多石窟。

沐昀摄

海云居和宝相寺

旅行者大都从前山方向抵达景区，在搭乘观光车进山前，可先去看看掩映在古柏苍松中的尼姑庵**海云居**。观光车第一站停靠在**宝相寺**，不过要从公路边攀登20分钟才能抵达位于半山腰的这座寺庙，须当心路上的猕猴。宝相寺又名悬空寺，寺阁亭台沿峭壁修建，栈道穿行在飞瀑后方，一尊徐霞客塑像纪念他"滇游"到此。继续向上攀登半小时还有**金顶寺**。

农历七月二十七至八月初一，大理最隆重的歌会**石宝山歌会**主会场就设在宝相寺。参会者多是大理北部诸县和丽江、兰坪等地的白族，他们身着蓝黑色的服饰，白天对调子唱情歌，晚上燃起篝火继续狂欢。这三天景区免大门票，沙溪往来剑川的面的也会直达石宝山，不过参观石钟寺石窟通常还是要照收票价。

从宝相寺再度乘观光车前行，途经**石龙村**路口时，可下车步行1.5公里，看看前山腹地的这座白族传统村落。村口小水库的岸上有舒服的草坪，喜洲喜林苑的分店——**喜林苑沙溪店**（☎191 6909 7991；房间2280元起；📶🅿）坐落于此。

石钟寺石窟

观光车的终点站在后山高处的**石钟寺**。进寺前可先去停车场旁的观景亭，俯瞰宁静的沙溪坝子。寺庙因有一块形如大钟的巨石而得名，内藏的8个石窟是"全国第一批重点文物保护单位"**石钟山石窟**（又称剑川石窟）的代表，每一龛都很精彩。

前两窟位于钟形巨石的底部，都刻着反映南诏宫廷的造像，具有很高的史料价值。**1号窟**

石宝山步道。

为《异牟寻议政图》，主像异牟寻为南诏第六世王，他在位时于794年与唐朝在苍山会盟，恢复了因天宝战争中断40余年的外交关系。**2号窟**为《阁罗凤出行图》，内雕16身人像为剑川石窟之最，南诏雄主、第五代国王阁罗凤正襟危坐，出巡场景再现了王室仪仗队的衣冠相貌和用具器物。

3~7号窟都为佛教造像题材。**3号窟**拥有地藏王菩萨造像，**4号窟**为华严三圣像。**5号窟**展示的是维摩诘经变，即文殊问疾，主像被民间称为“愁面观音”，其实是维摩诘居士，无美髯的形象十分罕见，神情生动，实为精品。**6号窟**规模最大，为明王堂造像窟，怒目如铃的八大明王来源于密宗，也为白族阿吒力佛教所供奉。**7号窟**的甘露观音丰硕端庄，且拥有“剖腹”的奇特造型，后壁上除了明代大理文豪李元阳的题刻，还有一组藏文书写的咒语。

8号窟是石窟最神秘之处，内雕一个巨型的女性生殖器，白族人称之为“阿央白”。这是古老的生殖崇拜和母系氏族文化的遗留，为了保护文物，上面挂有“禁止抹香油”的警示牌。

探访更多石窟

看完石钟寺可沿台阶下到谷底，探访**狮子关石窟**。这里有梵僧造像（10号）和波斯国人像（9号）2个石窟，再爬台阶向上能找到南诏王全家造像窟（11号）。梵僧造像窟最难找，藏在一扇小铁门后面的院子里，回头仰望峭壁就能发现。看完狮子关石窟不必原路返回，靠近11号窟的山顶栈道也能绕回停车场。

另外6个石窟藏在后山，你可以在取道**后山徒步线路**返回沙溪古镇时顺路游览，沿途都有路标。起点在石钟寺停车场观景台再往前的位置，道路都铺设了青石板，一路下坡也费不了多少力气。6窟合称**沙登箐石窟**，下山路上会先经过17号窟（观音化现梵僧像），之后的15号窟、16号窟共处一室，内刻同属密宗的毗沙门天王和大黑天神。14号窟（说法图）已处谷底，爬到对面的小山坡可看到石窟上方的崖壁宛若佛髻。12号窟（佛、菩萨和弟子造像）和13号窟位于快出山谷时右侧的小山坡上，其中13号窟的阿嵯耶观音造像正是阿吒力佛教最重要的神祇。

沿此路下山约需2小时，到终点后再走3公里公路就能回到镇上，你也可以提前联系好司机过来接送。沿途风景不错，请备好充足的饮用水。

漾濞石门关的玻璃栈道。

漾濞

2021年，6.4级的“5·21”地震让这座小城成了全国人民关注的对象，还好地震带来的损坏不大，灾后重建工程也在有条不紊地进行中。这是一座位于苍山西坡的山区县，因漾濞江而得名。河谷里耕地不多，但很适合种核桃，漾濞也成了闻名全省的“核桃之乡”，每年中秋前后是薄皮核桃成熟的季节。从大理出发可以轻松一日游，在百年核桃树的簇拥下，走进苍山西坡的石门关。

景点

仁民街 历史街区

漾濞曾是南方丝绸之路博南古道、茶马古道及滇缅公路上的重镇。长约500米的仁民街又叫小街，是县城最后留存的一段老街区。街口的**云龙桥**是博南古道上唯一幸存的铁索桥，被当地志书称赞为“漾江飞虹”，至今仍是交通要道。过桥到山坡上的文殊院门口，可俯瞰江桥和县城，并远眺苍山群峰。

沿漾濞客运站西侧的苍山中路，向南步行400米即到老街。

石门关 峡谷

（☎752 9333；金牛村；门票20元，套票120元含高空栈道；⏲8:00~17:00，周末延长至17:30）“为爱石门关，归途日已斜；隔江闻犬吠，灯火两三家”，明代西南大才子、旅居大理的杨升庵留下了这样的诗句。这个苍山西坡的标志性景观也是苍山世界地质公园的一部分，山谷里不少巨石就是在第四纪冰川作用下形成的。钻过两座数百米高断崖相拥而成的天然**石门**，深山宽谷别有洞天。沿着**高空栈道**可踏上3小时的步行观光环线，还能在长约80米的玻璃栈道上玩一把刺激。

景区提供往返大理古城的直通车，但调研期间因疫情停运。如今可在下关兴盛路客运站乘坐前往漾濞的客车，于石门关路口下车（15元；45分钟），之后还有3.5公里盘

西坡大花园盛放的马缨花。

山路，可包私家车上山（20元），也可步行向上900米到4号停车场搭乘景区电瓶车（10元）。前往漾濞县城打车单程50元，网络叫车更便宜。

西坡大花园 赏花

（漾江镇官房坪村；免费）在远离游客的角落，苍山还有一片“空中花园”。3月是马缨花（当地俗称大树杜鹃）的花期，如遇山下降雨，可能会遇到白雪中红花绽放的景象，孤艳凛然。5月，粉红色、白色的高山杜鹃争相盛放。**大花园官房坪生态农场**（☎158 1220 7051）等农家提供食宿。农家附近也有花可赏，继续向山里徒步，会遇见更多的原始杜鹃林。

从漾濞县城到漾江镇有频繁的面的。镇上去官房坪村还有10公里盘山路，很多路段尚未硬化，自驾的话最好开越野车。注意有时候这些盘山路会临时封闭，建议提前电询当地农家。

另辟蹊径

在漾濞泡温泉

地处地质断裂带的漾濞，拥有不错的天然温泉资源。石门关景区就有温泉可泡，费用118元，但泡池较少，最大的亮点是泡温泉的同时可观望石门关的山景。

从下关**栖谷温泉**（见127页）所处的西洱河峡谷继续向前，到漾濞县境内的**平坡镇**也有温泉。不要直奔大型的漾波温泉水乐园（门票98元），那里的温泉只是零星点缀，镇上有不少温泉小客栈，泡池虽简单，但泉水水质没问题，收费20元，北至鸡邑铺、东至太邑乡也都有类似的私人小温泉。发往漾濞的客车可到平坡温泉一线，下关还有**太邑公交专线**可坐。

真正的野温泉是**羊吃蜜**。这是古树环抱的三口温泉池，泉水下游是清澈的小溪。来此泡汤需向村民缴纳3元/人的卫生费，有些大理新移民会在岸上的草地露营过夜。这里地处漾濞和云龙交界，公共交通不便，建议自驾前往诺邓时顺路一游，在215国道的罗里密村拐入丰收线，前行6.5公里即到。

节日和活动

每周五漾濞的**赶街**就在县城主街上。除了滇西赶集的常见货品，还有山民自家种的原生态水果和各种山珍药材，以及鸡肉米线、彝家荞饼荞饭、卷粉等地道美食。因为周围的一些山民要步行几个小时才能到家，集市从午后就渐渐散去，记得赶早。

作为彝族自治县，漾濞的**火把节**异常热闹，庆祝高潮在农历六月二十五的夜晚。核桃成熟的9月，漾濞县政府会组织**核桃节**，开幕式上有让人眼花缭乱的彝族歌舞表演。

食宿

漾濞卷粉驰名大理，可以去金星路上的老店**回味佳卷粉**（卷粉5元）和本地人一起大快朵颐。

漾濞和下关往来方便，通常不需住宿。若想更好地赶场集，可在周四住一晚，周五一大早凑个热闹。**璞澍精品酒店**（☎752 6678；杏林路；标单/双198元起，含双早；❄📶🅿）条件不错。石门关景区门口也有不少酒店，如果喜欢山里安静的环境可考虑入住。同样位于苍山西坡半山腰的**光明村**开发成了高端民宿村，适合走奢华路线的游客。

到达和离开

下关兴盛客运站去**漾濞汽车客运站**（☎752 4079；漾江路100号）的班车很多（18元；7:05~19:30，15~20分钟1班；1小时）。调研期间，相关车次转移到快速站发车。大瑞铁路设有**漾濞站**，有望在2022年底投入使用。

洱源

顾名思义，这里地处洱海主要水源弥苴河、罗时江的上游。“三步温泉四步汤，气蒸雾迷是仙乡”，描绘的正是这座温泉城的迷人风貌。洱源梅子为大理人定义了酸甜的滋味，凤羽坝子更被异乡人打造成了一处田园艺术品。

景点

洱源文庙　　历史建筑

（温泉街；免费）始建于明初的洱源文庙历经修复已重新对外开放，但它似乎已经适应了多年的封闭岁月，如今仍然幽静。庙宇依山而建，拾阶而上常和古树、殿堂擦肩而过。北围墙外有一口温泉泉眼，随时都有附近居民在此挑水。这里位于县城西部，是老城的所在地，最有趣的地方大概是**玉湖公园**，浅浅的温泉泡脚池畔总是坐满了人。

从洱源客运站向西1.5公里即到温泉街。

茈碧湖　　湖

（洱源县城北侧；免费）大理地热国正对面的开阔湖面即为茈碧湖。这是洱海最主要源头弥苴河的上游，水质格外清澈，登上东南角的**观音山**可俯瞰湖景。茈碧湖冬天是候鸟的乐园，其他季节可赏花：夏季每天下午，珍稀的黄白色睡莲茈碧花会在湖中绽

阿吒力佛教

孙澍

大理毗邻印度，因此大理的佛教受印度的直接影响，并在和本土文化融合后，形成了有别于佛教其他宗派的独特一支——阿吒力教。“阿吒力”是梵文Acarya的音译，此词的另一个翻译“阿阇黎”意即佛教密宗中的“上师”，阿吒力教也有滇密、白密等别称。

阿嵯耶观音是阿吒力教最重要的神祇，信徒对观音这位引导正行的上师极为推崇，“观音负石阻兵”“观音负山填海”等民间传说也广泛流传于大理地区。很多人还认为，阿嵯耶也是Acarya的一种音译。如今，大理崇圣寺所崇的“圣”便为阿嵯耶观音。剑川石窟沙登箐区第13号窟的主尊雕刻则是现存年代最早的阿嵯耶观音实物之一。

此外，阿吒力教也接纳了一些婆罗门教-印度教神灵。护法神大黑天（Mahakala；湿婆忿怒相的化身）即为其中之一。在大理，信众

左图：云南省博物馆藏大理国银鎏金镶珠金翅鸟；上图：沙溪兴教寺中的阿吒力佛教展览。左图：沐昀 摄；上图：©视觉中国。

们不仅常将其与毗沙门天神一同供奉，还有不少村落将大黑天神进一步“本土化”，作为本主神供奉起来。毗湿奴的坐骑迦楼罗（Garuda），即通常所说的大鹏金翅鸟，在阿吒力教中被赋予镇水患的重要职责。云南省博物馆藏的大理国银鎏金镶珠金翅鸟同样出土于崇圣寺三塔，如今崇圣寺门外广场上的金翅鸟巨像即仿其而建。

对于大理阿吒力教的起源，有两幅古画做出了相似的解释。现藏于日本京都的《南诏中兴二年画卷》上，描绘着7世纪南诏建国初期，一位梵僧自天竺远来，弘扬佛法的故事。相传他行至巍山时为尚未起事的细奴逻父子授记点化，最后以真身示人，乃阿嵯耶观音的化现。现藏台北“故宫博物院”的《宋时大理国描工张胜温画梵像》也画有一位盘腿而坐的僧人，深目高鼻，络腮胡须，据研究这就是一些文献上记载的南诏晚期（公元9世纪）入滇传教的印度摩羯陀国神僧赞陀崛多。

大理国时期，阿吒力佛教盛极一时，寺庙遍布苍山洱海，皇室礼佛至虔至诚，“妙香佛国”的名号因此得来。但在元、明之后，随着中原王朝对密教的禁止，以及禅宗、净土宗的传入和流行，阿吒力教逐渐衰落。时至今日，作为一种宗教流派的阿吒力已成为历史，但它并没有完全从白族的社会生活中消失。在当地人的其他宗教信仰中，供奉的神灵体系以及诵咒、结印、祈祷等宗教形式，仍保留着阿吒力教的影子，古老的滇密余音尚存。

放；3月的梨花季，此碧湖北岸的**梨园村**百年古树花开似雪。前往梨园村可以在湖西南岸的草海湿地公园乘坐游船（25元），陆路过去有10公里乡道。

洱源客运站到湖南岸3公里，到湿地公园5公里，建议使用网约车平台叫车。

大理西湖 湖

（☎539 8888；右所镇西侧；门票40元含船票；⏲8:00~18:00）徐霞客曾到访过这里，并写下了"脩脩然有江南风景；而外有四山环翠，觉西子湖又反出其下也"的评价。这个高原断陷湖位于罗时江的上游，面积不算大，但背倚苍山云弄峰，湖中小洲坐落着白族人家，沿岸堤坝上杨柳依依，风光可圈可点。

乘坐大理往返洱源的班车，在右所镇下车，再向西步行2公里即到。

凤羽古镇 古镇

位于洱源县城西南20公里处，凤羽一度也是茶马古道上的重镇，如今风华已逝，古镇上老房子的保存状况也很一般。不过，苍山云弄峰和鸟吊山怀抱中的这块坝子是天然的耕种良田，如今又在善于策划的媒体人引领下，力图成为"田园艺术"的代表。

进镇前拐入通往"露天艺术馆"的路口，首先能看到稻田湿地上《改变世界的三个苹果》《白驹过隙》等空间艺术装置。佛堂村的**退步堂**是一个集酒店、餐饮、物产展示馆于一体的山居综合体，设计师正是**双廊古镇**（见110页）的八旬；这里的**空中稻田剧场**时常举办文艺演出和艺术展览，也是**凤羽白米丰收节**的主会场。继续向前，白米村曾经的中学校园已变成了**白米仓青年文创空间**。最深处的**大涧村**人去楼空，废墟之美也吸引着游人前来打卡。

凤羽之名来源于"凤殁于此，百鸟集吊，羽化而成"的传说，坝子西侧的**鸟吊山**至今仍是候鸟迁徙的重要通道，每年5~6月还有高山杜鹃可看，需从公路边的候鸟观察站徒步

鸟瞰空中稻田剧场。

进去，往返约14公里。凤羽东南方向另有一条路线可穿越至喜洲花甸坝，但途中风景会平淡一些。

下关客运北站有直达凤羽的班车，但只在上午发3~4班。更频繁的公共交通是从洱源农村客运站出发的面的（6元；20分钟）。最近的佛堂村和白米村离凤羽都各有4公里路程，建议包面的游览，玩一圈80元，除了“露天艺术馆”还停靠镇蝗塔、三爷泉等传统景观。前往鸟吊山可乘坐洱源发往炼铁、乔后的车子半路下车。

住宿

洱源住宿的最大特色是温泉酒店。除了大牌的普陀泉和地热国，其他温泉住宿也不少。洱源县城的温泉酒店集中在因九气台温泉而得名的九台路两旁，汽车站门口的**金颐温泉酒店**（☎881 0999；文碧路近宁新路；标单/双190元起，含双早；❄📶🅿🏊）则有时髦的楼顶温泉泳池。下山口最值得一去的是**溸泉行馆**（☎132 0872 1677；标单/双208元起；❄📶🅿🏊），每间客房都有泡池，院里还有温泉泳池。牛街**海芝源曾家湾温泉酒店**（☎180 8801 1220；房间259元起，含双早；❄📶🅿）有房内浴池、公共泡池和干蒸房，还是当地少有的设计酒店。

茈碧湖梨花盛开之际，也可以考虑住在梨园村。村里有一些农家宾馆，可在网上查询预订。若对凤羽的田园艺术感兴趣，不妨在属于白米仓青年文创空间的**白米仓民宿**（☎157 5283 9249；标单/双168元起，含双早；📶🅿）住上一晚。

餐饮

洱源梅子个大色美，是地理标志产品。各种腌制梅子都很适合作为润口小吃，你能在县城街道遇到不少门口摆着各种腌制梅子的小店，也可以去客运站西北的**玉湖农贸市场**（宁新路近九台路）逛逛。洱源酸辣鱼在大理也享有盛名，随便挑一家餐厅都不会错。

大理西湖和下山口温泉所在的邓川坝子，是大理重要的乳业基地。当地盛产乳扇、乳饼和小奶糕，面向大理全州发货，**冰镇鲜牛奶**则在其他各县很少见。

到达和离开

大理古城西门北侧的停车场，去**洱源汽车客运站**（☎512 0663；文碧路近宁新路）的班车很频繁，可到右所（12元；1小时5分钟）、下山口（15元；1小时15分钟）和洱源县城（17元；1.5小时）。**洱源农村客运站**（腾飞路玉湖初中对面）有去牛街（6元；20分钟）和凤羽（6元；20分钟）的面的。大理古城东侧可拦到前往剑川、兰坪的中巴，其中一些也会经过牛街（22元；1小时45分钟）。

从沙溪过来，可至剑川转乘发往下关的班车，在洱源路口（29元）下车后再拦过路班车进城；也可乘车到炼铁、乔后，再换客车去洱源。

★ 值得一游

在洱源泡温泉

洱源主要有三个地方可泡温泉，每处都有小旅馆的简单泡池对外开放，通常收费10~20元。若想好好享受，除了大型温泉度假村，也有其他温泉酒店可住。

南距洱源8公里的**下山口温泉**是不含硫黄的弱碱性硅酸泉，老牌的**普陀泉温泉度假村**（☎533 1988，酒店533 1560；温泉票98元，标单/双518元起，含双早和温泉；❄📶🅿）每个房间都带私人泡池。

洱源县城北侧的硫黄泉**九气台温泉**名气最大。号称“亚洲最大露天温泉”的**大理地热国**（☎512 8888，酒店512 8215；温泉票88元，标单/双388元起，含双早和温泉；❄📶🅿），其泉水便取自九气台。

牛街温泉北距洱源18公里，每逢隆冬会迎来从香格里拉下来的藏族大军。清晨当地人担着水桶走过古巷，去乡中心的炼渡温泉挑水，一路热气腾腾的景象极具视觉美感，摄影爱好者可拍出不少好照片。

剑川古城建筑。

剑川

这里是《五朵金花》男主人公阿鹏的家乡，也是大理全州公认白族文化保存最好的地方，旅游开发却一直不温不火。在前往沙溪中转的空隙，不妨给这里的古城、石雕、候鸟和湿地留一点时间。

景点

剑川古城 古城

在大理的县城中，剑川现存的古城风貌仅次于巍山，游客数量却少很多，漫步其中很可能会有意外收获。古城已有600余年历史，东门街、西门街和南门街一带仍旧是方方正正的青石板路，四合院和石牌坊散落其间，店铺也都还是县城里的小营生。如果能在**火把节**（农历六月二十五）期间到访，体验会更好。

已列入“全国重点文物保护单位”的**西门街古建筑群**是古城的精华。除了昭忠祠，这条街上大都是明清古宅，斗拱层叠、檐角飞扬的门楼昭示着曾经的辉煌。很多古院仍有住户生活，若想参观可礼貌请求。沿西门街走到底，**景风公园**（免费；⏲6:30~21:00）是在剑川文庙基础上改建的传统园林，古塔和石雕护栏都是明清遗留。

古城西南，高21.5米的**剑阳楼**虽是2012年新修的仿古楼阁，但三层歇山顶的造型端庄高大，已是剑川的标志。这一带是政府打造的水阁潭历史街区赵藩文化园——赵藩书撰了成都武侯祠“攻心联”和昆明大观楼“天下第一长联”，和题写南京“总统府”三字的周钟岳一样，都是剑川籍的近代名人。

在剑川客运站乘坐公交1路即可，2路可直达景风公园。

满贤林千狮山 公园

（剑川县城西侧；门票20元；⏲8:30~17:00）这是一座松树成荫的小山头，明朝时

满贤林千狮山。

已成了当地文人墨客吟诗作对的风雅去处。近年来山上雕塑了近3000只造型各异、栩栩如生的石狮，风格涵盖了多个朝代，有的深藏松林之间，颇具野趣。参观这座集中展示剑川石雕技艺和中国石狮文化的主题公园，需要一路步行爬坡，从山门口出发往返最高处的25米高的"狮王"，约需2小时。

景风公园向西步行1.5公里即到，2路公交终点也在千狮山。

剑湖 湖

这里是否为《天龙八部》中剑湖的原型尚无定论，但它的确是镶嵌在剑川坝子里的一枚蓝宝石。剑湖是沙溪黑惠江的上游，湖水非常干净，岸边有面积很大的湿地，周边的白族村落也很原生态。作为滇西北高原最具代表性的一块湿地，冬天的剑湖是名副其实的候鸟天堂，斑嘴鸭、银鸥、彩鹮、翘鼻麻鸭、灰鹤、凤头麦鸡……数不胜数，紫水鸡更是全国最大的种群，有1678只（2021年初数据）。剑湖东南岸的狮河村是远近闻名的木雕村，这里新建了**剑川木雕艺术小镇**，调研期间仍在继续完善中。

剑湖位于县城东南7公里，环湖一圈约17公里，自驾最方便。剑川古城的**捷安特专卖店**（☎139 8857 8965；文照街近古城东路）有自行车出租，但车况不佳。也可以打车去**剑湖国家湿地公园自然保护所**附近，那里有步行栈道直通湖岸。

不要错过

剑川的民间技艺

木雕 木雕技艺为剑川赢得了"中国木雕之乡"的美誉，云南省内也有"丽江粑粑鹤庆酒，剑川木匠到处有"的说法。目前剑川木雕以建筑构件和中式家具为主，传统的立体透雕技法和民间吉祥图样仍在传承。在剑川古城、大理崇圣寺都能欣赏到精美的门扇。

石雕 剑川石雕至少可回溯到开凿石钟山石窟的南诏国。明清时剑川的护庙镇墓石狮数量众多，造型不拘一格。据传南京明孝陵、北京故宫和圆明园都有剑川石雕艺人参加修建，人民大会堂、民族文化宫的修建也有他们的身影。**满贤林千狮山**（见176页）的近3000只石狮蔚为壮观。

瓦猫 瓦猫是装饰在屋脊上的一种陶制品，造型憨厚中透着狡黠，民间视之为镇宅辟邪的图腾。大理和丽江不少地方建房子都会用瓦猫，剑川甸南就以出品瓦猫而远近闻名。如今在沙溪和大理都能买到瓦猫工艺品，还可以参与烧制瓦猫的体验课。lp

食宿

旅行者到剑川一般直奔沙溪住下。如需在县城过夜，古城内的**甲马驿栈**（☎136 1880 2936；西门街西段；标单/双180元起；❄📶P）和**恒庐公馆**（☎157 275 9825；文照街23号；标单/双180元起；❄📶）都是不错的由古宅改造的客栈。县城东北2公里、高速出入口附近的**游圣源温泉庄园**（☎473 2777；墨斗山下；房间258元起，含温泉；❄📶🅿）是一片新建的白族风情园林式建筑，四周都是田野风光。

王记凉粉（文照街31号；⏰7:30~18:00）的剑川小吃品种很全，凉粉（5元）更是家传美食。**山老腿火锅店**（☎159 1124 4379；剑阳街近民族中学；⏰8:30~20:30）的火腿鸡火锅（130元）是滇藏公路上可以慰藉旅途辛劳的一道大餐。

ℹ 到达和离开

剑川汽车客运站（☎452 1311；人民医院对面）已搬迁到城东头。到下关（42元；6:30~18:00，约20分钟1班；3~3.5小时）的车次最频繁，持票乘车可以到洱源路口（29元）或喜洲（40元）。这里也有去丽江（32/25元；8:20~17:30，40分钟1班；1.5小时）、鹤庆（26元；8:30，11:00，15:00；2小时；途经马厂村路口）等地的班次。去沙溪的绿色面的（15元；50分钟）在客运站隔壁的小车场滚动发车，末班车时间约为18:00。

去云龙建议先在剑川客运站乘车到兰坪（35元；8:30，11:00；3小时），再拼车至云龙（约35元；2小时）。剑川和云龙之间的对发班车途经弥沙和象图两个山区乡镇，要跑将近7小时。

沙溪

更多信息，请参见“最佳景点”的沙溪古镇（见164页）。

👁 景点

沙溪的美，不光在古镇。这片山区坝子保留下许多古村庄，随处可见神龛、本主庙、风水塔、魁星阁、热情的乡老……中国传统农耕社会的景象，在远离中原的沙溪坝子竟然保存得如此美好。

白龙潭是其中最美的一处。黑惠江向南流出沙溪坝子，钻入一道峡谷。在谷口东侧

沙溪和茶马古道

孙澍

“中国沙溪（寺登街）区域是茶马古道上唯一幸存的集市，它有完整无缺的戏院、旅馆、寺庙、寨门，使这个连接西藏和南亚的集市相当完备。”这是21世纪初沙溪古镇被世界纪念性建筑基金会（WMF）选入《世界濒危建筑遗产名录》时的评语。

这座位于大理北部、横断山脉南端的坝区小镇，耕种条件优良，本就是《徐霞客游记》中所说的“所出米谷甚盛，剑川州皆来取足焉”的富庶之地，而滇藏茶马古驿道在这一带的沟通联系，又让小镇突破了本土小范围的马帮运输活动，得以直面更加广阔的天地。

作为中国历史上最著名的国际贸易通道之一，茶马古道兴于唐宋，盛于明清，并在20世纪三四十年代迎来了最后的辉煌。古道主要包括川藏和滇藏两条线路，云南的滇藏

左图：普洱腊梅坡茶马古道遗址；上图：沙溪的马帮。左图：©视觉中国；上图：©视觉中国。

茶马古道从普洱茶原产地西双版纳、普洱等地出发，向北经大理、丽江、迪庆至西藏东部，再一路向西抵达拉萨，最终还可取道江孜、亚东等地抵达南亚次大陆。

在那个交通不便的年代，江河冲出的峡谷是引导商贸交往的天然通道。沙溪在群山之间恰好拥有这样一条黑惠江。沿着这条曾被南诏国仿照中原册封的“五岳四渎”中的“一渎”，从沙溪可北上剑川再至丽江、迪庆，南经乔后、漾濞拐入苍山洱海怀抱中的大理，或是和南方丝绸之路博南古道会合后西去保山、德宏和印缅。

通达八方的地缘优势注定了沙溪的不平凡，和沙溪仅一山之隔的一座盐井则起到助推的作用，即史称“傍弥潜井”的弥沙井。作为离盐资源最近的茶马古道集镇，沙溪因此一跃成为“盐都”，自唐朝以后便开始源源不断地向西藏和滇西北地区供给宝贵的食盐。茶、马、盐这三种重要的战略兼生活物资皆在此交易，最终让沙溪脱颖而出。

在长达千年的岁月中，马背上驼载的茶叶、盐巴、布匹、皮毛、桐油、虫草等物品，沿着悠悠古道来到沙溪的集市上待价而沽。货物和马匹的主人操着各种口音和语言，服装也各不相同，不同民族的文化也随之在沙溪碰撞乃至融合，南、北古宗巷住满了藏族客商，儒家教化的魁星阁和文笔塔散落村间，融汇了佛教密宗风采的阿吒力教寺庙坐镇市集中心，白族的本主庙中供奉着释迦牟尼的太子像……

现代交通的发达最终夺走了茶马古道的光芒。中华人民共和国成立后，新修筑的214国道（滇藏公路）舍弃了牛街向西翻越华丛山到沙溪的传统干道，改从牛街直接北上到剑川县城。马帮开始被卡车替代，茶马古道、盐马古道也让位于滇藏公路。沙溪的时光突然凝固了下来，在群山中一“躲”就是50年。➡

沙溪无疑是幸运的，在2001年遇到了主持“沙溪复兴工程”的高水平团队瑞士联邦理工大学空间与景观规划研究所，在中瑞双方的共识与合作下，四方街与古村落不仅得到了修复与保护，更在云南旅游过度开发的浪潮中，保持着一份难得的平衡。东寨门外的玉津桥便是最好的见证——横跨黑惠江的这座拱桥曾是马帮从牛街方向沿茶马古道进出沙溪的必经之路，古道废弃后一度颓废不堪，修复后的古桥重新焕发了生命力，桥面青石板上的马蹄窝也都被保留了下来，穿行过桥便有如走进昔日沙溪和茶马古道的传奇之中。

山坡上的石峡村，两口终年不断的泉眼浇灌出了幽静清澈的白龙潭。岸上古树参天，深秋的绿波彩林胜似一幅油画。石峡村附近还有石鳌桥和擎天宝塔等小景，同样是沙溪传统田园风情的组成部分。白龙潭南距沙溪古镇7公里，自驾或骑行比较自由。剑川到炼铁（10:30，13:00）、乔后（12:00，14:00）的班车大概在发车1小时后经过沙溪，步行者可以搭这些车省去半程辛苦。

另外，你也可以花1天时间，徒步探访坝子东侧**华丛山**上的高山草甸，能看到三口天然的水潭和冷寂的彝族村庄。西山上的**马坪关**则是一个白族村落，里面有保存完好的老民居，也是沙溪松茸的主要产区，有兴趣可包车一游（往返150元）。

活动

沙溪号称“茶马古道上唯一幸存的古集市”，来这里**赶集**是对历史的一种尊重。今天虽已没有马帮时代的古集风采，但周边的山村田庄仍然延续着来镇上交换生产生活物资的传统。每周五的街天日，沙溪主街北段的沙溪市场、南段的新市场都有热闹的集市，黑惠江东岸还有牲畜交易场。平日里也可以来逛逛市场，只是规模没那么大而已。

除了常见的小商品，沙溪的集市上有中草

药、土特产和各种奇怪的野菜，如看起来像虫子的地参，因地理气候相似而从南美引种过来的玛咖。夏秋的菌子季最好玩，就像在上一堂野生菌课程。这个时候的沙溪邮局还辟有专门的冰箱发货链，从马坪关松茸马队下山后的傍晚才开始忙碌。

骑马也是在沙溪重温古道的一种玩法。沙溪有多家马帮，你能在玉津桥两头碰到他们拉客的身影。这里骑马路线比较灵活，价格也比大理便宜很多，50元就能在田间骑半个多小时。

近几年的旅游开发还给黑惠江配上了**竹筏**项目，码头在本主庙向东的河滨，票价60元。但你确定要在这段没有船运传统的狭窄水面上泛舟吗？

节日

太子会　　宗教节日

每年农历二月初八，在沙溪会上演纪念释迦牟尼出家的太子会。人们从本主庙抬出释迦牟尼还是太子时的塑像，绕整个古镇游行。大人们身着民族服装，还会将自家的小朋友打扮成太子模样——眉心点红，再披挂上戏服一样的装饰。狂欢的人们甚至会给小狗的眉心也点上红点。

住宿

沙溪的住宿地如雨后春笋般出现，而且相当一部分是精品客栈——它们多分布于古镇南北外围，一些散落在坝子里的村庄中。古街里的住宿多为老屋改建，空调并非必备品，很多还要用电热毯取暖。游客中心停车场附近有几家本地人开的新酒店，水泥外表、电路新，安装有空调。

九七之约南苑客栈　　客栈¥

（见193页地图；☎191 8410 4997；南古宗巷39号；标单/双195元起，家庭房482元；📶）离四方街很近的小客栈，坐落在小巧的老院子中。改造的过程中最大限度强化了室内采光，配备的电暖气在沙溪冬季的寒夜尤其管用。

左起：沙溪白龙潭；沙溪大猫驿客栈门外；沙溪独上兰舟野奢美宿。

©洛夷/图虫创意

沐昀 摄

三秋民宿 民宿¥¥

（☎135 9793 2133；华龙村；房间220元起；📶🅿）古镇东侧华丛山下的民宿，装修风格为日式，推门即见田野。步行至古镇大约2公里，但一路走在田间石板路上、最终跨过玉津桥的过程颇有韵味。配有电暖气。

溪苑客栈 民宿¥

（见193页地图；☎159 1264 5788；北古宗巷121号；标单/双100元；📶）由沙溪本地一对年轻夫妇开办，房子是新建的白族四合院，院里摆满了多肉植物。房间朴实干净，友好的主人家也在一楼生活，是名副其实的民宿。

独上兰舟野奢美宿 民宿¥¥¥

（☎199 9415 5870；灯塔村；房间785元起，含双早；📶🅿）和火柴（见185页）咖啡同处一院，因坐落于村子背后的山坡上，而能遍览连绵起伏的屋顶和田园坝子，楼顶还配备了无边泳池，令人惊喜。家庭房（1350元）等一些房型配有景观浴缸。

既下山 民宿¥¥¥

（见193页地图；☎130 1339 6684；本主庙西侧；房间959元起，含双早；📶）作为轻奢度假品牌"既下山"在沙溪的分店，客房服务、卫浴床品和防潮隔音改造都一如既往地好。家庭房（2180元）为跃层结构，院内配备儿童乐园。

大猫驿客栈 客栈¥¥

（见193页地图；☎182 0698 7690；南古宗巷36号；标单/双218/238元，家庭房258元起；📶）房间干净整洁，拥有明快的中式风格，很多家具是从宜家邮寄过来的，天井花园和阳光客厅格外舒服。大猫驿怎么能没有猫咪？这里有一群小可爱。

堂口青年旅舍 青年旅舍¥

（见193页地图；☎152 0872 7417；北古宗巷93号；铺30元起；📶）难得的纯床位青

骑行游览
环游沙溪坝子

起点：四方街
终点：四方街
距离：约 20 公里
需时：3 小时（不含景点游览时间）

推着单车走过❶**四方街**，出**东寨门**、过**玉津桥**开始骑行。沿黑惠江南下，第一个桥头左拐是通往牛街的乡道（放心，我们不会翻越高高的华丛山）。经❷**东南村**前行要爬一段坡，但你马上会在三岔路口左拐，接下来就是平坦轻松还略带下坡的山腰村道了。这一带从东侧俯瞰古镇，有❸**半山咖啡**可做地标。顺着村道继续骑行，没一会儿就到了

❹**先锋沙溪白族书局**。之后可以将段家登村的❺**戏台会馆**设为目标。

告别段家登你要再度跨越黑惠江，记得回望美丽的村子。过桥后的公路从一大片漂亮的稻田中穿过，在路口右拐前往❻**慈荫庵**。这座黄连木下的古庵开有一家素食餐厅，斜对面还有一池**月牙潭**。这时你的车轮已经压上剑川进出沙溪的公路了。朝古镇方向骑行1.2公里，跟随路牌指示右拐，再骑行1公里可到❼**沙登菁石窟**。这里是石宝山后山入口，在森林防火处做好登记，可进去看看几个石窟。之后骑向东南，经沙登村的小巷回到古镇北口的❽**马帮雕塑**。

绕镇而行，抵达2公里外的❾**长乐村**。村里有魁星阁、三教寺，背后山坡上还有一座新移民开的❿**莎莎玫瑰庄园**。之后以**鳌凤村**为目标，村里有大理最大的⓫**大照壁**，大照壁所在的**城隍庙**正在建设**茶马古道博物馆**，调研时工程已进入尾声。若还有体力，你可以继续南下去探访灯塔村甚至白龙潭。直接返回古镇可在沙溪小学路口右拐，再经由沙溪初中门前，从**南寨门**回到四方街。

我们这里列出的只是大方向，村里田间的道路多而杂，但只要方向对就不会有错。你也可以自由自在地骑行在村道甚至田坎上，去发现属于自己的沙溪。寺登古街西入口的**小甘山货**（☎157 5022 5601）有自行车出租（20元）。

左图：从灯塔村眺望沙溪坝子。

沐昀 摄

年旅舍，很容易结交新友，一楼的公共区域很宽敞。房间都在二楼，有明亮的玻璃天窗。三楼是个舒服的观景平台。

十然山舍度假酒店 客栈 ¥¥¥

（见193页地图；191 8738 6463；竹筏码头西侧；房间610元起，含双早；）2021年落成开业的新酒店，外观延续了沙溪老房子的风格。位于古镇、田野和黑惠江的结合处，吃饭、游玩都很方便。

蔷薇花开客栈 客栈 ¥

（186 3556 6223；小长乐村；铺40元，标单/双160元起；）距古镇步行1公里，坐落在镇西田间的村子里。庭院不小，被主人家打理成了漂亮的花园，美中不足之处是多人间面积偏小。

马圈46国际青年旅舍 青年旅舍 ¥

（见193页地图；472 2299；www.horsepen46.com；四方街；铺35元起，标单/双118/98元；）古戏台旁边的老牌青旅，坐落在一栋160余年的老木屋中。房间面积不大，隔音也不算好，但就在四方街上，位置极其优越。

就餐

在沙溪，野生菌、火腿、杜鹃花之类的山货第一时间就能端进厨房，这里的菜肴因此也要比大理其他地方更加美味。同样得益于新鲜食材，沙溪新移民餐厅出品的外地美食，有时候竟要比原产地的还好吃。

钟滤苑 白族菜 ¥

（见193页地图；472 1380；电信营业厅对面；人均45元；10:00~22:30）在这个老字号的白族餐馆，需要对着冰柜看菜点餐，女老板友善客气，会根据食客的人数和口味给出合理的建议。杜鹃花、野生菌等应季食材应有尽有。

龙凤瑞英清真饭馆　清真菜¥

（见193页地图；472 1038；邮局西侧；人均45元；7:30~22:00）一家老字号清真饭店，擅长做红烧牛肉（30元）和牛头蹄带皮火锅（双人份100元）。早餐在这里吃份料足味香的牛肉米线（12元）也很满足。

芗12西餐厅　西餐¥¥

（见193页地图；187 8727 3721；北寨门东侧；人均60元；12:30~14:30，17:00~19:00，周一、周二店休）沙溪最好的西餐厅，牛肉汉堡（48元）的出品质量甚至不逊色于一线城市。在沙溪新移民的圈子里，店主还被称为"沙溪吴彦祖"。

肆悦文创厨房　融合菜¥¥

（见193页地图；472 2233；南古宗巷21号；人均60元；9:00~20:30，周一店休）位于南寨门内，号称"无国界"，菜品从炸酱面、肉夹馍到薄饼比萨、酸汤鱼都有，还做得都不错。"文创"也非虚言，沙溪精酿啤酒就是他家出品的。

饮品

和喜洲相似，在沙溪能留下来的咖啡师都是安心做事肯钻研的。这里不乏精品咖啡馆，一些还被有想法的主人开到了视野极佳的半山上。调研期间，沙溪也开始拥有本地的精酿啤酒。

渡鸦　咖啡馆¥

（见193页地图；139 0935 2452；南古宗巷38号；手冲/花式咖啡30/27元起；10:00~18:00，周一、周二店休）一家袖珍文静的专业咖啡馆，豆子都是自己烘焙的。每天供应的甜品都不同，但无论巧克力熔岩蛋糕，还是百香果冻芝士都很不错。

火柴　咖啡馆¥

（185 8724 4487；灯塔村71号；咖啡35元起；14:00~18:30）距古镇4公里，还藏

孙澍摄

左起：沙溪肆悦文创厨房；在沙溪钟漶苑吃菌子；火柴咖啡馆。

透过"吃茶去"的窗户打望沙溪四方街。

在村子背后的山坡上，但当你风尘仆仆地推开店门，会被这里的咖啡和景观"圈粉"。店里还能喝到灰瓦猫精酿啤酒（40元）。出发前建议致电确认是否营业。

吃茶去 茶室 ¥

（见193页地图；☎136 3161 3719；四方街；茶38元起；⏲12:00~18:00，周五店休）位置是这里的最大卖点，坐在店里打望四方街往来的各色人群，很是惬意。除了滇红、熟普、月光白等茶品，也提供奶茶、酸奶、酸梅汁和咖啡等饮品。

ℹ 到达和离开

沙溪有往返剑川客运站的绿色面的（15元；50分钟）。调研期间，沙溪客运站已搬到了镇南的新址，但从古镇出发，最方便的搭车地点在镇子北口的马帮塑像旁，那里也有工作人员帮忙安排候车。从剑川来沙溪除了搭乘面的，时间凑巧也可坐从剑川到炼铁（10:30，13:00）、乔后（12:00，14:00）的中巴。

沙溪去诺邓可先坐面的至剑兰公路上的沙溪路口，转乘下关到兰坪的客车（35元；班次频繁），到兰坪后再拼车至云龙县城（35元）；也可以让客栈帮忙联系拼车去诺邓（100元/人）。

鹤剑兰高速的沙溪支线有望于2022年开通，沙溪的交通格局将会大变，有可能开通丽江、丽江机场方向的直通班车。

鹤庆

位于大丽铁路北段的鹤庆，坝子里很多地方抬头就能望见玉龙雪山。从县城去丽江古城只有不到50公里的路程，前往丽江机场更是驱车20分钟即到。多年来这里的旅游业似乎也在尽力从抵达丽江机场的团队游客中分一杯羹，大家都忽略了鹤庆作为"高原水乡"的独特魅力。

鹤庆白龙潭。

鹤庆坝子的东山、西山泉眼丰富，历朝历代又很重视修建蓄水工程，最终造就了一块块大小不一的“龙潭”。我们推荐县城西南的**黄龙潭**，这里的潭中有一道柳堤，漫步其上，仿若行在水面。县城西北2公里的**西龙潭**水面中央有个小岛，岸边的鹤阳寺古树丛生，后山上还有观景长廊通往县城主干道西端的英雄纪念碑。城北3公里的**白龙潭**紧邻村庄，和白墙灰瓦的白族民居相映成趣。**草海**也在县城北部，离白龙潭很近；这里是候鸟越冬的栖息地，夏天有荷花争相盛开。再向北的新华村辟有**银都水乡**（413 9139；门票60元；9:00～18:00），景区依托着银饰工艺村的人文商业底蕴和草海北部片区的自然景观而建，但作为“购物景区”，并不建议不懂行的人在这里购买银器。在云鹤楼乘3路公交可到黄龙潭，从鹤庆汽车站乘1路可到草海、5路可到新华村。

鹤庆城里也有几处人文景观，彼此离得不远，可从客运站步行一游。老城中心的**云鹤楼**（鹤阳东路88号）始建于明代，现存建筑为晚清作品；**鹤庆文庙**（兴鹤路近环城南路）曾被徐霞客赞为“甲于滇西”，庙宇东北侧的后街很有市井风情；**城南市场**（环城南路近南大

另辟蹊径

不只有黄焖鸡的永平

永平最著名的标签是号称“滇西一只鸡”的永平黄焖鸡，县城到处都能见到“老字号”的黄焖鸡餐厅，尤以城东国道进城口和高速公路收费站外最为集中。

永平还号称“大理西大门”，它正好位于南方丝绸之路西出大理的最后一站。古道在永平境内要先翻越博南山，再跨过澜沧江——也许是因为博南山和澜沧江这一山一江的组合最为雄险也最具代表性，南方丝绸之路在大理的部分常被称为“博南古道”。今天你仍然可以用双脚丈量博南古道翻山跨江的一段。从县城西南大理最大的回族村**曲硐村**出发，向西南经桃园铺、铁厂到古街保存完好的**花桥村**，之后正式开始翻越博南山的艰难行程，沿途有古关、哨所和寺庙等遗址。下山后先到澜沧江河谷半山腰的**杉阳镇**，再往下就是**霁虹桥遗址**——这曾是中国最古老的铁索桥，但已于1986年被洪水冲毁，如今剩下一些摩崖石刻可看，一旁有简易铁桥可过江，对岸已属于保山市的地盘。从曲硐徒步到霁虹桥全程约40公里，历时2天，通常需要在杉阳镇住一晚。第一天行程较长（约30公里），且要翻越海拔2511米的垭口，一定要早些出发；也可走最精华的花桥村—杉阳镇一段，单程19公里。

下关快速客运站有客车（34元；7:40～18:45，约每小时1班；1小时45分钟）发往**永平汽车客运站**（652 1536；博南路近永安路），返程末班17:40发车；永平也有客车前往云龙（36元；9:30，14:00；3小时）。大瑞铁路设有**永平站**。

街）规模不小，公历日期逢1、4、7是这里的街天，尤其热闹。

近年来，鹤庆西山上的马厂村每逢7月中下旬会举办**土豆花节**。村子地处海拔3100米的高山坝子，田园风光自带高冷气质。前往马厂村建议自驾，鹤庆和剑川之间的对发班车也可到1.5公里外的马厂路口。

鹤庆南部西邑镇的**马耳山**在5月有壮阔的高山杜鹃花海，同时还有高山电厂的大风车做伴。但花期正值高山防火期，上山的车道可能会禁止外来车辆入内，此时需从响水河村徒步上山，村里的**马耳山驿站**（182 0696 1652）可提供向导服务。鹤庆往返下关的班车途经西邑镇。

食宿

少有旅行者来鹤庆游玩甚至过夜。如果要去丽江机场赶早班机，可提前一天到鹤庆住下，并给这座小城留一些时间。汽车站附近就有很多干净的小宾馆，60~100元/晚。

当地的餐厅能吃到火腿、吹肝、猪肝鲊等鹤庆特产，**永祥米线店**（鹤阳路近后街；人均8元；8:00~18:30）的凉米线也很受欢迎。

到达和离开

鹤庆汽车客运站（412 2196；东升街近打铁巷）到下关（40元；6:20~18:15，15~20分钟1班；3小时）和丽江（18元；7:00~16:00，25~30分钟1班；1小时）的车次最多，也有车到剑川（26元；9:00，12:30，15:00；2小时）。从鹤庆到丽江机场打车约50元，20分钟可到；也可乘坐丽江班车在三义镇下车（10元），再步行5分钟进去。

鹤庆站（鹤阳路东端）有火车或动车往返大理、丽江和昆明。车站距县城3公里，有公交车接驳，从县城前往车站在县人民医院门口乘车。

云龙

滇西古县云龙是前往诺邓古村的入口，

孙澍 摄

由于相隔仅6公里，旅行者通常只会匆匆路过，食宿游也都以诺邓为中心。不过，云龙母亲河沘江在这个山区县跌宕起伏，留下了值得一看的景观。

旅游宣传画中的**云龙太极**正是沘江的一段蛇曲地貌。从县城去诺邓的半路上能看到太极地貌的一角，但西岸山上的**观景台**才是最佳拍摄机位。从县城西侧的215国道驶入天池旅游公路，7公里即到观景台；继续前行14公里即到**天池**，这是在云南很常见的小水库，西南岸山头上的**大浪坝**则是一片漂亮的高山草甸。从县城包车往返太极观景台约需40元，到天池和大浪坝往返150元。

云龙还有“古桥博物馆”之称，沘江上散落着好几座知名古桥。县城南侧的江面上就有一座铁索桥**青云桥**。逆江北上33公里，长新乡的**安澜桥**也是个铁索桥。再向前4公里，包罗村有木拱廊桥结构的**通京桥**。过白石镇向北11公里，**松水藤桥**造型独特，看似危险的独木桥至今仍有村民行走。再向前6公里，顺荡村的**彩凤桥**也是木拱廊桥，过桥后有古道、关楼和顺荡古盐井，组合起来很有意境。云龙到兰坪的公路沿江而上，依次会路过上述古桥，时间有限的旅行者可直奔后两座桥。两地之间班车不多，但拼车不难找，也可先坐面的到长新乡、白石镇，再包车或徒步完成最后的路程。

到达和离开

下关快速客运站有去**云龙汽车客运站**（☎552 2249；虎山路208号）的客车（43元；7:30~11:30，40~50分钟1班，12:50，14:10~16:30，40~50分钟1班；3.5小时；返程末班16:30）。2022年内大漾云高速通车后，这条路线会发生很大变化。云龙去兰坪拼车（35元/人）比较方便。

诺邓

在滇西北的崇山峻岭深处，除了南北向的茶马古道，还有一条东西向的盐马古道。沙溪因位于茶马、盐马两条古道的交会处而

孙澍 摄

左图：云龙松水藤桥；
右图：云龙通京桥。

兴盛一时，盐产地云龙诺邓也不遑多让。这里的诺邓井和兰坪的啦鸡井、剑川的弥沙井和乔后井并称“滇西四大盐井”，盐马古道便从这些古井发散四方。偏远的小山村一度因此商贾云集，百业昌盛，留下不少精湛的古建筑。

好盐才有好火腿，诺邓火腿声名远播，又因在《舌尖上的中国》有过精彩亮相而身价倍增。诺邓的旅游开发在前几年“跃进”了一波，但想象中的游客潮并未到来，发达的电商网购又让老饕们不用再跋山涉水。调研期间诺邓仍然宁静，星空依旧澄澈，每年11月底依然开始杀年猪腌火腿，不过随着大漾云高速在2021年底开通，也许一切会发生变化。

诺邓在白族语中意为“有老虎的山坡”，游览这座白族古村也要爬高钻低。在从山脚处的村口开始爬山前，可先去停车场背后的山坡高处，隔着山沟望古村全景。看过仿古建筑里的**古盐井遗址**开始攀高，至村中心的大青树可走进背后的**提举司衙门**，其在明代曾经管理着诺邓井、山井、师井、大井和顺荡井共五口盐井。往上步行约10分钟，木牌坊两面的匾额分别写着“起风”和“腾蛟”。**文庙**就在前方不远处——因盐而兴的诺邓人，也走上了科举仕途的传统道路。**玉皇阁**位于村子制高点，留意大殿顶层藻井拼绘的二十八星宿和八卦阵。

村里有几个小小的家庭博物馆。**黄遐昌家庭生态博物馆**（☎158 9456 8508；门票5元，讲解5元）的展品主要是民间工艺品和印刷版。另一座位于**復甲留芳苑客栈**（☎572 3466；博物馆门票10元，标单/双120元起；📶），家传的耕读器物等展品陈列在两间小屋里。

食宿

诺邓现有大小近30家客栈，多为老屋改造，冬天要用电热毯取暖。**一颗印木石雅居**（☎183 1316 7197；大青树西侧；铺30元，标单/双90元起；📶）坐落在挂牌的历史文化保护院落中，木屋未做太多改造，主人家的热心善谈能带来不错的乡村生活体验。**大青树客栈**（☎152 8811 3286；大青树下方；房间528元起，含双早；📶）有村里最好的客房，由于老板系中医世家，还能提供草药茶和草药泡脚。村口有骡马帮忙驮行李上山，收费20元。

吃饭通常在所住的客栈解决，诺邓火腿（蒸火腿60元起）每一家都能吃到。

到达和离开

从云龙县城包三轮车（20元）或网络叫车即到6公里外的诺邓村。

从诺邓去沙溪可委托客栈老板联系拼车（约100元/人），还可和司机商量沿途游玩4座沘江古桥。若乘公共交通，需先从云龙拼车到兰坪（35元），再在**兰坪客运站**（☎0886 321 1985；沧江路109号）乘车去剑川（35元；12:00，14:10；3小时）中转。

诺邓古村。

沙溪、大理北部和西部索引地图

1 沙溪古镇

（见193页）

沙溪古镇

沙溪古镇

重要景点

1 四方街……C3
2 兴教寺……C3
3 玉津桥……C4

景点

4 本主庙……D2
5 东寨门……D3
6 欧阳大院……C3

活动

7 沙溪市场……B3

住宿

8 大猫驿客栈……C3
9 既下山……D2
10 九七之约南苑客栈……C3
11 马圈46国际青年旅舍……C3
12 十然山舍度假酒店……D2
13 堂口青年旅舍……C2
14 溪苑客栈……C2

就餐

15 龙凤瑞英清真饭馆……B3
16 肆悦文创厨房……C4
17 芗12西餐厅……C2
18 钟漶苑……B3

饮品

19 吃茶去……C3
20 渡鸦……C3

交通

21 单车租赁点（小甘山货）……C3
22 面的搭乘点……B1

在路上

本书作者 张世秋

像古代人骑马那样，我骑着一辆山地自行车穿过大片碧绿的烤烟田冲进龙于村口，把车拴在小广场旁，走上山参拜西边大寺的车神和路神。之后又骑了三公里弹石山路，这旅途实在令人震撼。

进一步了解我们的作者，见239页。

巍山古城星拱楼。

鸡足山、巍山和大理东南

©枫叶s/图虫创意

鸡足山、巍山和大理东南

离开大理坝子，洱海东面的层叠山脉塑造出成串的小平坝：宾川、祥云、弥渡、巍山和南涧。古时有马道和商队翻山越岭，将各个平坝连接起来，如今这里则是铁路与公路进出大理的东大门和南大门。苍洱以东的鸡足山不仅仅是富有传奇色彩的佛教名山，当你在山顶远眺玉龙雪山和金沙江时，定能感受到这座山的雄浑气魄。元、明、清时期，巍山曾是与大理平级的蒙化府，这里拥有更多的历史人文景观，古城里也有安逸自得的生活节奏，小住二日即可融入其中。在茶马古道的铜铃叮当中，马帮的脚步从南涧开始踏入茶山，而你也能在无量山樱花谷欣赏到樱红茶绿的美景。弥渡物产丰饶，在小河淌水的密祉古镇你能尝到花样繁多的豆腐宴。作为地名"云南"的发源地，祥云云南驿在"二战"时更守护了滇西陆路与航空的通道，如今在落寞中仍有历史的回声。

每个坝子里的风物都有不同，然而各处古寺中盛放的紫薇花会温柔提醒：这里是大理。

☑精彩呈现

交通

3月至5月 这片地区在春季有些干热，不过此时有巍宝山彝族祭祖节和巍山小吃节等好玩好吃的节会。

6月至9月 夏日的雨水让户外活动变得有些困难，但也带来了凉爽的气候和美味的野生菌。到巍山吃菌子再好不过，还能赶上热闹的火把节。

10月至11月 10月是在鸟道雄关观鸟的最佳时节，去鸡足山最好避开"十一"假期。

12月至次年2月 无量山樱花谷里樱红茶绿，巍山蒙阳公园里也是樱花盛开。

★鸡足山、巍山和大理东南亮点(见200页)

① 宾川鸡足山 ② 巍山古城 ③ 巍宝山

④ 在巍山喝茶 ⑤ 无量山樱花谷

如果你有3天

第1天 乘高铁直达巍山，在巍山古城（见206页）走走逛逛。下午加入本地人的喝茶阵营（见212页方框），晚上到昆师傅品香苑（见210页）美餐一顿。

第2天 体力好的话早起去爬巍宝山（见208页），再自驾或包车游览古城周边的东莲花村（见214页），晚上至大理下关（见123页）住下。

第3天 不论自驾还是乘班车都请早起直上鸡足山（见204页），下山后才有时间去华侨农场喝咖啡（见207页方框）。

自驾小环线

从**大理古城**出发往南前往**巍山**，沿途游览**永建永济桥**、**东莲花村**、**琢木郎村**和**西边大寺**，在**巍山古城**停留时前往**巍宝山**。继续南下至**南涧**，在去**无量山樱花谷**的路上顺道逛逛**南涧土林**。折返往北至**弥渡**，半途岔至**密祉古镇**，原路进出，再往北到弥渡**铁柱庙**。继续往北到**祥云**，半路可往东转至**云南驿**。从祥云往北前往**宾川**，**鸡足山**就在县城的西北方向。最后从鸡足山回到**下关**，完成大理东南小环线。

巍宝山文昌宫。

当地人推荐

旅居在安静温和的巍山

潘兴，爱上西南的东北人，旅居巍山若干年。

为什么选择把巍山作为旅居目的地？

在国内深耕了十来年，起初只是为了找个不冷不热、不干不湿的长居地，想享受舒适干净的空气。巍山难得四季分明，体感舒适，且除了气候养人，巍山还额外提供各种小惊喜：便利的交通，温和的人群，有趣的民族民俗……

美食、生活节奏、社交状态……巍山古城最吸引你的都有什么？

安静温和。

需要社交或需要帮助时，本地人不会拒人千里之外。需要安静自处时，可以享受便利却如处深山。甚至各地移居来的新巍山人也不怎么抱团，不怎么成群，各自都安静地过各自的日子。

请推荐一些住在当地才知道的看点和玩法？

巍山人很讲究吃喝品质，强调应季应时，菜场和集市是很好玩的。不大的县城有南北两个菜场，一周不去逛的话，果蔬品种就会发生变化。除了县城，去村里赶集也相当有趣，有五日或十日一集，野菜、野菌、野花、野果，还有各种骡马牲口、农具农机交易，能一窥生活

古城街头巷尾常能看到兰花。

沐昀 摄

常态。

北部的东莲花村是著名的回族特色村，门墙显赫的回族大院里生活着马帮的后代，马帮博物馆里保留着茶马古道上响过的驼铃和雕花的马鞍。回族美食也享誉四邻八方，一年一度的东莲花美食节能把半个下关城的人都吸引过来。再往东去，开一个多小时的山路可以到神秘的琢木郎彝族村，这里保存了上千年的彝族传统生活习俗：彝绣、彝族大歌、原汁原味的彝族坨坨肉，若赶上彝族新年，还可以深入探访民俗民风。

道教节日便上巍宝山，佛教节日跑大小寺，满天神佛在山间相处得很和谐。城东大小寺近旁还有个香火很旺的东岳庙，农历九月会举行祭血池仪式，这个活动的来历众说纷纭，本地人会熙熙攘攘地拜个热闹，下山之后便摩肩接踵去赶集和会茶。

不要错过

最佳食宿

➡ **昆师傅品香苑** 在这座百年老院改建的本土私房菜馆里，尝尝南诏宫廷菜“网肝黄金甲”。（见210页）

➡ **白水咖啡馆** 店主把庭院翻修得质朴又精致，并提供价格合理的咖啡和酒水。（见212页）

➡ **凡尘小院** 客房、放映室、书房和咖啡馆都很舒适，庭院林木葱茏，还种了好几种水果。（见210页）

最佳古迹

➡ **太阳宫** 大开间架构和木柱石础风格粗犷，两侧梁上猫着两只可爱的木雕狮子。（见207页）

➡ **巍宝山长春洞** 道观的主殿是清朝时期的建筑，保留有非常精美的木雕、斗拱和线描壁画。（见208页）

➡ **铁柱庙** 幽静的寺庙中藏着铸造于872年的南诏铁柱，是历史的重要见证。（见218页）

最佳节会

➡ **巍山彝族火把节** 每年农历六月二十五，巍山古城里都会扎起两米高的巨型火把，并向火把撒香粉助燃。（见209页）

➡ **巍山彝族祭祖节** 如果农历二月初八的彝族打跳祭祖还没让你尽兴，前后一周还有巍山小吃节的无尽美味。（见209页）

➡ **无量山樱花季** 11月至12月，山谷里的嫣红樱花盛开在墨绿茶田之上，比照片中的景色还要美。（见216页）

鸡足山、巍山和大理东南亮点

❶宾川鸡足山（见204页）

鸡足山因前列三峰、后托一岭的山形如同鸡足而得名，由于和佛经中迦叶尊者入定之处的描写极为相似，成为佛教徒心中的迦叶道场，在中国佛教名山中占据一席之地。这里是各乘佛教的交会处：汉传佛教、藏传佛教、南传佛教汇集于此。不论爬山还是乘索道，都可登上金顶看日出云海，天晴时还可远眺苍山洱海、玉龙雪山和金沙江。

❷巍山古城（见206页）

想看慵懒古朴的古城，巍山是不二之选。这片坝子正是红河的发源地，强大的南诏部落受肥沃热土的哺育，在唐朝时一统洱海六诏。元、明、清三朝时，筑城设墙的蒙化府拥有与大理府平级的行政地位，现在仍清晰可见的巍山古城与街道的布局，便继承自始建于明洪武二十二年（1389年）的蒙化卫城。在如今，棋盘般的巍山古城内仍有不少明清城市建筑，以及热络的本土生活氛围。

❸巍宝山（见208页）

明末清初时，不少道士从中原汉地来到蒙化城边的山里开辟道场，巍宝山因此成为道教名山，如今山中仍有近20处道观，不少仍保留了清初修建的木建筑。这处低调的道教名山氛围清幽，道观里的壁画、古茶花和木雕斗拱都古意盎然，冬春季节梨花与樱花盛开时更能在这里欣赏到美景。

©视觉中国

©摄归心源/图虫创意

左图：鸡足山晨光；
右图：鸡足山中寺庙。

行前参考

对于不自驾的旅行者来说，这片地区的公共交通也基本够用，只是有时需要做好在路边拦过路客车的准备。

❹ 在巍山喝茶（见212页方框）

对于巍山人来说，喝茶不仅是为了提神，也是每日重要的社交活动。城内的大小茶室都是老友会面的休闲场所，会享受生活的老爷爷们每天早上过来喝茶下象棋，直到老伴招呼回家吃饭。本地人喜欢喝烤制过的绿茶，以及加入不同配料做成的槐花茶、糊米茶和甘草茶。你也可以到茶室随意落座点杯茶，做一位偷得浮生半日闲的观棋君子。

❺ 无量山樱花谷（见216页）

无量山不只是武侠小说里的神秘世界，冬春时到这里可以欣赏嫣红樱花盛开在澄澈蓝天下的美景。有趣的是，这处山谷美景其实来自无心之举：20世纪90年代，台湾商人到南涧无量山开辟山地种植和生产乌龙茶，山坡上的台地茶园需要增加土壤水分含量，所以把根系发达的樱花树与茶树一起间种，以增加蓄水力，樱红茶绿就缘起于此。

2

玉环瓜浦

巍山古城。

巍宝山太子殿。

3

4

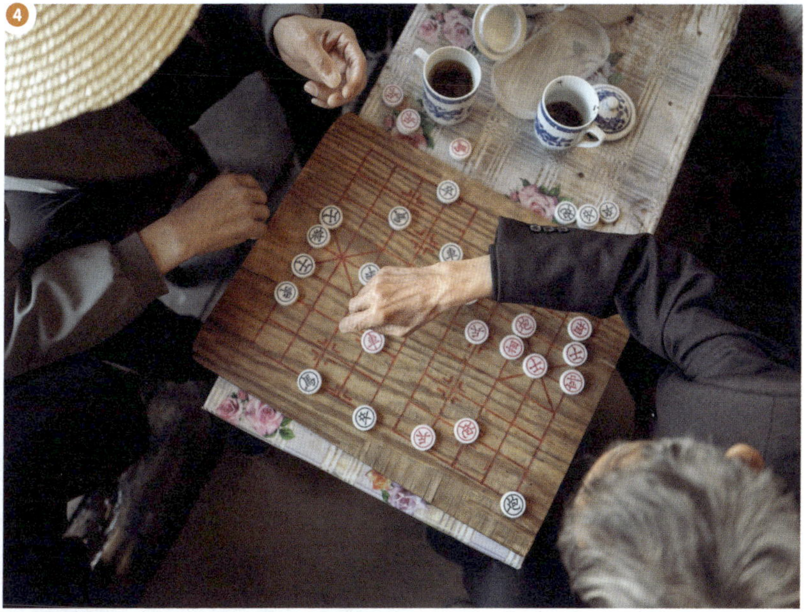
©JUN XU/GETTY CREATIVE

街头茶馆棋局。

无量山樱花谷。

5

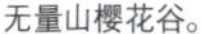

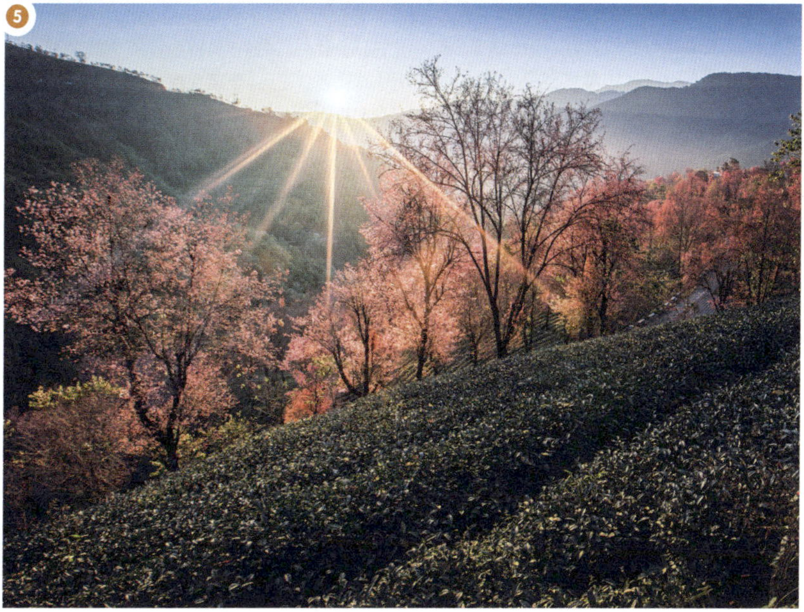
©视觉中国

鸡足山金顶寺。

★ 最佳景点

宾川鸡足山

洱海东面山脉中的鸡足山是沟通中原、藏地以及东南亚的佛教名山。在传说中，靠近山顶的华首门崖壁正是迦叶尊者守衣入定等待未来佛的地方，因此这座山成了佛教徒尊崇的迦叶道场。从南诏开始，历代僧人多在此建寺弘法，后山建茅棚隐修的传统也从未断过。徐霞客曾两次来到鸡足山，并用"东日、西海、北雪、南云"来称赞金顶风光。

山门"灵山一会"牌坊寓意这里是不同佛家派系的交会处：到鸡足山之后，汉传佛教不往西，藏传佛教不往南，南传佛教不往北。每年农历正月初一至十五朝山会时，人头攒动，各派朝山者参拜祈福，还有各种民俗活动助兴。

（☎735 0020；门票55元；⏰8:00~18:00，观光车和索道8:30~17:30）

游山路线

最省力的游山方式是乘坐班车至**石钟寺**，步行15分钟（这段路上有很多猴子，请留心照看小孩和随身物品）至**运兵点**，再换乘景区观光车（单程10元）至**玉佛寺**，之后乘索道（上/下行45/30元）直上**金顶**。

从石钟寺至金顶，一路都有登山步道，石钟寺至玉佛寺步程约1小时，玉佛寺至金顶步程1.5小时。如果没有时间和体力全程步行，可选择乘观光车至玉佛寺后，走这段更险峻但风景更好的石梯至金顶。

藏民朝山的路线是从**双廊伙山村**走**木香坪**至后山山脊，下山再上山后经**华首门**到**金顶**。这条徒步线路全长20公里，体力好的话7小时可以走完，不过中途没有补给和下撤小路，若有兴趣可在**双廊**（见139页）向当地客栈打听信息和联系向导。

沿途看点

不论走楼梯爬山还是乘坐观光车和索

©视觉中国

道，你的鸡足山之旅通常都从石钟寺旁的禅宗**祝圣寺**开始，这座寺庙建于明嘉靖年间，在清末经虚云大师得慈禧资助而重建。寺院大雄宝殿内壁上的五百罗汉泥塑精美生动，西门外有虚云纪念亭。

祝圣寺往上过玉佛寺索道下站后，继续走石梯登山，半路会经过一座藏传佛寺**迦叶殿**，这是鸡足山的开山祖庙。**迦叶殿**往上会经过铜瓦殿，穿过这座以铜做瓦的寺庙来到**华首门**，传说中这面巨大的门扇形石壁是迦叶尊者守衣入定处，门前常有磕长头的藏民信徒。原路返回登山石梯继续往上，经过索道上站即是海拔3214米的金顶寺，可直上从住宿部侧门进入金顶寺，也可在灵山小吃门前顺路左转至三官殿，从山门开始朝拜。**金顶寺**内13层楞严塔是全山制高点，大雄宝殿前的庭院内视野开阔，西侧可看云海翻腾，东侧可观日出，天气晴好时还可远眺苍山洱海、玉龙雪山和金沙江。

亮点速览

- 石钟寺大雄宝殿内神态各异且色彩缤纷的五百罗汉泥塑。
- 一鼓作气，爬过陡峭石梯直上迦叶殿。
- 在华首门绝壁下赞叹迦叶尊者的头陀苦行。
- 住在金顶，早起观日出云雾，远眺苍山玉带。
- 省点力气，乘索道快速掠过古寺和山林。

食宿和交通

山顶的**金顶寺住宿部**（☎735 0060；铺30元起，标双220元起）提供简朴的床位和房间，住在这里方便早起观日出，但客房通常没有足够的淋浴供水。此外山顶温差大，夏天雨季时有必要穿长袖衣裤。祝圣寺、玉佛寺和金顶寺附近都有香会街，街上的餐馆也提供住宿，标间100元左右。祝圣寺和玉佛寺附近的住宿可洗澡，金顶寺下方的住宿则常有供水不足的问题。此外，山脚下八卦形的鸡足山镇有很多住宿选择，150元左右就能住到装修一新的民宿，投宿一夜早起登山也是不错的主意。

山中餐饮价格几乎都是荤菜40元起，素菜20元。在就餐时间，金顶寺和石钟寺等寺庙也对外提供素斋，每客5~10元。

下关火车站旁的大理客运东站有班车直达鸡足山石钟寺停车场（32元；8:00~11:00，每小时1班；1.5小时），返程末班车时间为14:00。**宾川汽车客运站**（金牛镇南苑路49号）也有旅游专线发往石钟寺（8:00~17:00每小时1班，15元，车程1小时），返程末班车时间在19:00之前。宾川至下关的客运班次非常频繁（19元；6:50~19:00，滚动发车；1.5小时）。

需留意，在朝山会和法定假期时客运班车只到山门售票处，需在此换乘景区观光车（10元）至石钟寺。平日自驾可把车停在石钟寺停车场，节假日也只能停在山门外，停车费都是10元/天。

巍山古城等觉寺双塔。

巍山古城

想看慵懒的古城，巍山是不二之选。巍山坝子是南诏国的发祥地，元、明、清三朝时期这里作为蒙化府拥有和大理府平级的行政地位，如今的巍山古城即始建于明洪武二十二年（1389年）的蒙化卫城。

虽然离大理古城不远，巍山的发展却慢了好几步，一直是不紧不慢的闲散模样：本地人在古街的店铺里写字盘古董，在公园里提鸟笼会友，在茶摊上喝茶下象棋。除了吃面要趁早，在这里你要做的就是消磨时间。当然你也可以把活力挥洒在城东南的山间，徒步游玩有年头的寺庙、道观和古马道。

景点

巍山古城 历史街区

（见221页地图；免费；24小时）与许多明朝洪武年间建成的城池格局相似，平坝里的巍山古城也呈现整齐的棋盘格局，虽然城墙已难寻踪迹，但城内仍有不少明清城市建筑。

中轴线上的**拱辰楼**俗称大鼓楼，原为蒙化卫城的北门城楼，2015年时木质楼阁曾被火烧毁，如今的楼阁是修复重建的，不过城楼的砖石基座和拱券基本还是原装。形似一枚印章的**星拱楼**又叫小鼓楼，是东西南北四条大街交会处的过街楼，四面悬挂的牌匾值得细读，当地还保留着在楼下张贴讣告通知亲友吊唁的习俗。西街尽头藏着隧道式的**西门吊桥**，它曾是与西门城楼配套的吊桥。南街尽头的**南栅门**位于曾经的南门外，如今的土墙和城门是清末杜文秀起义期间修建的。此外，拱辰楼东侧的**文华书院**以及古城东南角的**东岳宫**都已完成修复，在你前往时或已开放参观。

从拱辰楼继续向北，日升街和月华街周边原是古城外的北关，这里也有一些明清至民国时的宅院藏在凌乱又鲜活的市井中。日升街上始建于明末的**北社学**现为群力小学，

©视觉中国

继续往北的**群力门**则是在20世纪50年代为纪念巍山民众合力修成关蒙公路而建。

南诏博物馆 博物馆

（见221页地图；后所街近报国街；免费；⏲9:00~16:00，周一休馆）想了解巍山古城的历史，就到这座博物馆。在常设展览中，你可以了解到先民怎样由哀牢山顺红河北迁至巍山后建立南诏，再一统洱海南北；也可以欣赏到南诏故都垅圩图城中发现的佛像，以及做工精细的东山彝女服饰。

博物馆是在明清古寺等觉寺的基础上改建的，中轴线上的**太阳宫**是唯一保存完整的清朝建筑，大开间架构和木柱石础风格粗犷，两侧梁上猫着两只可爱的木雕狮子。屋内收藏了两套木门，其中六扇彩色雕花木门来自文庙明伦堂，透雕出的山河城池精美绝伦。也可以留意门前那口大铜钟，它是铸于明朝成化元年的文物。

不要错过

去华侨农场喝咖啡

大理宾川可能是中国最早种植咖啡的地方。距县城东北90公里的金沙江河谷中有一个叫作朱苦拉的小山村，那里仍然生长着一百年前由法国天主教士从越南带来的咖啡树。当地村民也早早养成了喝咖啡的习惯，还总结出了一套用铁锅柴火烘炒咖啡豆的方法。

朱苦拉山路难行，不过从鸡足山下山后，可去到宾川县城东南3公里处的太和农场二队，在葡萄园里的露天咖啡厅，就着炸虾片和炸洋芋来杯香浓的越南咖啡。这座农场在20世纪70年代接纳了一批越南和印尼华侨，正是他们把喝咖啡的习惯带到了小县城。

农场里名气最大的**二对咖啡**（☎139 8722 7805；冰咖啡10元；⏲10:30~23:00）从1985年开始营业，简易塑料咖啡桌都摆在一片桉树林中。这里的咖啡风味并不十分令人满意，但根植在本土乡间的咖啡文化氛围非常吸引人。特别是消夏时，周边远近的人们驱车前来，喝咖啡、吃烧烤、打扑克，度过一个悠闲的夜晚。得益于“引洱入宾”水利工程的灌溉，宾川县现在是大理著名的果蔬种植地，咖啡厅周围全是葡萄田，如果6月前来，还能赶上农场的葡萄节。

蒙阳公园 公园

（见221页地图；大水沟街中段；免费；⏲24小时）这座始建于民国的市民公园充分展示了当地人是怎样享受生活的：下棋打牌、以鸟会友，每个角落都有让人放松的娱乐活动。园内还藏有不少文物建筑，奇嘉阁原是北社学内的清末阁楼先师阁，因群力小学施工而迁至公园，红砂岩筑成的南诏棋院建于民国时期，园中园一隅的百鸟朝凤照壁是当代雕塑精品。春日园内樱花盛放，画眉在花中

不要错过

鸟道雄关徒步

巍山往东翻过山就是弥渡坝子，如今山中仍留存了一段南丝绸之路上的古道，这里也是候鸟南北迁徙的一个重要节点。每年9月中至10月中山里起雾，候鸟飞到龙箐关后会因为失去方向而暂时聚集，明朝万历年间人们已发现了这个现象，因此把关口古道称为“鸟道雄关”，并立下石刻。此外，巍山汉族传统中做三十六关过关法事，就要持甲马纸符通过龙箐关来完成仪式。

盘山而上的老巍弥公路连通巍山和弥渡，鸟道雄关入口就在路边，从公路口到护林站还有3公里的弹石平路，不熟悉路况的自驾者在这条窄路上会让车的难度很大，更建议将车停在公路边再走进去，看到护林站后顺右边的小路上山，走1公里山路即到龙箐关口。

从巍山驾车前往鸟道雄关约20公里。不过在我们调研时巍山段的路况很糟糕，上山要开近1小时，在路面铺好之前，我们不建议你自驾上去。从古城包车往返180元左右，客栈主人一般都可以帮忙联系。

吟唱的场景非常美。

还可去公园南面的**巍山文庙**（门票5元；8:30~17:30）逛逛，文庙建筑几乎都是当代修复重建的，不过古树生长得郁郁葱葱。

巍山民俗博物馆　博物馆

（见221页地图；☎136 4872 3976；人文巷近日升街地官坊；门票20元，含讲解；⏲9:00~17:00）这座杂乱而有趣的民间收藏博物馆建在清朝民居**梁大小姐宅院**中，马帮用具是一大亮点，还收藏了一整个房间的甲马纸。如果你前往时没有开门，电联主人即可。

蒙阳公园内的南诏棋院。

巍宝山　山

（☎636 9016；巍宝山乡东侧；门票40元；⏲售票8:00~17:00）明末清初时不少道士从中原汉地来到山中开辟道场，巍宝山因此成为道教名山，如今山中仍有近20处道观，不少仍保留了清初修建的木建筑。山中氛围清幽且绿意盎然，冬春季节梨花与樱花盛开时游山更能欣赏美景。

进山后上行，先来到始建于南诏时的**南诏土主庙**，这里主奉南诏一代王细奴逻，另有其他南诏王的塑像供人祭祀。再往上前行，**文昌宫**龙潭桥墩上的清朝壁画记录了彝族围圈打歌的场景。**玉皇阁**灵官殿的三百年古山茶在冬春时开放，山顶**斗姥阁**视野开阔，可以眺望群山。下山时记得走岔路绕到**长春洞**，这里的主殿仍是清朝时期的模样，保留有非常精美的木雕、斗拱和线描壁画。

沿着环形步道走一圈至少需4小时，如果早起爬山，8:00之前山门无人售票。登山

巍宝山玉皇阁。

入口距巍山古城12公里，包车上山往返约100元。如果乘网约车上山，记得留好司机电话，请他回程来接。

东山大小寺 寺庙

（县城东南约3.5公里；免费；⏲7:00~18:00）大小寺是东山上两座寺庙的合称，俗名"大寺"的圆觉寺规模比俗名"小寺"的玄龙寺要小，这也是当地民谚"大事不大，小事不小"的由来。

从巍山城南经过清末修建的吊桥**南薰桥**后转到大小寺公路上山，道路尽头就是始建于南诏的小寺**玄龙寺**。如今这里是主奉玉皇大帝的道观，农历初一、农历十五前后会举办洞经道场。寺庙左侧的客场是当地人举办宴席的地方，右侧稍小的龙华寺则是一座佛寺，在明初曾是蒙化卫城建城武将范兴的祠堂。沿玄龙寺旁的石板小路在森林里穿行约10分钟，即到始建于明朝的大寺**圆觉寺**，寺庙依山而建，山顶可远眺山林，山门外的两座佛塔也是明朝时建造的。

大小寺也是本地人喜爱的休闲场所，小寺外的弹石广场旁有一家茶摊（茶资5元；10:00~22:00），大寺圆觉寺每日11:30和17:30提供斋饭（餐费10元）。

从古城至大小寺往返约7公里，不想步行的话也可叫网约车。

节日

彝族祭祖节

农历二月初八是当地的**彝族祭祖节**，会在巍宝山上的南诏土主庙举办祭祖活动，彝族同胞则会打歌助兴。近年来在祭祖节前后一周内会举办**巍山小吃节**，文庙大门外的南诏胡同以及大仓镇东莲花村（见214页）都是美食主会场，古城北街也会摆开长席。

彝族火把节

农历六月二十五是**彝族火把节**，巍山过火把节的习俗是扎两米高的巨型火把，并向火把撒香粉助燃。蒙阳公园西侧的南诏文化广场会举办焰火晚会，晚会有祭火打歌等活动。

课程

扎染

巍山的传统扎染在大理很有名。**兴巍工艺**（见212页）在店面后方的院子里提供扎染体验课程（60元起），可选小方巾或布包来制作自己喜欢的图案。**三彝扎染**（见212页）在城东自由村的工厂里开设了**三彝扎染博物馆**（免费；8:30~11:30，13:30~17:30），每日开放参观，工厂内扎染体验课程100元起，可跟着师傅的操作来完成整个流程。

住宿

如果有时间在巍山小住几日，你就会受到当地节奏感染而彻底放松下来。古城内外不乏住宿，现代标准的酒店集中在拱辰楼北面以及古城西侧，北街上有几家精品酒店，南街附近则有不少民宿客栈。巍山的住宿价格波动不大，周末、节假日尤其是火把节前后可能会略微涨价。

凡尘小院 客栈¥

（见221页地图；182 8723 1719；南外街85号；铺35元，标双100元起；）由古城外的一处老宅精心改建而成，房间不大，但都有直面花园的景致，二楼角落的绿意小筑房的窗景尤其好看。公共卫浴干湿分离，干净整洁。放映室、书房和咖啡馆等公共空间都很舒适，庭院花木葱茏，还种了好几种水果。门前有两个车位可供住客免费停车。

沉香隐舍 精品客栈¥¥

（见221页地图；139 8726 2625；东街64号；房间450元起，含早餐；）巍山老牌的精品客栈，由民国年间修建的柯家大院改造而成，老宅的旧主人是当地一位烟草商人。两个院落里只有4间客房，漂亮的中国风复式套房宽敞而舒适，客栈还配有管家式服务以及住客专享的餐厅。

云上的日子国际青年旅舍 青年旅舍¥

（见221页地图；612 1616；南外街8号；铺30元，普双100元；）这家加盟YHA的国际青年旅舍坐落在古城少有的现代小楼里，公共空间开阔明亮，社交氛围也很好。客房整洁舒适，但请留意所有房间都没有独立卫生间。此外，如果你在巍山古城包车、拼车或结伴同游，到这里很容易找到信息。

颐和·耘熹进士第文化精品酒店 精品酒店¥¥¥

（见221页地图；612 9022；北街56号；标双1619元起，含双早；）巍山古城终于迎来了品质和价格均属上乘的精品酒店。这家酒店坐落在一位清朝进士的旧宅中，清洗墙面时发现的壁画被保护在了玻璃罩里，由安缦设计师参与操刀打造的4个院落景观分别对应四季，造景时充分运用了庭院内的原有植物。客房明亮舒适，不过商务风的装饰稍稍给度假氛围减分。酒店的下午茶对外营业，来喝杯咖啡（30元）顺道参观也是不错的体验。

就餐

粑肉饵丝、一股面，巍山小吃在整个大理都很有名，不过巍山好吃的不止是小吃，当地家常菜同样调味细致，火候也好。夏季时巍山周边出产大量野生菌，从火把节到农历七月十五菌子最多，届时前往千万别错过这种一年一会的美味。

昆师傅品香苑 云南菜¥¥

（见221页地图；139 8722 0390；后所街7号；人均60元；11:00~14:00，16:30~20:30）百年老院中的本土私房菜馆，老板兼主厨昆师傅有做菜的天赋，也肯钻研，复原了南诏时的宫廷菜“网肝黄金甲”，这道菜的神秘口味值得尝试。夏季也可以吃到各种野生菌，真材实料，分量很足，炒见手青和家庭厨房出品的一样货真价实。

清芳餐厅 云南菜¥

（见221页地图；南街70号；人均35元；

⏲10:00~20:00）一家好吃的家常餐馆，老板娘兼主厨手脚麻利，每日招待来聚餐小酌的当地人和偶尔闯入的外地客。和云南乡镇许多小馆子一样，这里没有菜单，而是让顾客看冷柜中的备菜来点菜，价格通常是素菜15元，荤菜40元。如果不知道吃什么，来一份卤肉拼盘配苦菜豆腐汤就足够美味了。

苏老三一古面 小吃 ¥

（见221页地图；后所街62号；小碗面10元起；⏲7:00~12:00）元明时期的屯兵给巍山带来了西北制面工艺，这种叫作“一股面”的手拉面的做法类似于拉条子，厨师凭借飞快的手速将醒好的盘面拉扯成细长的面条抛入锅，煮熟后起锅加入肉酱等调料。除了汤面也可试试味道更浓郁的干拌面。苏老三是城中最有名的一股面老字号，每天12点之前就卖完打烊，如果没赶上，也可试试蒙化广场旁的朱记一根面。

老王过江饵丝 小吃 ¥

（见221页地图；北街37号；饵丝12元起；⏲7:00~14:00）和巍山其他炬肉饵丝店不同，老王家的“过江”吃法很有戏剧性：把饵丝从碗里夹出，蘸另一个碗里的肉汤一起吃。肉汤里漂亮的火烧带皮猪腿肉又酥又烂，大小套饵丝都附送几盘小菜，让食客吃得很有架势。想尝尝家常版的炬肉饵丝，随意找家普通小店和街坊们一起吃都不会错。

南栅门杨氏卷粉 小吃 ¥

（见221页地图；南外街近南栅门；卷粉5元起；⏲11:00~16:00）凉卷粉是巍山街头很受欢迎的小吃，除了米制卷粉，也可选豌豆油粉、米线和凉面同拌。这家南栅门外的小店受欢迎之处在于香而不辣的自制辣椒油，以及不限量的自助木瓜醋。当你在路边遇到任何一家卷粉摊，都不妨坐下来和街坊邻居们一起吃。

昆师傅品香苑出品的凉拌松针。

木习 摄

不要错过

在巍山喝茶

对于巍山人来说，喝茶不仅是为了提神，也是每日重要的社交活动，城内的大小茶室都是老友会面的休闲场所。茶室的消费非常亲民，通常都是3元一客盖碗茶，热水管够。本地人喜欢喝烤制过的绿茶，以及加入不同配料做成的槐花茶、糊米茶和甘草茶。

古城中心北街148号两家茶室相邻，分别是南面的**棋茶坊**和北面的**老茶室**（见221页地图）。两家店做了多年邻居，都从早晨9点左右开门营业，到下午6点前后关门。城里会享受生活的老爷爷每天早上过来喝茶下象棋，直到老伴招呼回家吃饭。

拱辰楼往东的南诏东路上有一处热闹的露天茶摊聚集地，就在新建的文华公园对面。这里的饮茶人群从下午开始聚集，到晚上更热闹，冬天还会生起火盆。在蒙阳公园南角也有一排茶室，鸟语花香，环境宜人。

饮品

酒馆和咖啡馆是巍山古城老街上的新鲜事物，坐在老院子里喝瓶精酿啤酒的感觉很奇妙。老派巍山人的社交休闲场所则是茶室，会享受的老爷子总是会点杯槐花茶，再连下三盘象棋。

白水咖啡馆 咖啡馆

（见221页地图；北街183号，近星拱楼；咖啡25元起，精酿啤酒30元起；⏲12:00~23:00）一对旅居巍山的情侣共同打理这家咖啡馆，把庭院翻修得质朴又精致。除了价格合理的咖啡和酒精饮料，这里也出售女店主自己设计的服饰，另有一间客房可供租用。

清欢茶酒社 酒馆

（见221页地图；月华街123号；精酿啤酒28元起；⏲13:30~23:00）这家小酒馆藏在本地生活气息更浓郁的月华街上，庭院开阔，古意盎然。除了精酿啤酒和梅子酒，坐在二楼回廊里对月品茶也非常惬意。

巍山古城北街木雕甲马店内的甲马纸。

购物

城中两家扎染大厂都在南街上开设了门店：**兴巍工艺**（见221页地图；南街38号；⏲9:00~22:00）的产品除了扎染也有刺绣元素，**三彝扎染**（见221页地图；南街中段；⏲10:00~21:30）也擅长做漂亮的团扇。

古城内文教昌隆，从随处可见的喜联和挽联上就能看出当地书法家的功底。**李萌书屋**（见221页地图；北街29号；⏲10:00~15:00）和**习兰亭**（见221页地图；北街85号；⏲10:00~16:00）都由写字先生经营，可请他们代写字句和对联。

如果对民间信仰感兴趣，就去**木雕甲马**（见221页地图；北街81号；⏲10:00~16:00）拜访老手艺人，看他怎样雕版和印刷，并请

大临铁路动车组列车驶过巍山。

几张有眼缘的甲马纸符回家做装饰。

等觉寺白塔对面的**城南市场**（冷泉巷；⏰7:00~12:00）因地产开发而搬到了地下层，不过仍留有摊位供农户把自家物产背下山贩卖。夏天的市场最热闹，各种野生菌、山笋和仙人掌果实让你大开眼界。逛菜场时最好带点零钱，因为有的村民可能无法用手机交易。

到达和离开

大临铁路通车后，从下关的大理站前往巍山最快仅需22分钟，二等座14元起。高铁**巍山站**就在巍山汽车客运站西侧600米，距离古城很近。昆明发往临沧的列车也途经巍山，但在我们调研时每日只有1班列车，可考虑分段买票，在大理站走便捷通道换乘，预留20分钟换乘时间即可。

巍山汽车客运站（城西路近215国道）有班次频繁的班车（6:30~18:00滚动发车；17元；车程1.5小时）发往下关兴盛汽车客运站。这条客运班线不如高铁快捷，但能把你带到沿途的庙街、大仓和永建等镇子。

当地交通

巍山城内有电瓶车作为公交车行驶，不过由于北街和南街禁止车辆通行，所以电瓶车对旅行者帮助不大。不过每班列车到达高铁巍山站后，都有电瓶车（2元）在出站口接站，这趟电瓶车能把你带到古城中心的拱辰楼。另外出租车也在火车站门口候客。

巍山出租车起步价6元/2公里，之后2元/公里，打出租车或者网约车上巍宝山最便利。此外三轮摩的在城内要价5元，出城需议价。

巍山古城周边

庙街、大仓和永建三个大镇位于巍山县城北面，这里除了有名的东莲花村，还有几处有趣的看点散落在坝子和山间。从巍山县城乘城乡小巴或包车前往是可行的，自驾旅行者则可在返回下关时将这些景点一线游览。

景点

东莲花村 古村落

（大仓镇永胜公路；免费）东莲花村因清末至民国的穆斯林马帮商贸而繁盛，如今村如其名，屋舍街巷清洁，夏日村口莲花盛开。清末马锅头马氏三兄弟的家宅是村中最值得细看的建筑，**马如骥大院**（门票20元；9:00~17:00）中的展览讲述了这个家族的传奇，登上四层角楼可俯瞰全村。如果你留意细节，二楼走廊顶上描绘有上海街景，院内还有由龙云和白崇禧题字的牌匾。凭票还可逛逛旁边的马帮文化博物馆。

大宅北面的**马如清大院**角楼装饰有漂亮的彩绘浮雕，南面的**马如骐大院**角楼则是泰傣式样的。西侧**东莲花村清真寺**有着飞檐翘角的中式木质宣礼楼，不建议非教徒进入朝真大殿，但可以看看走廊两侧漂亮的阿文书法。

不自驾的话，从巍山乘坐到永建的班车（8元），请司机在东莲花村路口停车，下车后顺路步行1公里即到。

西边大寺 寺庙

（庙街镇龙于村；免费）当地人把拜访西边大寺称为“串寺”，在这里各种寺庙相连成串，呈现一种混乱中立的和谐：入口处土主庙、三原都会府以及路神车神殿等民间信仰寺庙一字排开；中心的云隐寺后方是道教五老殿，再后方是观音殿，侧面有白族三公主殿，高处则是斗姥阁。寺庙建筑群往东的龙于山是垅圩图城遗址所在地，据信这座城池在六诏争雄时期是南诏王城。

西边大寺不通公交，建议自驾前往。顺215国道到屯仓后往西转入龙于村，可从村口的盘山土路开上山。如果对自己的驾驶技术不太有把握，就把车开到村北的停车场，找老乡问问路再走楼梯爬上山。

永建永济桥 古桥

（永建镇巡检村；免费）这座漂亮的廊桥始建于明万历年间，桥头保留着明朝白族学者李元阳题写的永济桥碑记。明清至民国

南丝绸之路上的巍山回族商帮

张世秋

13世纪中叶，在蒙古国出兵灭大理国时，随军队而来的西亚色目人成为云南回族的主要人口构成来源。由于元朝在交通要道上设立驿站的“站赤”机制，这些穆斯林大多居住在交通便利的通道沿线，再加上伊斯兰教重视商业的特性，以及族群本身与交通运输工具——马匹的紧密关联，云南回族拥有了经营马帮商队所需的有利条件，只要翻越崇山峻岭就可以与东南亚诸国进行商业交流。

作为南诏旧都和大理国重要城池的所在地，巍山坝子在元朝初年迎来了大量色目人，如今巍山古城爱吃蜜饯的习俗，据信最初正是由这些西亚宾客带入的。“南丝绸之路”在巍山坝子分叉，一条往西翻山跨过黑惠江，到保山昌宁，再过腾冲进入缅北腊戌和曼德勒；另一条则往南走南涧经普洱，顺

左图：普洱段茶马古道遗迹；上图：东莲花村马如骥大院。左图：©视觉中国；上图：©视觉中国。

澜沧江到西双版纳勐海出境，进入缅甸景栋后再去往仰光或泰北清莱。巍山的回族商队在这条商路上年复一年地往返，他们带去丝绸、茶叶和马匹，带回玉石、棉花和香料。

纵贯元明清三朝，巍山回族商队在南丝绸之路的商业活动都未曾中断过，“走夷方”的马蹄声响在民国时达到鼎盛。20世纪30年代，当时的云南省政府主席龙云为维持与法属越南的商业联系而组建运输马队，马如骥等人作为马锅头入选，他们走昆明经百色，再转至越南，往返输送物资。如今在东莲花村中，马氏三兄弟的大宅内留下了当年的辉煌印记。

往北去往滇藏茶马古道，巍山回族商帮的贡献也同样值得铭记。在抗日战争战况胶着的20世纪40年代，日军占领法属越南和英属缅甸，随后陆续封锁了滇越铁路和滇缅公路，于是大理西北部的茶马古道成为向大后方输送物资的国际通道，大量物资由印度经尼泊尔进入藏区，至丽江继续往南，到大理云南驿后再转向昆明和昭通，最终到达临时首都重庆。在这条国际物资运输线上，马氏兄弟再次偕同其他回族商人组织马队参与其中。

1948年前后，马氏兄弟移居泰北清迈，随后为当地的云南穆斯林社区做出了重要的贡献，马如骐曾在泰国中华商会与云南会馆担任要职，并受到泰国普密蓬国王的接见。忽然茂是清迈云南穆斯林社区的另一位重要人物，这位商人兼学者来自巍山小围埂村的一个回民大家族，1941年时在小围埂村创办了穆光学校。1951年到泰国定居后，忽然茂与马如骥等巍山同乡联合主持重修了清迈王和清真寺（Masjid Banhow），并主持修建了讪巴契敬真清真寺（Masjid Attaqwa）和敬真学校（Attaqwa School），后者至今仍是清迈有名的伊斯兰教经文学校，见证了中泰两国民间的友谊往来。

马如骥大院体现了昔日巍山回族马帮的辉煌。

时，巍山马帮商队“走夷方”翻山去往保山昌宁，再南下缅甸，进出巍山坝子都要走永济桥跨过巡检河。桥东约1公里的小围埂村是一个回族村落，村中白族建筑风格的**小围埂清真寺**正是杜文秀起义的始发地，可顺道参观。

永济桥在东莲花村北面约4公里，不自驾的话，包车游览东莲花村时可请司机稍微绕道前往。

食宿

东莲花村中有几家住宿，不过我们更建议你住在巍山古城再进行周边一日游。东莲花村北面的清真美食街有不少就餐选择，可以尝尝凉鸡米线和烤肉，或者到**偰氏清真面片**（面片8元起；9:30~21:00）来碗应季加了青蚕豆和牛干巴的筋道面片汤。

到达和离开

不自驾或包车的话，你可以搭巍山至永建的城乡客运前往东莲花村。绿色的小面包车就在巍山汽车客运站北边的巷子里候客，6:40至19:00每3分钟至5分钟就有一班车。

南涧

干热河谷里的南涧已隐约有了云南南部的风光，继续南下即可到达普洱地区的景东，进入茶马古道上云雾缭绕的茶产区。无量山樱花谷是大多数人到南涧的理由，如果你在县城经停，也可去城中心的月牙山公园爬山，小山上棕榈树、乔木和仙人掌错落共生，这在大理其他地方比较少见。

景点

无量山樱花谷　山谷

（无量山镇德安村；免费）《天龙八部》里，无量山正是段誉初遇神仙姐姐并学得凌波微步的神秘之地。在现实中，冬春之交的无量山樱花谷用澄澈蓝天下的樱红茶绿来把这份神秘浪漫具象化。这处山谷美景其实来

无量山樱花谷。

自无心之举：20世纪90年代，台湾商人到南涧无量山开辟山地种植生产乌龙茶，山坡上的台地茶园需要增加土壤水分含量，所以把根系发达的樱花树与茶树一起间种，从而增加蓄水力。

受每年天气影响，无量山樱花谷的盛花期在11月底至12月中旬不等。景区其实就是华庆茶业的茶场，占地2000亩，划分为3个景区，各景区入口沿公路依次排开，其中1号、2号景区相隔1.5公里，再往前3公里可到3号入口。公路沿线和1号、3号景区内都有住宿，但樱花季价格上涨幅度很大，普通农家标间也要200多元。2号景区旁有条村道，3公里的下坡可到山花村，这个村子里的农家乐房价在樱花季也能维持在百元出头。如果没赶上樱花季，夏季到山谷避暑也是不错的选择。

去樱花谷最好自驾，景区收取30元停车费，住在景区内则可开车进入。借助公共交通前往较为周折：南涧县城至无量山镇的城乡客运（7:00~19:00滚动发车，15元，车程约1.5小时）在富民街上的南涧中医医院门口候客，请司机把你放在上山的岔路口，然后拦景东发往保甸或漫湾的班车，这两条线都经过樱花谷门口。你也可以在无量山镇上包车（往返100元），走15公里盘山路。

另辟蹊径

山坳里的琢木郎村

巍山坝子东西两侧的山中都有彝族聚集地，有说法称居住在东侧山峦中的“东山彝”是破国后躲入山中避祸的南诏王室后裔，彝女们刺绣繁复精致的多彩服饰以及打跳时的复杂舞步便是证据。

琢木郎村是巍山东山彝族村寨的典型代表。这个山坳中的村落平时比较冷清，随着生活条件的改善，村民纷纷建起了新房，但仍然会身着传统盛装等待摄影爱好者的镜头。须留意，拍人物正脸时请先征得他们的同意。每逢农历二月初八祭祖节和火把节等盛大活动时，村中都会有热闹的歌舞打跳。如果运气好偶遇婚庆，更是体验当地热闹习俗的绝佳机会，只需客气随礼即可加入婚宴。

调研时村子尚无公共交通，从巍山县城包车往返约200元，可与东莲花村串线做半日游。自驾走215国道至大仓镇深河村后进村上山，走16公里路况不错的山路即到琢木郎村。

南涧土林 自然景观

（南涧镇南约3公里，近214国道；免费；24小时）在自驾前往无量山樱花谷的路上，不妨顺道去看看这处受雨水冲蚀形成的土林。与别的土林不同的是，南涧的干热气候使这处土林上长出不少仙人掌，当你顺步道游览时也可以想象自己在墨西哥，体力好还能爬到山顶看看无量塔。

食宿

如需在南涧过夜，可考虑住在城北的南

涧客运站附近。**阳光大酒店**（☎875 2666；南涧镇金龙路9号；标双200元；❄📶🅿）是客运站周边条件不错的酒店之一。

想体验本地特色的大菜，就别错过"南涧跳菜"，这种南涧彝族宴席的特色是上菜时载歌载舞，代表菜里通常有无量山木瓜鸡和南涧油粉。**跳菜人家**（南涧镇总府庄村口；人均60元；⏲9:00~21:00）是县城有名的跳菜餐馆，距离南涧土林也不远。

到达和离开

不论是否自驾，我们都建议你把南涧作为巍山的下一站。巍山客运站每日有10班车发往南涧（7:30~17:00约1小时1班，12元，车程约1小时），自驾者顺河谷中的215国道往东南开40公里即到南涧县城。此外在我们调研时大巍南高速正在修建，建成后即可走高速至南涧。

对于不自驾的旅行者，从南涧返程最便利的方法是从**南涧客运站**（南涧镇金龙路近215国道）乘班车回到巍山（9:00~18:00约1小时1班，12元，车程约1小时），再转乘高铁离开。

弥渡

在历史上，洱海东南的弥渡坝子与汉地的联系更紧密，《三国演义》里"七擒孟获"中的一回便发生在弥渡红岩。如今很少有旅行者专程前往弥渡，不过如果你自驾出游，不妨在从南涧北返的途中顺道游览，这里的古镇、古寺和乡土食物都会给你留下好印象。

景点

铁柱庙 寺庙

（弥城镇庙前村；门票5元；⏲8:30~17:30）这座幽静的寺庙中藏着一处低调的"国保"：南诏铁柱。通高3.3米的铁柱铸造于南诏国十一代王世隆建极十三年（872年），建柱典故来自部落首领盟会时柱上五色鸟落在细奴逻肩上的传说，这个场景也出现在了南诏国宫廷画卷《南诏图传》中。寺中的牌匾和对联都值得细读，每年正月十五是热闹的庙会庆典，有彝族打跳和汉族花灯来助兴。

铁柱庙在县城西面约6公里处，如果不是自驾，可选乘出租车或网约车前往，摩的单程20元。

密祉古镇 古镇

（密祉镇文盛街；免费；⏲展馆8:30~11:30，13:30~17:30）密祉古镇即文盛街，这条老街在过去是弥渡至南涧路上的一个马帮驿站，也沟通了滇藏茶马古道以及滇缅开南古道。石板铺就的马道从北到南纵贯古镇，**魁星楼**、**马店**、**尹宜公故居**、**凤凰桥**、**文明阁**和**珍珠泉**等明清至民国时期的古建筑沿路排开，其中尹宜公故居的旧主人正是民歌《小河淌水》的收集整理者。

古镇在县城西南约36公里处，弥渡客运站有城乡客运发往密祉（7:00~18:30约40分钟1班，10元，车程约1小时）。自驾走祥临公路转苴密线至密祉，进山后一路风景很好。进入密祉古镇之前会路过花灯广场旁的**密祉大寺**，关圣殿前有依中原习惯修建的抱厦，登上观音殿顶上的玉皇阁，可透过木窗格欣赏坝子风光。

食宿

文盛街上有当地特色的豆腐宴，人均约40元，不过要人多才好点菜。这里也有几家农家乐提供住宿，价格在百元左右。如果不在密祉吃饭，弥渡县城南面的**古道饭庄**（弥城镇中和路近财政街；⏲11:00~20:30）是当地人喜欢的餐馆，院落干净明亮。可在厨房看菜点菜，荤菜40元左右，素菜20元左右，弥渡卷蹄、麦子炒牛肉和荨麻汤都是特色菜。餐馆的习惯是用豆浆佐餐，豆浆默认收费（8元），不要的话可以和服务员提。

到达和离开

弥渡客运站（弥城镇文笔北路13号）有班车发往下关（20元，6:30~18:50每12分钟1班，车程约2小时），至南涧每日只有1班车（10:30，15元，车程约1.5小时），或可至县城西侧的果河公路去拦下关发往南涧的过路车。弥渡发往祥云的班车（7:00~18:00每20分钟1班，8元，车程约50分钟）从客运站隔壁

不要错过

祥云云南驿

祥云县城向东18公里的小镇云南驿是大理的东门户，也是"云南"作为地名最早出现的地方。这里曾是南方丝绸之路迤西古道上最繁忙的驿站，如今镇上还保留着长约1公里的青石马道老街。

老街过街楼一侧的**二战交通史纪念馆**曾是修建滇缅公路时指挥部驻扎的地方，另一侧的**马帮文化博物馆**曾是镇上的大马店所在地，两处纪念馆每日8:00~18:00免费开放。"二战"时国民党中央航空军官学校从杭州迁往大后方，校舍就在如今的云南驿小学内。进入校园能找到建于清朝的**岑公祠**和一座小展馆。在"二战"时，云南驿机场是驼峰航线的航空转运站之一，也是国民党空军第38站驻地，如今在镇外的田野树林中，能找到停机坪和飞机掩体的遗址，镇口广场上还有修机场时使用的石碾。

如今云南驿老街的氛围比较冷清，不过当地与华侨城合作，正在开发建设"云南之源文化小镇"。待你前往时，或许能看到一座集精品酒店民宿和游乐购物设施于一体的新型旅游度假小镇。

可从周边各县乘公共交通前往云南驿，**祥云汽车客运站**（清红路183号）和宾川、南涧、弥渡之间都有客车往来。祥云县城南面的**祥云城乡汽车客运站**（南门路荣珍超市背后）发往刘厂和下庄的城乡客运小巴都会路过云南驿（7:00~19:00滚动发车，8元，车程40分钟）。或可乘高铁至**云南驿站**后出站拼车（10元）进镇。自驾走杭瑞高速，从昆明方向前往大理，沿途会经过云南驿。

上图：云南驿，青石路铺就马帮行走的古道。
©视觉中国

发出，途经高铁祥云站。

从巍山往东翻过山就是弥渡坝子，不过在我们调研时翻山的老巍弥公路路况不佳，在路面铺装完成后，自驾旅行者从巍山走这条路至弥渡可顺道游览鸟道雄关（见208页方框）。或可从巍山至南涧再转向北，走弥渡—祥云—宾川小环线。

鸡足山、巍山和大理东南索引地图

1 巍山古城

（见221页）

巍山古城

重要景点

1 巍山古城……C2

景点

2 蒙阳公园……C3

3 南诏博物馆……D2

4 巍山民俗博物馆……C2

课程

三彝扎染……（见20）

兴巍工艺……（见22）

住宿

5 沉香隐舍……D3

6 凡尘小院……D4

7 颐和·秾熹进士第文化精品酒店……D3

8 云上的日子国际青年旅舍……D3

就餐

9 昆师傅品香苑……D2

10 老王过江饵丝……C3

11 南栅门杨氏卷粉……D3

12 清芳餐厅……D3

13 苏老三一古面……C2

饮品

14 白水咖啡馆……C3

15 老茶室……C3

棋茶坊……（见15）

16 清欢茶酒社……C1

购物

17 城南市场……D2

18 李萌书屋……D3

19 木雕甲马……C2

20 三彝扎染……D3

21 习兰亭……D3

22 兴巍工艺……D3

交通

23 巍山汽车客运站……B2

24 巍山站……A2

大理木雕门窗。

©视觉中国

生存指南

出行指南

住宿

由于竞争激烈，在我们调研时大理住宿的性价比很高，除开“十一”黄金周和春节假期，一般只需百元左右就能入住条件不错的标间，两三百元即可入住精品客栈和酒店。很多酒店、客栈的价格会在11月、12月的“大淡季”直降触底，但精品酒店通常会继续守着高身价。

此外，地方节庆前后也会出现住宿高峰期，如大理三月街（农历三月初）和巍山火把节（农历六月末）等。

通过**去哪儿网**（www.qunar.com）和**飞猪旅行网**（www.fliggy.com）等旅行代理网站预订，可以获得大理大部分酒店宾馆的最优价格，**爱彼迎**（www.airbnb.cn）则是寻找短租民宿的优秀平台。

青年旅舍

大理有不少服务于自助旅行者和年轻旅行者的青年旅舍。在我们调研时，**国际青年旅舍组织中国总部**（YHA China; www.yhachina.com）在大理地区共有4家加盟旅舍，其中大理古城2家，巍山1家，沙溪1家。宿舍铺位35~50元/天，持有YHA会员卡（年费50元）可以享受会员价，通常是每个铺位便宜5元，或者每个房间便宜10~30元。

在大理还有其他未加盟该组织的青年旅舍，其中部分精品旅舍在硬件设施上超越传统青旅，价格只贵10%~20%。**HOSTELWORLD**（www.chinese.hostelworld.com）是另一个搜索类似住宿的实用引擎。

在青旅很容易获取旅游信息和结识旅伴的机会，同时享有厨房、自助洗衣、自行车租赁、订票、包车等一系列服务。须留意：虽然新派青年旅舍会提供床帘和耳塞来增加床位房间的私密度，不过如果你对住宿环境的安静程度要求较高，青旅并不是最好的选择。

精品酒店和度假村

在大理，比起大型度假村，更多的是小而美的精品酒店。除了其中的翘楚品牌既下山，还有众多设计师酒店隐藏在古城小巷、苍山脚下和洱海边的村落中。除了大理古城和周边地区，在沙溪古镇和巍山古城也可以找到精品酒店和客栈。不过这些精品酒店房间数量不多且非常抢手，对于自己心仪的那一间，旺季时提前3个月预订也不为过。

高星级酒店

对于旅行者来说，下关城区的老派高星级酒店并没有很大的吸引力。不过如果你对酒店的标准化品质有要求，不妨考虑入住下关满江新区新落成的高星级酒店，它们大多可以欣赏洱海景观。

民宿和家庭旅馆

改造老宅院的思路加上新大理人的生活热情，使得越来越多的精品民宿出现在大理古城、巍山和沙溪等热门目的地。即使经营民宿的房东多半不是土生土长的大理人，但他们大多已在大理生活了比较长的时间，因此也能为旅行者提供一些当地特有的生活体验。

老宅改造的民宿多半带有阳光明媚、绿植葱茏的庭院，有热水器和取暖器等现代设施增加舒适度，以及富有设计感的细节装饰来弥补老旧房屋的缺点。不过老宅院内

住宿和餐饮价格范围

本书所列的住宿是按照作者推荐程度从高到低排列的。书中标注的价格，一般为标间价，即房间包含一张大床或两张小床，以及独立卫生间的价格。青年旅舍会加标床位价格。除非特别注明，否则房价不含早餐。所有的价钱都是淡季价。

分类	房价范围	餐饮价格范围
¥（经济）	250元以下	人均50元以下
¥¥（中档）	250~500元	人均50~100元
¥¥¥（高档）	500元以上	人均100元以上

屋子的隔音效果和采光通常都欠佳。

在接待能力欠佳的古村如诺邓，你还有可能住进当地人在自家经营的家庭旅馆。这些家庭旅馆向访客提供干净清爽的房间，价钱通常在50元左右，需与主人共用卫浴，也可与主人搭伙用餐。主人通常热情友好，尽量尊重主人家的作息和生活习惯即可。

如果你想投宿的村庄根本没有客栈，也可以试着到当地人家里借宿。如果不知道从哪家问起，可以先找村长请求帮助。适当付费，或者馈赠些礼品，以弥补对主人家的打扰。

连锁快捷酒店

如果要在下关或其他县城赶早班车，你可能需要入住离火车站或客运站不远的连锁快捷酒店。这种类型的酒店地点便利，安全和卫生基本可以保障，只是没有太多特色，房价一般在100~200元，通过酒店官网或旅行代理网站预订时常有折扣和优惠活动。除了老牌的如家、汉庭和7天，在下关还能找到品质更佳的丽枫酒店，到了县城则通常只有本地快捷酒店可选。

露营

在大理，一些客栈备有搭在院里的帐篷以弥补床位的不足，不过在我们调研时，这里暂时还没有条件可圈可点的露营基地。此外，不建议独自在无人管理的地区扎营，因为安全无法保障，也有引起森林火灾的风险。

长期住宿

想在大理长住，可以跟客栈谈长包房，淡季有机会以每月800元左右的价格租到一个位置稍偏的简单标间。在古城和古镇的背包客集散地，留意街头贴的招租小广告，也有些按间、按月出租的民房，需要与主人或者其他房客合用厨房和公共空间，每月几百元的价格也能拿下。想租一个独立单元的话，通常房东希望有更长的租期，可以自己找房源，也可以请中介帮忙，中介费通常是一个月房租，由房客支付。

证件

在大理旅行无须特殊的证件，只需带好身份证，即可自由出入博物馆和其他展馆。学生、军人和记者等可以凭相应证件享受折扣门票，记得带上证件，景点的检票人员通常要求证件与身份证同检，两者信息一致方可获得优惠。研究生证已被大多景点排除在优惠政策之外，在一些门票价格较高的景点，记者证也不太管用。

保险

购买保险是旅游计划的一个重要组成部分。不少保险公司的旅游意外险能对旅行者在旅行中因人身意外、财物丢失、医疗急救等造成的损失进行一定比例的赔偿。旅游意外险通常包括了航空意外，有时候比购买航空意外险更加优惠，而且保额更高。

如果是参团出游，团费中一般都已包含旅行社责任险，但这个险种只承担因旅行社的过错给旅游者带来的损失，旅游意外险需自行购买。至于自驾游的旅行者，建议为汽车购买全车盗抢险或车辆损失险，如有比较昂贵物品如相机等，也可以考虑购买财产险。

旅行者在购买长途汽车票时，不少车站在售票时会主动搭售保险，根据保险自愿的原则，旅客有权拒绝（最好购票时提前声明）。即使没有另外购买保险，票面也包含承运者的保险责任。如果发生意外，依然有权进行索赔，所以要妥善保管票据。但若搭乘私人运营的小车（包车或拼车出游），一旦出事没有任何保障可言，只能靠旅游意外险得到赔偿。

现金和移动支付

在大理古城、下关以及县城，很容易找到四大银行以及24小时ATM，其他大部分乡镇也有农村信用社或邮政储蓄银行和ATM。移动支付的普及度也很高，我们调研时，在整个大理地区的县城和乡镇，微信支付比支付宝要更普及一些。

不过仍然有必要准备一些现金，以防手机没电等意外情况发生。去赶街逛菜市场时，建议你准备点小面值纸币，以向那些不方便用手机收款的老年人或山民直接购买新鲜蔬果。

购物

在大理，你可以找到不少民间手工艺品作为旅游纪念品带走，例如周城扎染和巍山扎染，还有白族甲马和汉族甲马，以及精美的彝族刺绣。更多关于大理民间手艺的内容，见44页“留住手艺”专题。

野生菌、火腿、牛干巴等土特产美食也值得当作伴手礼。在6月至9月的雨季，很容易在沙溪和巍山买到新鲜的野生菌，借助冷链快递或冰袋打包即可将它们快递回家，其他季节则有更便于保存的野生菌干片供旅行者选购。诺邓（见189页）是选购火腿的好地方，巍山东莲花村（见214页）则出产品质优秀的牛干巴。

邮政和快递

在大理，只要是县城一级都有**国家邮政局**（www.chinapost.gov.cn）提供普包、快包、EMS等多种服务。“三通一达”和顺丰等快递公司的网点已经深入各县城甚至乡镇。

移动电话和上网

三大运营商在云南信号覆盖良好，通常而言在城镇地区移动信号覆盖面更广，也相对稳定，在山区则电信和移动信号最好，联通较差。

几乎所有住宿都能提供免费的无线网络，咖啡馆和绝大多数餐馆也提供Wi-Fi。

营业时间

在大理，绝大多数旅游景点都是全年开放的，博物馆周一闭馆。受天气影响，苍山索道、鸡足山索道，以及洱海的游船会在刮风和雨雪天气停止运行。

夏季，大部分景区开放时间为8:00至18:00，冬季开门略晚并提前关闭。各地银行和邮局的营业时间一般在9:00至17:00，中午时常会有1~2小时的休息时间。咖啡馆除非供应早餐，否则一般都到中午甚至下午才开门。酒吧则一般从下午或晚上营业到凌晨。

气候

请参见40页行前参考了解大理的最佳旅行季节。在墨迹天气、彩云天气等App上能查到本书区域内市、县的天气情况。

旅游信息

市、县一级的旅游局是最权威的旅游信息来源，此外大理也有不少活跃的微信公众号。可参考**大理旅游服务**（微信公众号“dalirenniyou”）、**大理非遗**（微信公众号“dali feiyi”）、**创想大理**（微信公众号“CHUANGXIANGDALI”）和**白语茶座**（微信公众号“dual-weit”）等微信公众号。

大理古城和各个大型旅游景点都有游客中心，提供旅游咨询、行李寄存和特殊人群的设施等服务，通常也有丰富的免费旅游资料可供取阅。此外，青年旅舍的布告板也是交换旅游信息的好地方。

团队游

大理常见的团队游以苍山洱海一日游为主。团队游可以解决交通不便带来的困扰，但可能会浪费不少时间在购物上。无论在哪里参团，都要确认旅行社的资质并签订正规的旅行合同，并且避免参加那些团费远远低于成本的“低价团”。

有些户外俱乐部组织的活动，或由“旅行达人”发起的拼游，内容更灵活也更加贴合自助旅行者的口味。不过严格来说，他们的经营资质暂无认定标准，也存在风险隐患。

课程

大理古城有许多适合国内旅行者的短期课程，如陶艺课程（见81页）、攀岩课程（见80页）、首饰制作课程（见81页）。此外，苍山沿线有经营场所提供采茶课程（见120页）和咖啡课程（见123页），扎染课程则在喜洲（见130页）、周城村（见131页）和巍山（见206页）都可以找到。

摄影和摄像

请随时留意“禁止拍照”的告示并遵守。一般来说，边检站、军事禁区在未经许可的情况下都严禁随意闯入和拍照。清真寺、佛寺和道观等宗教场所通常都禁止在殿内拍摄，也不允许随意把镜头对向宗教人士。此外，有些博物馆禁止拍摄展品，即使允许拍摄，也不能使用闪光灯。

拍摄人物照的时候要事先征得对方同意，也不要因为拍照而破坏了公共景观，如把花海踩得一片狼藉、爬树摘花等。在地形复杂的地方拍照务必注意安全，不要到危险的悬崖攀爬取景，自驾经过风景优美的路段时也不要随意停靠拍照，以免影响其他车辆通行。

危险和麻烦

大理的治安状况良好，需要留意的安全问题主要有面向游客的掮客欺诈、雨季交通安全以及偶发的扒窃行为。

掮客

在大理，靠旅游业吃饭的掮客有时也能提供有限的帮助，不过多数情况下他们会将你引向一处偏僻简陋的客栈或者某趟“货不对版”的一日游。简单的谢绝是合适的处理方式。

如果出租车司机过分殷勤地向你推荐某家宾馆、商铺、餐厅以及某些不太正规的景点，通常是为了获得后者提供的回扣。此外也请避免让初识的本地人（如司机、导游、客栈主人等）带你去购买昂贵的首饰、药材和其他土特产。

交通安全

大理地区的道路和交通设施相对完善，且在不断升级改造中。但旅游旺季和热门假期时，高速公路十分拥堵且事故频发，此时从昆明至大理请尽量选乘火车。

少数崎岖山路对自驾者有一定的考验，建议到当地选择状况较好的车和稳重有经验的司机来包车出行。每年5月至9月是雨季，塌方、泥石流阻断道路的情况时有发生，出行前请多留心路况信息。

偷窃和欺诈

建议将贵重物品装到腰包里随身携带，尤其是在公交车和火车上。放在酒店里的物品一般都不会有问题，青旅宿舍存在失窃的风险，请尽可能使用带锁的储物柜。如果物

旅行健康提示

2020年，新冠肺炎（COVID-19）在全球蔓延。截至本书出版时，疫情尚未结束。我们建议旅行者结合实际情况谨慎出行，在做好自身防护的同时遵守当地的防疫要求，保持良好的卫生习惯。针对疫情期间的个人防护，可参考世界卫生组织（www.who.int/zh）的详细建议：

- 勤洗手。经常用含酒精成分的免洗洗手液清洁手，或用肥皂和清水洗手。
- 佩戴口罩。公共场所请尽量佩戴口罩，口罩应经常更换。
- 保持安全距离。与他人保持至少1米的距离，尤其是与咳嗽、打喷嚏和发热的人保持距离。
- 避免触摸眼、鼻、口。如果用被污染的手触摸眼、鼻、口，就可能会被留在物体表面的病毒感染。
- 保持良好的呼吸卫生习惯。打喷嚏或咳嗽时，需用弯曲的肘部或纸巾遮挡口鼻，并立即妥善处置用过的纸巾。
- 如果发热、咳嗽和呼吸困难，请及早就医。发热、咳嗽和呼吸困难可能是呼吸道感染或其他严重疾病导致的症状，因此，及时就医很重要。伴有发热的呼吸道症状可能有多种原因，应根据个人旅行经历和环境具体分析。
- 随时了解情况并遵循医务人员的建议。遵循医务人员、国家和地方公共卫生部门提供的关于你和他人如何防范新冠肺炎的建议。

品被窃，应该立即到最近的公安机关报案。警方在调查案件前会要求你填写报案登记表，如果旅行保险中有失窃赔付条款，这份报案登记表是理赔的必要材料。

面对欺诈者，只要不贪小便宜也不轻易掏钱，他们就无从下手。在大理的寺庙，需留意假扮僧人敲诈"香火钱"的行为。

毒品

云南是毒品进入中国的主要通道，虽然大理的"毒情"不太严重，但旅行者仍需有所戒备。看好你的行李，小心被人往里塞东西，也不要替陌生人捎带东西。携带毒品遭致的刑罚是非常严厉的，最高可判死刑。

大麻在中国境内是非法的，不过这种植物在洱海周边的野外环境中很容易随意生长。在大理古城，不要轻易接过陌生人递来的烟卷，更不要牵涉交易。

在大理可能遇到的健康问题

在健康卫生方面，整体来说大理是比较安全的区域，但仍然需要留意以下问题：

高原反应 大理下关的海拔为1991米，全州最高海拔为4295.8米。在大理发生高原反应的概率不大，如果身体状况不佳，可携带并事先服用一些预防高原反应的药品，如肌苷片。

晒伤 高原紫外线强烈，无论冬夏都需要准备防晒措施，如帽子、防晒袖、太阳镜、唇膏和SPF30以上的防晒霜。

野生菌中毒 尽量在餐馆吃野生菌，并选择当地常见的可食用野生菌种类。请不要出于猎奇自己烹饪见手青，云南每年都有因食用野生菌中毒死亡的事件发生。

独自旅行者

独自旅行需要独立解决路上所遇到的所有问题，对旅行经验的要求较高。一个人在路上，记得及时把自己的行踪告知家人或亲友。在大理，各个青年旅舍都能提供搭伴出游的机会，结伴包车出行或共享美食，既可以提高安全系数又能节省费用。

无障碍旅行

尽管公共场所和大小景区都在普及无障碍设施和通道，不过大理崎岖的山地较多，这本身对行动不便的旅行者就是较大的障碍，无人陪伴的残障人士想要独自旅行是比较困难的，主要的障碍在于交通出行。建议到达目的地后雇请旅行社工作人员以获得协助，尽量选择乘坐飞机并入住高级酒店。

女性旅行者

大理地区有着尊重女性的传统，女性旅行者无须过于紧张。但仍需要留意一些细节：不要喝陌生人递给你时已经打开的饮料，对主动前来搭讪、通过社交软件加你聊天的陌生人多留个心眼，不必因人恳求或胁迫而做自己不想做的事情，避免独自进入人迹罕至的山地。此外，一些宗教场所可能会谢绝女客入内，或有覆盖肩膀和膝盖的着装要求，尊重宗教习俗即可。

目前大理的大部分青年旅舍都提供按性别分住的房间，同时也提供男女混住间，一般混住间会便宜一些，但男性住客普遍更多。如果女性旅行者不习惯混住，可直接预订女生房间。

LGBT+旅行者

城市相对乡村而言对同性恋者的态度更为宽容。一般来说只要不太张扬，同性恋旅行者在这里不会遇到太多麻烦。在大理古城比较容易找到面向同性恋人群的酒吧和聚集地，其他城镇则更低调。

在大理，同性社交软件的普及率也不低。常用的同性社交平台有Grindr、Blued和翻咔（即之前的Aloha）等，这3款App主要面向男同性恋者，女同性恋者可考虑拉拉公园或者热拉这2款App。

志愿服务

从扶贫、支教活动到环保，各种项目都需要大量的义工，参与这些活动能让你对大理地区有更深的认识。有兴趣的旅行者可以关注以下网站：

大理爱心小站（www.aixin119.org）由大理鹤庆的一位小学老师创建，旨在汇集资源以多种形式帮助当地贫困家庭学生完成学业，长期招募走访志愿者。

阿拉善SEE西南项目中心（微信公众号"SEEsouthwest"）在大理周边有金丝猴和绿孔雀等保护项目，也会有志愿者活动公开招募。

苍山自然中心（微信公众号"cszrzx"）是由大理籍野生动物摄影师奚志农及"野性中国"团队开设的自然教育中心，常年招聘志愿者，最短服务一个星期。

中国发展简报（www.chinadevelopmentbrief.org.cn）"招聘"一栏中能找到在大理担当志愿者的机会。

交通指南

到达和离开

大理交通便利。从效率和舒适度考虑，从外省来大理，乘坐飞机是首选，往返西双版纳也推荐飞机。昆明往返大理，搭乘动车几乎是所有旅行者的首选。丽江是大理的邻市，香格里拉和腾冲也都离大理不远，乘坐高速大巴即可到达。

飞机

机场

大理荒草坝机场（DLU；☎242 8921）坐落在大理市区下关城东12公里处，距离大理古城约30公里。调研期间有航班直飞昆明、西双版纳、成都、重庆、西安、北京、上海、广州、深圳等地。

机场巴士（25元）往来大理古城。该线路由两家公司运营，包括由大理旅游集团承运的**旅游景区直通车**（见232页），以及由大理交运集团运营、从**大理古城旅游汽车客运站**（见231页）发出的班次。从古城打车到机场约100元，不堵车45分钟即到。夜间航班抵达后，可能需要拼车到古城，50元/人。

若你所在城市没有直达的航班，也可以在昆明或丽江中转。**昆明长水国际机场**（KMG；☎0871-96566）是国内继北京、上海、广州之后的第4大空港，通达国内众多城市及各个国际目的地。**丽江三义国际机场**（LJG；☎0899-517 3081）是云南省第二大机场，国内通航城市覆盖很广。从这两处机场前往大理的交通信息请参见本页方框。

航空公司

大理机场的航线多数由**东方航空云南分公司**（MU；☎95530）经营，也有部分**南方航空**（CZ；☎95539）、**中国国航**（CA；☎95583）、**四川航空**（3U；☎400 830 0999）和云南本土的**祥鹏航空**（8L；☎9507 1950）、**瑞丽航空**（DR；☎400 005 9999）、**昆明航空**（KY；☎400 887 6737）运营的航班。

机票

随着旅游门户网站的迅速发展，传统的柜台购票方式几乎已经无人问津，网络购票成为首选。机票价格可以先查询有比价功能的**天巡网**（www.tianxun.com）或**去哪儿网**（www.qunar.com），在这两个平台常常能淘到低折扣机票。直接在航空公司官网上订票，有时会得到最优惠的价格。

火车

大理火车站（巍山路261号）位于下关城区东南处，有频繁的动车往返昆明站（二等座145元，约2小时）、昆明南站（二等座155.5元，约2.5小时）和丽江站（二等座80元，1.5~2小时），也能直达巍山、鹤庆、广通北（可换动车到元谋、攀枝花）、石林西、普者黑和成都、重庆、贵阳、桂林、

选个飞机“景观位”

大理机场常年刮西南风，航班起降方向比较固定。飞往大理的客机上选择右舷座位，降落前几分钟可看到鸡足山和玉龙雪山同框的景象，降落时还可俯瞰苍山洱海和金梭岛、崇圣寺三塔等地标。

大理往返昆明或丽江的机场

昆明长水国际机场 至大理有频繁的省内航班，机票淡季会低至150元左右。若要前往**昆明火车站**乘坐动车，可搭**空港快线2号线**（25元；机场7:00至次日6:00，火车站5:00~23:00，30~40分钟1班；约1小时）；也可乘坐**地铁6号线**至塘子巷站，再换**地铁1/2号线**抵达火车站，票价6元，耗时约40分钟。机场打车到火车站约需120元。

丽江三义国际机场 到大理的公共交通比较周折，可考虑使用网约车的“顺风车”服务。大理古城到丽江机场可在旅游汽车客运站乘坐发往丽江的高速大巴（61/79元，车型不同票价不同），购票时声明在丽江机场（2.5小时）下车，司机会在鹤庆下高速并在机场路口停靠，下车后再步行5分钟即到航站楼。

下关各汽车客运站长途汽车时刻表

车站	目的地	发车时间/班次	票价(元)	行程(小时)	备注
大理汽车客运北站	丽江	8:00~17:10，30分钟至1小时1班，19:10	61/79	3	可进大理古城旅游汽车客运站补客
	香格里拉	7:00~13:00，1小时1班，17:00	114/123	6~7	途经桥头(虎跳峡镇)，83/88元；随着丽香高速的通车，本线路可能有较大变化；可进大理古城旅游汽车客运站补客
大理兴盛汽车客运站	腾冲	8:50, 10:30, 11:30, 13:00, 14:30, 17:00	140/160	5.5	调研期间，兴盛站因改造暂时关闭，相关车次转移到快速客运站发车。
	保山	9:00~11:00, 13:00~20:30, 30分钟至1小时1班	77/82	2.5	
大理快速汽车客运站	六库	8:20~11:20, 13:20~15:20, 1小时1班，19:00	93	3.5	
	芒市	10:00, 11:30, 13:00	142	5	
	瑞丽	8:30, 15:00	171/182	6.75	
大理汽车客运站(汽车东站)	景洪	9:40, 17:30	220	15	
	西昌	10:30	215	9	

广州等省外目的地。发往丽江的动车在刚离开下关的半小时内沿洱海东岸行驶，能看到海景。

火车站外就是公交站场，**8路**和**三塔专线**(见231页方框)均发往大理古城。站外也有旅游景区直通车发往古城南门外的垒翠园或旅游汽车客运站，票价5元。直接打车需40~50元，夜间使用网约车能最大限度避免“一口价”“强制拼车”等欺客行为。

大瑞铁路大保段将在2022年内通车，乘动车从大理去漾濞、保山(可换高速大巴去腾冲、芒市)将变成现实。丽香铁路有望于2022年运营，下关东部满江开发区的大理北站将在扩建后作为**洱海站**停靠过路动车，届时在这里可乘动车前往香格里拉。

建议使用**12306**(网站、手机客户端或微信、支付宝上的小程序)购买火车票。注意在春节、“五一”“十一”等假期期间，进出大理的火车票十分紧俏，请尽早购买。

长途汽车

大理交运集团几乎运营着大理所有省际、市际、县际的公路客运路线，班车管理比较规范，站内售票，对号入座，但出站后仍会沿途搭客和带货。部分班次会受季节和客流量的影响，最好提前通过网络或电话确认。在进入较偏僻的村镇时，也要提前问好出入班车的情况，留下司机电话，以免滞留在当地。

大理往来丽江、香格里拉、腾冲、芒市的班车多为大型客车，干净卫生，安全性高，票价越高车型也会越好。下关至西双版纳、德钦等超长途路线仍在跑长途卧铺车，车内提供简单的卧具，空间狭小且卫生条件较差。去往县城和乡镇的普通班车车况稍差，随走随停，可能超载；一些线路如剑川往沙溪、宾川往鸡足山，还在用“拼面的”的方式运营。

大理古城旅游汽车客运站（☎318 6111；双鹤路近垒翠园）在古城南门外向东约500米处，可在站内搭乘去往丽江、香格里拉等地的班车。其他几个挂着“大理”之名的汽车站都在下关，它们才是大理公路交通的客运枢纽站。这些车站的绝大部分线路都可通过微信公众号**“彩云通”**（dlqmcyj）查询预订。

大理兴盛汽车客运站（☎212 5502；环城南路36号）主营巍山、漾濞和保山、腾冲方向的线路。古城乘4路或三塔专线，在荷花村换乘2路可到。

大理汽车客运北站（☎229 2203；榆华路30号）主营大理以北方向的路线。古城乘8路或三塔专线可到。

大理汽车客运站（☎232 8208；巍山路372号）又叫**汽车东站**，有发往洱海以东地区的班车，也有去滇南的长途大巴。古城乘8路或三塔专线到火车站，再向东步行300米可到。

大理快速汽车客运站（☎212 8922；环城南路1号）是前往云龙、怒江傈僳族自治州、德宏傣族景颇族自治州的乘车站。古城乘8路到小花园，再向南步行500米可到本站；也可在214国道拦招“下关—大理古城”客运中巴，终点通常都在大理快速汽车客运站。

自驾车

大理的公路网络在不断升级中，主干线的路况都没有问题。离开苍山洱海，其他各县的山野景点公共交通并不发达，常需包车前往，费用高昂且游玩时间受限，自驾车是相对自由且性价比较高的方式。

租车推荐选择大型连锁租车公司，异地还车更能让行程不受限制。**神州租车**（☎400 606 6666；www.zuche.com）、**一嗨租车**（☎400 888 6608；www.1hai.cn）和云南本土连锁品牌**和谐租车**（☎400 831 3122；www.zuche01.com）都在大理设有网点。

当地交通

到了目的地，公交车、出租车、自行车等多种选择都能带你畅游。

公交车

下关的公交线路比较发达，只在市区跑的公交车票价2元，发往大理古城的4路、8路和三塔专线票价3元，均可刷微信或支付宝的乘车码。

大理古城另有几条城乡公交（1.5元），其中C2路连接大理大学和才村，C7路连接大理大学和银桥，C10路环线（招手即停）可到天龙八部影视城。古城内部还有2条电瓶观光车运营的**自助游览车**（3元）线路。上述线路都可在百度、高德等地图查到，支持支付宝或微信乘车码。还有发往龙龛的C3路、古生的C4路，可在古城北门东侧搭乘，但班次不固定。

连接大理古城和下关的公交

8路（3元；⏲6:30~21:15，火车站常有加班车21:30，21:50；50分钟）连接古城和下关火车站，沿大丽公路行驶，到古城东部和洱海沿岸比较方便。

三塔专线（3元；⏲6:30~20:30；50分钟）连接崇圣寺三塔、古城和下关火车站，沿214国道滇藏公路行驶，到古城西部和苍山沿线比较方便。

4路（3元；⏲6:30~21:00；30分钟）连接下关城中心（美登大桥）和古城，也沿214国道滇藏公路行驶，可到古城西部和苍山沿线。

大学专线（3元；⏲三月街7:45~18:15，下关7:00~17:30，约30分钟1班；30分钟）连接三月街西端和大理大学下关校区，一半路程沿苍山大道行驶。

旅游景区直通车

大理古城游客服务中心（☎256 0706；位于南门外，在古城其他地方也有服务亭；⊙9:00~17:30）由大理旅游集团经营，其推出的景区直通车服务可以帮自由行的旅客解决一些问题。景区门票和直通车的优惠套票，还能节省金钱。

调研期间，景区直通车覆盖感通索道下站（寂照庵）、洗马潭索道下站（天龙八部影视城）、洱海长线游船始发码头（大理港）、双廊古镇、鸡足山、大理机场、下关火车站、丽江古城等多处目的地。直通车在古城有两个发车点，分别是**游客中心上车点**（双鹤路近一塔路）和**垒翠园上车点**（双鹤路垒翠园东侧）。具体的发车点和班次，建议在微信公众号"大理旅游景区直通车"，或"大理旅游服务"上查询或预订。

大理交运集团的旅游汽车客运站也有类似的景区直通车服务，可在微信公众号"苍洱之旅"或"彩云通"上查询预订，但调研期间很多线路尚未完善。

出租车

大理出租车起步价8元（含3公里），夜间10元，但经常不打表，好在滴滴等网约车相当普及，从古城往返下关、喜洲、双廊等都很方便。注意在节假日若逢下雨，打车会变得相当困难。

包车

从县乡去往交通不便的景点，如巍山去巍宝山、云龙去沘江古桥，包车（或和其他游客一起拼车）是很灵活的交通方式，包车环洱海也能提供不错的旅行体验。你可以委托客栈老板推荐司机资源，或在青年旅舍发布、寻找相关信息。各县乡的"面的"聚集地是自行寻找车辆的好地方，和司机直接商量即可。

自行车

骑自行车低碳环保又能健身，已逐渐成为一种潮流，尤其在大理环洱海沿线，骑行一路皆是风景。需注意公路上的汽车（特别是大货车），控制车速，不管路况好坏都请戴上头盔，保证安全。更多骑行信息，可参考计划你的行程的"慢跑慢骑行"部分（见53页）。

在大理租自行车非常方便，古城、才村、喜洲、双廊都有租车店或提供此项服务的青年旅舍。根据车辆的品牌和新旧程度，租车价格在15~60元/天，同时还需付押金200~500元/车。租车前请先检查刹车、车胎、变速器等部件，确保运转正常。

也可租电动车，价格60~100元/天，记得检查电量。调研期间，共享单车品牌**青桔电单车**已覆盖除大理古城片区之外的洱海绝大部分沿线村镇。

搭便车

在有班车可选的情况下，尽量不要搭便车。如果非搭不可，需保持警惕，最好在白天搭便车，而且身边有伴，或者和当地人结伴搭车。上车之前判断一下司机和车上的人是否可靠，慎重搭乘已经载有很多人的车，特别是独身女性。上车后及时告知家人朋友自己的行程方向以及搭乘车辆的情况。

等车时可在司机常停靠的地点张望，如加油站、路边食宿点或必经的岔路口等。在交通不便的村落，也可试试搭拖拉机、摩托车、马车。记得上车前主动与司机商谈价格，表示尊重和感谢的同时，也能防止到达目的地后司机坐地起价。

低碳出行

作为一个旅行者，尽量低碳出行，把自己给环境造成的负荷降到最低，为维持地球的美丽贡献一份力量。

➡ 如果时间允许，尽量选乘火车而不是汽车和飞机。

➡ 使用公共交通工具，减少打车与驾车，包车也尽量跟别人拼车。

➡ 选择自行车或徒步，既能放慢脚步感受目的地的风景，又能趁机锻炼身体。

幕 后

作者致谢

张世秋

感谢川遥和孙澍，和你们合作总是愉快又轻松。感谢所有为这本书付出努力的工作人员。感谢兴兴、慧子和施大哥，感谢苏鹏和尼佬，感谢Mason，感谢沐昀和刘瑞琦。感谢这些年来我在大理遇见的所有朋友，感谢其他所有为我这次大理之行提供灵感的朋友，也感谢在路上所有帮助过我的陌生人。

孙澍

感谢合作完成这本书的川遥和小电，以及全能的刘老师。感谢亮哥、小宇、段姐、银翘、子凌、姜林等人提供的帮助。

声明

本书地图由中国地图出版社提供，审图号GS（2022）1898号

封面图片：从兴教寺望向沙溪古戏台。©视觉中国

关于本书

这是Lonely Planet “IN” 系列《大理》的第一版。本书作者为张世秋和孙澍。

本书由以下人员制作完成：

项目负责 关媛媛
项目执行 丁立松 谭川遥
内容策划 谭川遥
视觉设计 庹桢珍
协调调度 沈竹颖

执行出版 马 珊
总　　编 朱 萌
责任编辑 叶思婧
执行编辑 朱思旸 周 琳
地图编辑 刘红艳
制　　图 张晓棠
流　　程 王若玢
终　　审 林紫秋
排　　版 北京梧桐影电脑科技有限公司

感谢沐昀、刘燕、武媛媛对本书的帮助。

说出你的想法

➡ 我们很重视旅行者的反馈——你的评价将鼓励我们前行，把书做得更好。我们同样热爱旅行的团队会认真阅读你的来信，无论表扬还是批评都很欢迎。虽然很难一一回复，但我们保证会将你的反馈信息及时交到相关作者手中，使下一版更完美。我们也会在下一版中特别鸣谢来信读者。

➡ 请把你的想法发送到**china@cn.lonelyplanet.com**，谢谢！

➡ 请注意：我们可能会将你的意见编辑、复制并整合到Lonely Planet的系列产品中，例如旅行指南、网站和数字产品。如果不希望书中出现自己的意见或不希望提及自己的名字，请提前告知。请访问lonelyplanet.com/privacy了解我们的隐私政策。

索引

Y

Z

如何使用本书

以下符号能够帮助你找到所需内容：

景点
活动
课程
团队游
节日和活动
住宿
就餐
饮品
娱乐
购物
实用信息和交通

这些图标代表了我们的推荐和特别策划，帮助你获得最佳体验：

当地人推荐
另辟蹊径
深度了解
实用信息
不要错过
值得一游
步行游览

下列符号所代表的都是重要信息：

★ 作者的大力推荐
绿色或环保选择
免费 不需要任何费用

电话号码
营业时间
停车场
禁止抽烟
空调
上网
无线网络
游泳池
素食菜品
英语菜单
适合家庭
允许携带宠物
巴士
轮渡
轻轨
火车

景点
佛寺
城堡
教堂
清真寺
纪念碑
孔庙
道观
世界遗产
博物馆
遗址
酒窖
动物园
温泉
剧院
一般景点

活动、课程和团队游
潜水/浮潜
划艇
滑雪
冲浪
游泳/游泳池
蹦极
徒步
帆板
其他活动、课程、团队游

住宿
酒店
露营

就餐
就餐

饮品
酒吧
咖啡

娱乐
娱乐

购物
购物

实用信息
银行
使馆
医院/药店
网吧
公安局
邮局/邮筒
公共电话
卫生间
旅游信息
无障碍通道
其他信息

交通
机场
过境处
公共汽车
渡船
地铁
停车场
加油站
自行车租赁
出租车
火车站
有轨电车
索道缆车
其他交通工具

境界
国界
未定国界
省界
未定省界
特别行政区界
地级界
县级界
海洋公园界
城墙
悬崖

行政区划
首都
省级行政中心
地级市行政中心
自治州行政中心
县级行政中心
乡、镇、街道
村

道路
高速公路
G213 国道
S203 省道
X013 县、乡道
铁路
地铁
收费公路
高速公路
一级公路
二级公路
三级公路
小路
未封闭道路
广场/商业街
台阶
隧道
步行天桥

水系
河流、小溪
间歇性河流
沼泽
礁石
运河
湖泊
干/盐/间歇性湖
冰川

地区特征
海滩/沙漠
基督教墓地
其他墓地
公园/森林
运动场所
重要景点(建筑)
一般景点(建筑)

地理
海滩
灯塔
瞭望台
山峰
栖身所、棚屋

注：并非所有图例都在此显示。

我们的作者

谭川遥

内容策划 曾是Lonely Planet《云南》《广西》《四川和重庆》等旅行指南的中文作者，也曾统筹近百本Lonely Planet旅行图书的策划与制作工作。

张世秋

统筹作者；鸡足山、巍山和大理东南，计划你的行程，出行指南 旅行自由撰稿人，从2012年开始参与了20余本Lonely Planet旅行图书的创作。作为昆明人，她无限崇敬大理，对于她来说，巍山是云南的雅典，大理古城是云南的罗马，昆明是云南的君士坦丁堡。从2014年到2021年前后3次调研大理，也没有能让她敢放出大话说自己是大理通。7年后重返巍山，她发现了当地老爷子每天下棋喝茶的快乐；首次拜访弥渡，她尝到了荨麻叶火辣背后的柔软滋味。大理不只有古城，这也是吸引她一再去大理的理由。

孙澍

大理古城，苍山洱海，沙溪、大理北部和西部，计划你的行程，交通指南 和大理结缘4年之后，他终于在离开苍山洱海前，为这座城市留下了专门的文字记录。再度走访大理的一处处角落，惊喜的发现依然不断，这些都将成为他的美好记忆。

特约作者

刘瑞琦

博物苍山 西南植物爱好者，延时摄影师，吴征镒故居植物园设计师。现居云南。

大 理
DALI

中文第一版

图书在版编目（CIP）数据

大理 / 爱尔兰Lonely Planet公司编；张世秋，孙澍著. -- 北京：中国地图出版社，2022.6
（IN）
ISBN 978-7-5204-2838-5

Ⅰ.①大… Ⅱ.①爱… ②张… ③孙… Ⅲ.①旅游指南－大理白族自治州 Ⅳ.①K928.974.2

中国版本图书馆CIP数据核字(2022)第069887号

出版发行	中国地图出版社
社　　址	北京市白纸坊西街3号
邮政编码	100054
网　　址	www.sinomaps.com
印　　刷	北京华联印刷有限公司
经　　销	新华书店
成品规格	197mm×128mm
印　　张	7.5
字　　数	374千字
版　　次	2022年6月第1版
印　　次	2022年6月北京第1次印刷
定　　价	69.00元
书　　号	ISBN 978-7-5204-2838-5
审 图 号	GS（2022）1898号
图　　字	01-2022-1019

*如有印装质量问题，请与我社发行部（010-83543963）联系